让数学变得好玩

小学一二年级数学课堂游戏88例

主编：陈燕云

副主编：胡艳锋 于海丽

中国轻工业出版社

图书在版编目（CIP）数据

让数学变得好玩：小学一二年级数学课堂游戏88例／陈燕云主编．—北京：中国轻工业出版社，2015.1（2023.8重印）

ISBN 978-7-5019-9981-1

Ⅰ.①让…　Ⅱ.①陈…　Ⅲ.①小学数学课－教学参考资料　Ⅳ.①G623.503

中国版本图书馆CIP数据核字（2014）第246924号

保留所有权利。非经中国轻工业出版社"万千教育"书面授权，任何人不得以任何方式（包括但不限于电子、机械、手工或其他尚未被发明或应用的技术手段）复印、拍照、扫描、录音、朗读、存储、发表本书中任何部分或本书全部内容（包括但不限于光盘、音频、视频等）。中国轻工业出版社"万千教育"未授权任何机构提供源自本书内容的电子文件阅览、收听或下载服务。如有此类非法行为，查实必究。

责任编辑：王慧超
策划编辑：王慧超　　　　责任终审：杜文勇
责任校对：刘志颖　　　　责任监印：吴维斌

出版发行：中国轻工业出版社（北京东长安街6号，邮编：100740）
印　　刷：三河市鑫金马印装有限公司
经　　销：各地新华书店
版　　次：2023年8月第1版第6次印刷
开　　本：710×1000　1/16　印张：19.5　插页：4
字　　数：124千字
印　　数：13001—15000
书　　号：ISBN 978-7-5019-9981-1　定价：45.00元

读者热线：010-65181109，65262933
发行电话：010-85119832　传真：010-85113293
网　　址：http://www.chlip.com.cn　http://www.wqedu.com
电子信箱：1012305542@qq.com

如发现图书残缺请拨打读者热线联系调换

141108Y1X101ZBW

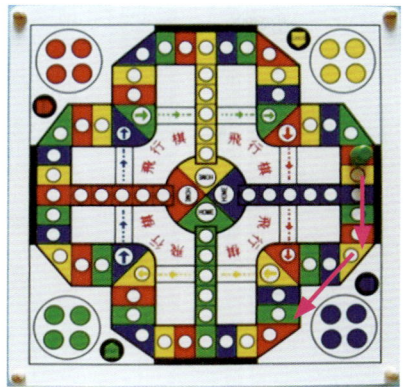

图 2.5 飞行棋跳子示意图

图 2.6 飞行棋飞子示意图

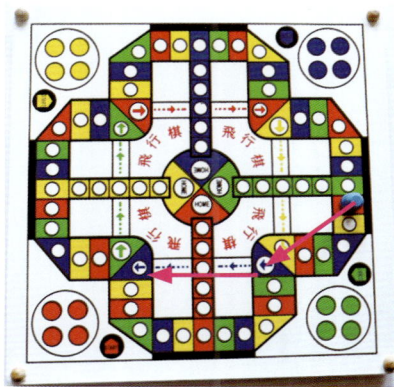 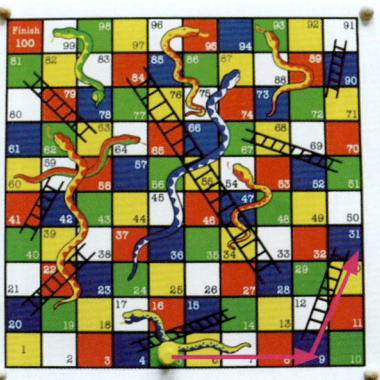

图 2.7 万能牌示意图 1　　图 2.8 万能牌示意图 2

图 4.1　木质 T 字板

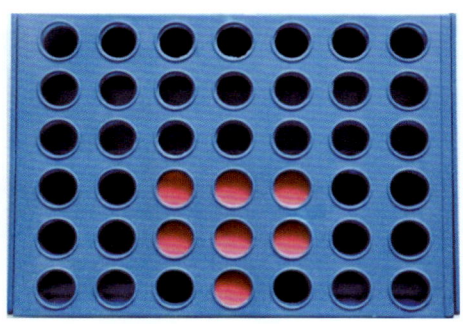

图 4.9　占据图中的红点位

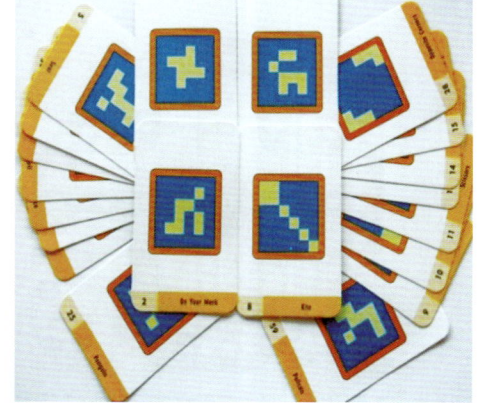

图 4.10　智力方块

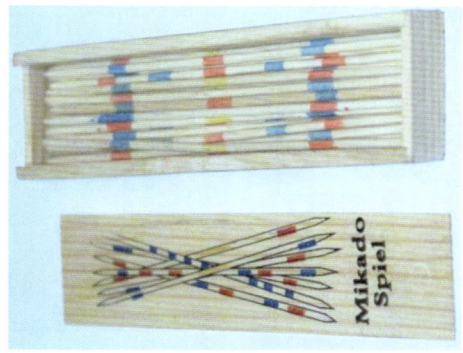

图 4.11　游戏棒

图 4.12　平面智慧珠

图 4.13　角斗士方格游戏

图 4.17　七巧板

图 4.18　用七巧板拼出漂亮的图形

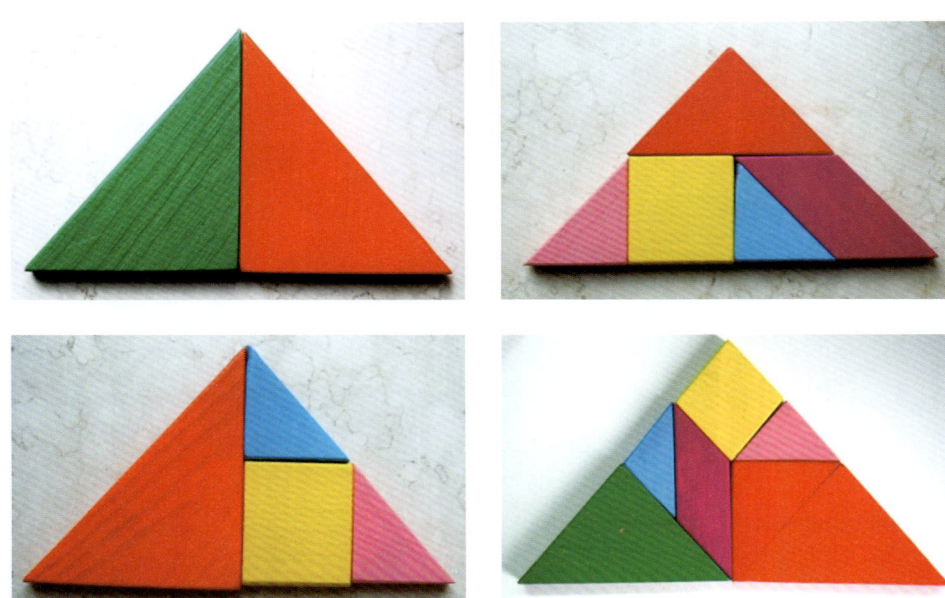

图 4.19 三角形的四种拼法

图 4.20 智能方块密码

图 4.22 木质立体四子棋

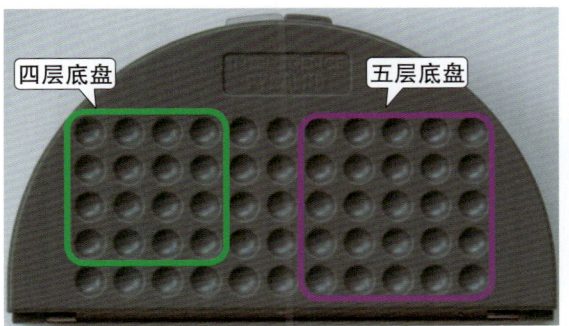

图 4.23 立体智慧珠

图 4.24 跳棋游戏规则

图 4.25 木质汉诺塔

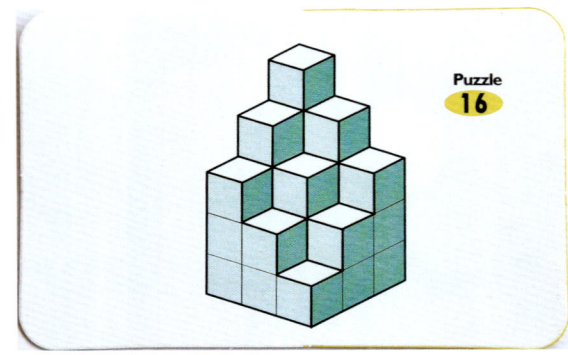

图 4.26　索玛方块

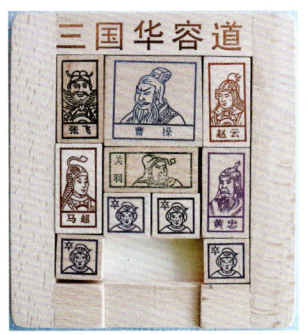

图 4.27　一横式：横刀立马
（81 步）

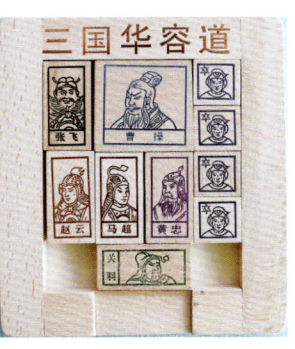

图 4.28　一横式：一路进军
（58 步）

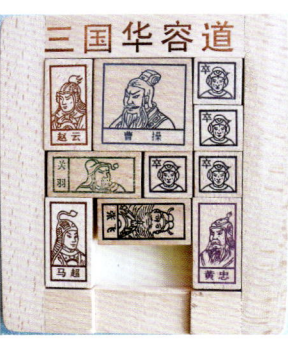

图 4.29　二横式：层拦叠障
（62 步）

图 4.30　三横式：井中之蛙
（68 步）

图 4.31　四横式：水泄不通
（79 步）

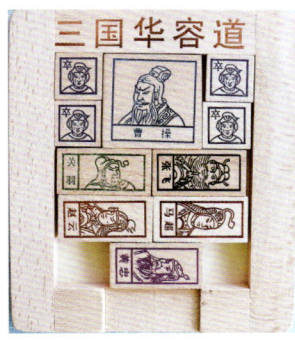

图 4.32　五横式：过五关
（34 步）

推 荐 序

当数学遇上游戏

"我家孩子就是不爱动脑筋,懒得做作业""我家孩子对数学没兴趣,成绩差"……我常常听到很多家长如此抱怨。对于很多学生和家长来说,数学似乎就是一个梦魇。我也常常看到一些孩子奔走在大街小巷的各种数学辅导班之间,看着孩子们无奈且疲惫的身影,我的内心顿生一种痛心和惋惜。

其实,数学是很有意思的。2002年8月,在北京举行的国际数学家大会上,数学大师陈省身先生为少年儿童题词"数学好玩"四个大字。其实,人们的日常生活中处处都有数学的影子,它的应用之广超出很多人的想象。

小学数学并不难,如果你真正走进去,就会发现它是一个有着无穷魅力的国度。在西方,常常会有一些著名的数学家,比如法国的皮埃尔·贝洛坎、美国的马丁·加德纳等,他们经常在电视台、广播电台或报刊上开辟专栏,做数学的科普讲座,亲自设计、编写一些数学趣味题,引发了广大听众、读者极大的兴趣,取得了积极的反响。

那么,在我们身边,有没有这样一本书,既能解决学生不愿学数学的难题,又能带给学生数学美的享受呢?看到陈老师的《让数学变得好玩——小学一二年级数学课堂游戏88例》时,我格外欣喜,因为这本书就有这样的魅力。

该书把一、二年级的数学知识渗透到游戏中,它不仅能带你走进一个有趣的数学王国,而且能帮你在领略数学美妙的同时,掌握学习数学的方法。当你沉浸在本书的"蛇出没""智力方块""游戏棒""智能方块密码"等不同的数学游戏中时,你会感叹数学散发出的瑰丽的光芒,大千世界因为有数学

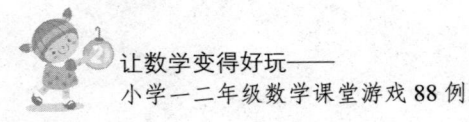

的广泛应用而绮丽无比。通过尝试本书中"一线生机""火柴棒抢点""五子棋"等小游戏,你将学会解决数学问题的一些经典方法和技巧,这些方法有助于孩子养成良好的思维习惯和思考方式。

我的儿童时期就没有这么幸运了,这里面的很多游戏,我既没听说过,更没玩过。真情推荐大家在本书的指导下,尽情地去玩耍,去探索数学的奥秘。期待着大家在游戏中学会独立思考,在游戏中迸发出思维的火花,开启健康、快乐、美丽的人生!

广东省深圳市教育科学研究院　李一鸣

2014年9月10日

目录

推荐序：当数学遇上游戏（李一鸣）……………………………………… I

操作指导篇

一、呼唤游戏 …………………………………………………………………… 2
二、数学游戏的基本类型和游戏用具 ……………………………………… 3
三、数学游戏的开展与要求 ………………………………………………… 7

加 减 篇

一、数的认识 ………………………………………………………………… 12
　　游戏 1 ♣ 我见过你[①] ………………………………………………… 12
　　游戏 2 ♣ 你是我的朋友 ……………………………………………… 15
　　游戏 3 ♣ 我和你 ……………………………………………………… 16
　　游戏 4 ♣ 田忌赛马 …………………………………………………… 19
二、5 以内的加减法 ………………………………………………………… 20
　　游戏 5 ♣ 钓鱼 ………………………………………………………… 20
　　游戏 6 ♣ 你追我赶 …………………………………………………… 22
　　游戏 7 ✈ 天天飞棋 …………………………………………………… 24
　　游戏 8 ⌇ 抢梯子 ……………………………………………………… 26

[①] 游戏名前面的小图标表示游戏用具，其中 ♣ 为扑克牌，✈ 为飞行棋，⌇ 为蛇棋。

游戏 9 ♠ 买小 ··· 27
　　　附：阶段性口算检测题（含评价建议） ······································· 29

三、10 以内的加减法 ·· 32
　　　游戏 10 ♣ 火眼金睛 ··· 32
　　　游戏 11 ♣ 翻牌抢算 ··· 34
　　　游戏 12 ♠ 幸运星 ·· 35
　　　附：阶段性口算检测题（含评价建议） ······································· 38

四、20 以内的加减法（不进退位） ··· 47
　　　游戏 13 ♠ 万能牌的秘密 ·· 47
　　　游戏 14 ♣ 开心斗法 ··· 49
　　　游戏 15 ♥ 抓尾巴 ·· 50
　　　附：阶段性口算检测题（含评价建议） ······································· 53

五、20 以内的加法（进位） ··· 56
　　　游戏 16 ♣ 大嘴巴 ·· 56
　　　游戏 17 ♥ 蛇出没 ·· 58
　　　游戏 18 ♣ 买大 ··· 59
　　　游戏 19 ♣ 龟兔赛跑 ··· 61
　　　游戏 20 ♠ 极速加加加 ··· 63
　　　游戏 21 ♣ 五小 ··· 64
　　　游戏 22 ♣ 顶牛 ··· 66
　　　附：阶段性口算检测题（含评价建议） ······································· 68

六、20 以内的减法（退位） ··· 74
　　　游戏 23 ♣ 口算大师 ··· 74
　　　游戏 24 ♣ 章鱼哥 ·· 77
　　　游戏 25 ♠ 飞行专家 ··· 78
　　　游戏 26 ♥ 聪明的一休 ··· 80
　　　附：阶段性口算检测题（含评价建议） ······································· 82

七、20以内的加减法（综合训练）……88
- 游戏27 狙击手……88
- 游戏28 凑点……89
- 游戏29 数字大碰撞……91
- 附：阶段性口算检测题（含评价建议）……93

八、100以内的加减法……98
- 游戏30 阿凡提……98
- 游戏31 机智小叮当……99
- 游戏32 小菜一碟……101
- 游戏33 过关斩将……102
- 游戏34 欢乐谷……103
- 游戏35 连连算……105
- 游戏36 机智组合……106
- 附：阶段性口算检测题（含评价建议）……109

乘除篇

一、熟记"几"的乘法口诀（单项训练）……116
- 游戏37 翻牌抢说（一）……116
- 游戏38 幸运星……118
- 游戏39 抢高点……119
- 游戏40 智慧夺取（一）……121
- 附：阶段性口算检测题（含评价建议）……124

二、熟记所有乘法口诀（综合训练）……136
- 游戏41 啪嗒……136
- 游戏42 胜利大逃亡……137
- 游戏43 飞得远（一）……139
- 游戏44 转转转……140

游戏 45 ♠ 爬得快 142

游戏 46 ♣ 智慧夺取（二）......143

游戏 47 ♠ 飞得远（二）......145

附：阶段性口算检测题（含评价建议）......147

三、表内除法没有余数 150

游戏 48 ♣ 赢豆子 150

游戏 49 ♣ 翻牌抢说（二）......151

游戏 50 ♣ 钓鱼 153

游戏 51 ♠ 智斗大蟒蛇 154

游戏 52 ♠ 飞跃的棋子 156

附：阶段性口算检测题（含评价建议）......158

四、有余数的除法 175

游戏 53 ♣ 抢扑克牌 175

游戏 54 ♠ 长尾巴爬得快 177

游戏 55 ♣ 谁的尾巴短 178

附：阶段性口算检测题（含评价建议）......180

五、乘法与加减法 195

游戏 56 ♣ 大鱼吃小鱼 195

游戏 57 ♣ 凑点 196

游戏 58 ♠ 天天酷奔 198

游戏 59 ♣ 黑暗之光 199

附：阶段性口算检测题（含评价建议）......202

六、除法与加减法 207

游戏 60 ♣ 炒鱿鱼 207

游戏 61 ♠ 聪明过人 209

游戏 62 ♣ 凑点 210

附：阶段性口算检测题（含评价建议）......212

七、加减乘除综合运算 217
 游戏 63   24 点 217
 附：阶段性口算检测题（含评价建议） 220

益 智 篇

一年级益智游戏 226
 游戏 64   快乐摆拼——T字板（四巧板） 226
 游戏 65   舒尔特方格 229
 游戏 66   一线生机 231
 游戏 67   降落四子棋 233
 游戏 68   玩转《聪明格·入门篇》《聪明格·基础篇》 235
 游戏 69   智力方块 243
 游戏 70   游戏棒 245
 游戏 71   平面智慧珠 247
 游戏 72   玩转《聪明格·加法篇初级》 250
 游戏 73   角斗士 254
 游戏 74   七巧板 257
 游戏 75   智能方块密码 259

二年级益智游戏 261
 游戏 76   单身贵族棋 261
 游戏 77   火柴棒抢点游戏 265
 游戏 78   立体四子棋 267
 游戏 79   经典"抢30"游戏 269
 游戏 80   立体智慧珠——金字塔 270
 游戏 81   跳棋 273
 游戏 82   玩转《聪明格·乘法篇初级》 276
 游戏 83   汉诺塔 279

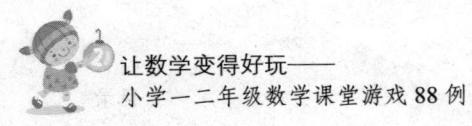

游戏 84　五子棋 ·· 281
游戏 85　玩转《聪明格·四则运算篇初级》················· 286
游戏 86　黑白棋 ·· 290
游戏 87　索玛方块（3D 建筑方块）························· 293
游戏 88　华容道 ·· 298

后记：让数学变得好玩 ·· 301

操作指导篇

> 玩游戏能帮助学生学习数学吗？玩些什么游戏？怎么结合学生的学习进度呢？需要什么游戏用具？游戏时会遇上什么问题？……在玩游戏前，请先阅读下面的文字。

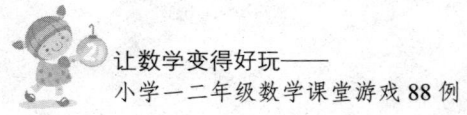

一、呼唤游戏

喜欢玩是儿童的天性。著名心理学家加夫列拉·马德里斯说:"爱玩的孩子比从不玩的孩子大脑至少大30%。"哈佛医学院儿科教授T.贝利·布拉泽顿也谈道:"游戏不只是好玩和刺激而已,它能够激发孩子潜在的创造力和竞争力,是儿童了解世界、了解自己、了解他人与社会最重要的途径。"

现在的学生大多数是独生子女,平时课业负担重,娱乐时间少,人际交往少。一些学生沉迷于电子游戏中,影响了学业,家长十分苦恼。身为家长和一线教师,我们能做些什么呢?从2009年开始,我们把数学游戏引入课堂、引进家庭,不断地设计和整理一些知识点与游戏相结合的数学游戏,让孩子们在玩中学,让孩子们在游戏中乐不思蜀,这些游戏慢慢地散发出它的光芒。

有这么一个曾经发生在数学游戏课堂上的真实故事:

军军是个有交流障碍的孩子。每次问他,他都只是微笑地看着我,我一直在静待花开。可是,课堂时间在等待中飞逝,花儿仍旧含羞不放。每次遇到无法用摇头或点头来回答的,军军就用手指比画的方式来回应,反正不说话。

那天数学游戏课上,我们玩飞行棋游戏,孩子们都欢呼雀跃地各自找玩伴去了,只有军军坐在座位上不动。我看到后,就找他同桌的小姑娘和他一起玩。军军的同桌翻出两张扑克牌,用两张牌上的数相减的差,算"6－4＝2",飞机走了两步。轮到军军了,我说:"军军,你来翻牌。"军军不动。我翻了两张牌给军军,然后说:"军军你看,你的牌是9和3,你是用减法还是加法呢?"他仍然不开口。我又说:"那我来帮你想一想吧,9＋3＝12,个位是2,你的飞机只能走两步,不划算!要不,我们用减法来试一试,9－3＝……"说到这里,我故意停顿,装作算不出来。其实军军的眼神告诉我,他知道答案。当然,我也没指望军军能回答我,因为我已经太多次被孩子的

眼神打败了。

每次与他交谈，几乎都是我在自问自答。军军聪明得很，他知道每次我和同学们都等着他开口说话。这时，我多么希望他能主动拿起飞机走上6步。若是军军能把飞机走6步，也就算成功地与人交流、与人合作了。"6"，一个声音清晰地从孩子的口中发出来。天呀，长久的等待终于实现了！在这一刹那，我真切地体会到了数学游戏的魅力。假如没有数学游戏，军军的防备还要坚持多久？军军的胆怯还要驻留多久？假如没有数学游戏，军军的热情何时才能奔腾而出？

我们期望能让刚刚入学的孩童们在数学游戏课堂上掌握数学知识；我们期望孩子们在游戏中享受游戏的乐趣、体验数学的魅力，从而爱上数学；我们期望孩子们在游戏中学会与人合作，拥有更多亲子相处的时间与空间，并健全完善人格。今天，我们将数学游戏的点滴心得编撰成书，希望这本书能带给更多孩子学习数学的幸福感，让他们在历经漫漫岁月后，仍旧能嗅到数学游戏的馨香！

二、数学游戏的基本类型和游戏用具

（一）数学游戏的开发理念

（1）满足孩子们玩的天性，将枯燥的数学融入游戏中，让孩子们在玩游戏的过程中学习数学，爱上数学。

（2）打破传统的授课形式，让学生通过游戏中的思考、碰撞，实实在在地参与其中，发展学生的智力，培养学生的逻辑思维能力。

（3）游戏中的策略、游戏中的专注、游戏中的对抗等可以培养学生良好

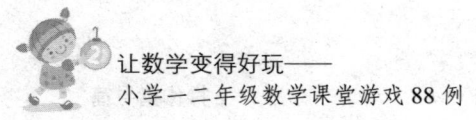

的思维品质，能充分挖掘其大脑的潜能，使学生在做游戏的过程中不知不觉地抵达智慧的彼岸。

（二）数学游戏的设计亮点

（1）系统性和计划性。我们设计的知识性课堂游戏是结合教材内容开发出来的，是可以进课堂的；互动性较强，可以改变一线教师传统的授课方式。每个阶段后配有检测题，可减轻一线教师的开发负担。

（2）层次性和阶梯性。知识性课堂游戏分为基本型和策略型两类，基本型游戏主要是达到巩固和熟练的目的，有一定的梯度；策略型游戏进一步巩固基础知识，重在培养孩子的灵活性、敏捷性。游戏的编排按照知识点、难易程度的顺序（在每一个游戏名称后用★标注难易程度，星号越多，表示游戏越难）。

（3）灵活性和变通性。我们的知识性课堂游戏稍改一下游戏规则，就变成了家庭游戏。即使学校没有开设数学游戏课，家长也可以按照本书的设计，根据孩子所学的知识内容，让孩子玩相应的游戏。用游戏代替做作业，孩子喜欢这种方式，且会有很高的质效。游戏后，用检测题检测，及时查漏补缺，再让孩子去挑战难度更高的游戏。

（4）趣味性和益智性。我们设计的益智类游戏是根据学生的年龄特点并结合学生已学的数学知识进行设计的。有训练左右脑同时思考的棋类游戏，有锻炼推算能力、应变能力的游戏，有培养数感、锻炼思维的敏捷性小游戏。

（三）数学游戏的分类

我们将数学游戏分为两大类：

（1）知识性游戏——如扑克牌、飞行棋、蛇棋等游戏。

（2）益智性游戏——如拼摆类、棋类、聪明格等游戏。

知识性游戏依据小学一、二年级数学教材的内容进行设计。尽管全国各省市使用的教材版本不同，但万变不离其宗，对于数的认识以及数的运算的知识点是一致的。下面我们以北师大版数学教材为例，归纳一、二年级"数的认识"及"数的运算"的知识点，如表1.1所示。

表1.1 "数的认识"和"数的运算"的知识点

册别	数的认识	数的运算
一年级上	● 10以内数的认识。 ● 理解符号＞、＜、＝的含义，10以内数的比较大小。 ● 20以内数的认识及比较大小。	● 认识加法和减法。 ● 10以内数的加减法。 ● 20以内数的加法。 ● 20以内数的不退位减法。
一年级下	● 100以内数的认识及比较大小。	● 20以内数的退位减法。 ● 100以内数的加减法
二年级上		● 100以内数的连加、连减、加减混合运算。 ● 乘法的认识和乘法口诀。 ● 除法的认识和用口诀求商。
二年级下	● 万以内数的认识及比较大小。	● 有余数的除法。 ● 万以内数的加减法。

根据以上这些知识点，我们开发了63个知识性游戏。这部分游戏设计中呈现了游戏目的、游戏用具、游戏人数、游戏规则、使用及评价建议，附游戏记录表、阶段性口算检测题等模块。

同时结合一、二年级孩子所学的知识和智力发展情况，我们还开发、收集了古今中外的25个益智性游戏，其中一年级适用的有12个游戏，二年级适用的有13个游戏。每个游戏呈现游戏介绍、游戏目的、游戏用具、游戏人数、游戏规则、游戏攻略、使用及评价建议等。

益智游戏有的是我国民间流传的如游戏棒、华容道、T字板等，有的是国外引进的如舒尔特方格、智慧珠、角斗士。大概分为摆拼类、棋类、趣味性较强的小游戏三大类，既有手脑结合、训练图形结构的摆拼类游戏，又有两人对弈、不断在进攻和防御思维之间转化的棋类游戏，还有训练反应的敏

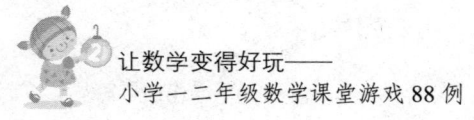

捷性、口头表达的趣味小游戏，如一线生机、抢"30"等。

建议教师根据时间安排和学生情况，每学期选玩若干个游戏，玩后有比赛、有表演。父母可以根据孩子的年龄和身心特点，和孩子玩不同的游戏，这样不仅可使孩子身心愉快，又能起到开发孩子智力及培养孩子良好品德的作用。

全书将游戏分为"加减篇""乘除篇""益智篇"呈现给读者，其中"加减篇""乘除篇"的游戏属知识性游戏，每一节游戏后面设计了相应的阶段性口算检测题，并附有评价建议，方便检测孩子们在经历阶段性游戏后掌握知识的程度；"益智篇"特地设计了"游戏攻略"这一模块，供孩子们游戏时参考，以便有策略性地开展游戏。

（四）游戏用具

我们的游戏用具都比较常见，读者在淘宝商城或其他玩具店里都能买到，而且价钱适中，少的几元，多的十几元。这里，我们重点介绍书中频繁使用的几种游戏用具——扑克牌、蛇棋和飞行棋。

（1）扑克牌。扑克牌是人们茶余饭后的娱乐品，也是魔术师手中的道具，更是孩子学习的好伙伴。我们巧妙地利用扑克牌中点数与数学知识间的联系，有目的地设计了一些数学扑克牌游戏，让扑克牌游戏走进数学课堂。建议购买传统的牌面上有黑桃、红心、梅花、方片的有点数的扑克牌，如下图所示。

（2）蛇棋和飞行棋。蛇棋一般有两种颜色的两颗棋子、两个骰子、一个棋盘；飞行棋有一个棋盘、两个骰子，红、黄、蓝、绿四种颜色16颗棋子。

建议使用飞行棋、蛇棋合二为一的游戏用具，它是一个木质棋盘，一面是蛇棋棋盘，另一面是飞行棋棋盘，棋子是可以共用的（如下图）。本书的蛇棋和飞行棋的玩法都去掉了骰子，用扑克牌代替骰子。

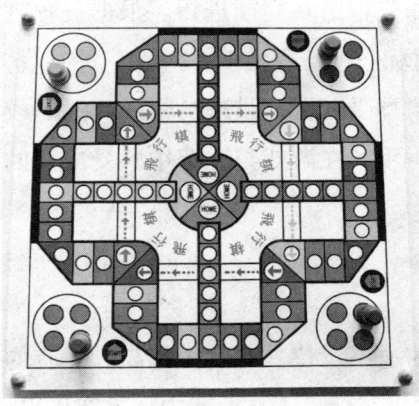

蛇棋棋盘绘有多条长短不一的蛇和高矮不一的梯子。蛇看起来有点可怕，但小朋友们很喜欢它，因为爬梯子或遭蛇咬都会使游戏发生戏剧性的变化。爬梯子令人高兴，遭蛇咬要倒退很多步，谁心里都会不痛快。所以游戏不但可以培养孩子与同伴合作的能力，而且可以训练孩子承受挫折的能力。

飞行棋游戏非常有趣，棋局瞬息万变，可以飞子、撞子、跳子，这是游戏的乐趣所在。在玩棋过程中，更能展示出孩子聪明过人的一面。但飞行棋有自己的特点——偶然性。幸运的话，可以反败为胜，要学会在劣势下沉着应对，只要有一线希望，绝不放弃。

三、数学游戏的开展与要求

笔者所在学校，一、二年级的数学课都是数学游戏课，三至六年级每周都开设一节数学游戏课，学生们像等待吃大餐一样盼着游戏课。每个学期有

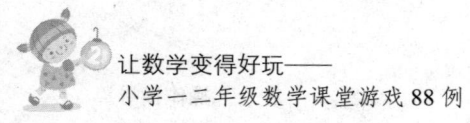

一次数学游戏大赛,要求全员参与,经过初赛、复赛到决赛三轮比赛,评出优秀选手。我们会把优秀选手游戏过程的视频、图片上传到教育局、学校网站上,获胜的孩子们都会为之感到自豪。

课堂游戏教学时,我们把知识性游戏和益智游戏穿插进行。根据益智游戏的难易程度,我们会安排3~4周的时间玩一种益智游戏。每玩一种游戏,教师会讲解并示范游戏的玩法,孩子们尽情享受着游戏带来的快乐。过一段时间后,孩子们可以根据自己的实力挑选对手,在游戏与比赛中感受成功的愉悦。

(一)开展数学游戏的注意点

课堂游戏时,孩子们会忘乎所以,有的迫不及待,有的振臂高呼,有的若有所思,有的……课堂看起来很乱,但学生完全投入在游戏中,不亦乐乎。教师需要注意哪些问题呢?

(1)教师要鼓励全体同学积极参与并及时调控。孩子的个性不同,感兴趣的知识点不同,参与度也会不同。在游戏过程中,学生往往由于过度兴奋、对游戏规则不熟悉而产生一些"混乱"的情况,教师要善于把控全局,及时表扬积极参与游戏的学生,耐心鼓励游戏有困难的学生。

(2)教师要善于选择游戏评价的方式。孩子们热情高涨,游戏结束后,怎样进行评价尤为重要,不能放任自流。根据我们这几年在课堂进行游戏教学的经验以及家长们的反馈,有两种组织方案可供大家参考。

① 每个游戏后面附有记录表,根据游戏结果给予适当的精神鼓励,或者来一点物质奖励也不错。比如一起看本书、一起去踢足球、一起去海边、一起去吃冰激凌等,可以把这些奖励方式写在小纸条上,装在瓶子里,让孩子抽签决定。

② 给孩子一个形象的比喻:游戏成长的足迹就像小苗发芽(绿色)—小树成长(黄色)—小花绽放(红色)。家委会可以为孩子们买些手链,绿色代表新手,黄色代表学徒,红色代表高手。每玩一种新游戏,孩子就戴上一根

绿色的手链，表示自己是新手。然后同种色系的孩子进行比赛，赢三个对手可晋级为学徒，再赢五个对手，可晋级为高手，由此经历新手—学徒—高手的过程。当然，手链只是用来寻找合适的游戏伙伴，只在游戏的时候戴在手腕上，不是为了区分三六九等，教师和家长要正面引导。

（3）数学游戏的目的是让孩子在玩中学，因此要特别强调学。知识性游戏的规则都是按照教材内容、教学目的进行设计的。孩子在游戏中依规则进行游戏，实际上就是在巩固所学的数学知识，在游戏过程中还需要根据自己的局势，选择使用哪个算式，这样可促使孩子们更深刻地去思考所学的知识。一般情况下按游戏规则玩，学习效果会非常不错。

（4）玩后悟。玩了一节课后，千万不要草草收场。更重要的是让学生说说游戏制胜的策略，教师应适当点拨，指导学生悟出道理。

（5）玩后测。玩两三个知识性游戏后，可以安排孩子进行计时测试，达到要求后，就可以进行下一个层次的游戏了；如果没有达到理想的效果，可以继续玩，多玩一两天再测。本书所设计的测试题不要求都使用，只要达到标准就可以了。

（二）数学游戏中的不同感受

在进行游戏实验的这几年里，我们保存了一些家长的感受语录，其中折射出游戏的苦与乐，也是我们进行游戏时体验到的愉悦和困扰。

（1）游戏过程的愉悦。

铭鹤妈妈：几个孩子在玩顶牛，场面很激烈，还有场外拉拉队助阵，真是有趣的游戏。

怡宁爸爸：我家孩子喜欢玩，有事没事就和爸爸妈妈在一起玩，玩疯了就会趴在爸爸身上，玩游戏增进了父女的感情。

唐好妈妈：唐好和外公昨晚玩到10点都不肯罢休。我们利用硬币做奖励，赢了得一个硬币，她开心极了。

（2）关于输不起的问题。

梁钟家长：梁钟在学校和小朋友玩游戏，抢不到牌就哭，在家里也是这样。

邵武妈妈：数学游戏真好，孩子现在输了也没那么生气了，以前一输就暴跳如雷或者大哭。数学游戏其实也训练了小朋友的抗挫折能力。

老师：是啊，这个游戏内容可能会遇到实力不同的对手，弱势的一方抢不到牌。我们来给他找一个实力相当的对手吧。在家里玩的时候，可以让孩子用计时的方式，或者大人先让他两秒，孩子熟练了，自然就快了。有赢有输，慢慢就输得起了。

（3）关于游戏中不合群的问题。

由于孩子的个性不同，有的孩子对游戏感兴趣，有的孩子对游戏不感兴趣，有的孩子游离在课堂之外，哪怕老师给他找了玩伴，他也只玩两三下，然后就各干各的了。这就需要运用一定的策略吸引孩子，建议在游戏后偶尔进行奖励或降低游戏难度，让孩子有机会获胜。

游戏是儿童学习的动力，是一种生机勃勃的学习方式，希望我们的数学游戏能深入孩子心中，伴随孩子成长。

加减篇

我们先玩脑筋急转弯"1＋1＝？"，它的答案可以是2，也可以是1、3、4、5……在数学的十进制中，1＋1＝2；在数学的二进制运算中，1＋1＝10；在字谜中，1＋1＝王（横过来看）；在生活中，1滴水＋1滴水＝1滴水……

生活中有很多问题都像"1＋1＝？"一样，有着无穷多的解决办法，关键在于你是否拥有善于思考、善于挖掘的用脑习惯。

本篇我们用加减法游戏引领孩子们进入数学的世界，通过加减法游戏开启数学之门，让孩子在掌握数学知识的同时，用辩证的眼光、灵活的头脑去解决问题、看待世界。

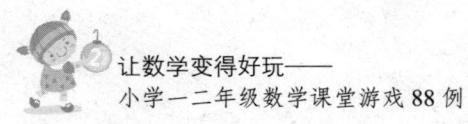

一、数的认识

小朋友们，你们会数数吗？看看下面的数字，让爸爸妈妈读给你们听！

小朋友，与人有关的很多数字，你知道吗？人有1个鼻子，2只耳朵，10根手指。人的舌头平均长9厘米，重50克。舌头由17块肌肉组成，所以异常灵活。一个成人一天喝8杯水，每日食盐量应少于6克。若人定期去理发，一生中剃掉的头发加起来有9～10米长。

是不是很奇特？现在让我们一起走进数的世界！

游戏1　我见过你（★[①]）

【游戏目的】

在游戏中会认、会辨、会分类，体验游戏的无穷乐趣。

【游戏用具】

一副扑克牌，共计54张牌。

【游戏人数】

2人或4人。

【游戏规则】

（1）两人合作，洗牌，把扑克牌洗均匀，叠整齐，背面（没有点数的）朝上，从上往下翻牌。

（2）第一盘学生A翻牌，两人抢答。大声说出扑克牌的名字，要说出花

[①] 游戏名称后面的星号表示此游戏的难易程度，星号越多，游戏越难。

色和数字，如方片 3、梅花 K、红桃 A、黑桃 6 等，如图 2.1 所示。一副牌用完，这一盘游戏结束，最后各自数一下自己得到多少张牌，得牌张数多者获胜。

图 2.1　翻牌展示并抢答

（3）第二盘交换角色，学生 B 翻牌，两人抢答，既快又对者得牌。

（4）每一盘的结果都要记录，赢的就在表 2.1 上画"√"。

表 2.1　"我见过你"游戏记录表

_____年_____月_____日

学生姓名		
第一盘（张）		
第二盘（张）		
总　评		

【使用及评价建议】

（1）教师在课堂上先作铺垫，如教孩子认识整副扑克牌的花色、图案、名字等。认识时，侧重引导孩子看扑克牌上的点数（这也为以后用扑克牌进行加减法的游戏做好铺垫），然后再进行游戏。

（2）一副牌 54 张，有的孩子不会整理牌，他们会一张一张地整理，七八分钟都整理不好一副牌，所以建议家长多陪孩子玩牌、洗牌，要求孩子很快

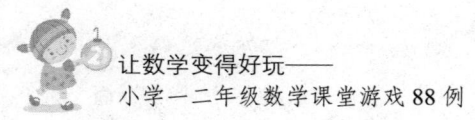

把牌整理好。而且刚玩扑克牌的孩子，把牌装进盒子也不是一件容易的事。因为扑克牌的盒子太小了，扑克牌使用后就会变厚，所以建议家长买一个小小的带拉链的文件袋装扑克牌，以方便孩子操作。

（3）这个游戏没有传统的说教，而是让孩子在游戏中不知不觉地认识扑克牌的名字，建立数的概念，如看到方块4，孩子头脑中就会想到有4个方块。

（4）认识扑克牌对一般孩子来说没有难度，但与同学合作，一起抢答，对个别学生可能会有难度。抢不到牌，总是输，对孩子其实也是一种磨炼、一种挑战，需要教师和家长多鼓励。游戏结束数牌的张数时，有时会数到30、40，对低年级孩子也有难度，家长可帮助、指导。

因为这个游戏简单，所以要注意控制游戏速度，速度可以给孩子们带来紧凑的乐趣。

【家庭游戏拓展】

（1）家长可充当孩子的玩伴，和孩子一起按上面的游戏规则玩。

（2）玩到一定程度后，家长可以将扑克牌摆成下面方框中的造型（也可以创作其他造型）。要求用手点着按顺序从1数到10，大声说出扑克牌的名字（数字及花色）。这种比赛用计时的方式更有挑战性，一个人用手点着扑克牌说，另一个人计时。两人轮流进行，比比谁的速度快。

4	10	6	
9	1	3	8
2	7	5	

（3）按照上述第2项规则，从10数到1。

游戏 2 你是我的朋友（★）

【游戏目的】

在游戏中数数，理解数的多少，培养学生合作、交流的意识。

【游戏用具】

一副扑克牌，共计 54 张牌（A = 1、J = 11、Q = 12、K = 13，大王、小王是万能牌）。

【游戏人数】

2 人或 4 人。

【游戏规则】

（1）整理好扑克牌，学生商量确定先后顺序。学生 A 翻出一张牌给对方认，学生 B 大声说出这张扑克牌的名字，并从 1 开始数数，数到扑克牌上的这个数，然后根据点数是几，就从一摞扑克牌里拿走几张，归自己所有。如学生 A 摸到"黑桃 3"。学生 B 大声说"黑桃 3"，并大声数"1、2、3"，拿走 3 张牌。

（2）交换角色，两人轮流按第一条规则进行。

（3）取完一副扑克牌后，数出自己得到多少张牌，记录在表 2.2 中，得牌多者获胜。

表 2.2 "你是我的朋友"游戏记录表

_____年_____月_____日

学生姓名		
得牌张数		
输赢		

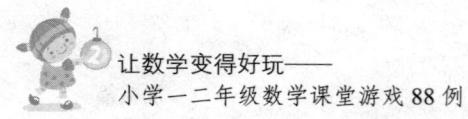

【使用及评价建议】

（1）认识扑克牌的名字。玩这个游戏之前，教师可以先领着孩子们认识扑克牌的名字，告诉孩子四种花色的名称（黑桃、红桃、梅花、方片）以及点数。其中"大王""小王"是万能牌，希望它是几点，就是几点，增加了游戏的趣味性。

（2）排队游戏（认识数的顺序）。排队游戏在孩子熟练认识扑克牌的名称后进行。

① 从小到大。可以说："有一天，我们10张扑克牌要排队做操，打算从小到大出牌，你会不会？"让孩子多练几次。第一次排队不比速度，熟悉后，两个孩子之间可以进行"比速度"游戏。

② 从大到小。出牌10、9、8、7、6、5、4、3、2、1，比速度。

③ 跳着数，数一个，空一个。出牌2、4、6、8、10，比速度。

④ 跳着数，数一个，空一个。出牌1、3、5、7、9，比速度。

（3）比较数的大小。可引导孩子数一数牌上的点数，知道多少、大小的意思。摸出一张牌，问："我是4，谁比我大？"学生赶紧拿一张，高高举起说："我是6，6比4大。"还可以请一个孩子模仿老师来问，其他的孩子作答。当然也可以同桌之间玩。在课堂上，教师可以根据速度记分，小组之间进行评比。

游戏3　我和你（★）

【游戏目的】

在动手摆一摆的操作游戏中，激发学生的兴趣，进一步认识100以内的数。

【游戏用具】

（1）一副扑克牌中的A—9各2张，共18张牌。

（2）制作两张数位卡。

加减篇

【游戏人数】

2人或多人。

【游戏规则】

把扑克牌点数朝上摆放在桌面上，如图2.2所示。

图2.2 扑克牌摆放示意图

（1）规则一：读数。

① 两位学生自行决定玩的顺序。

② 学生A在数位卡上摆出两位数，学生B读数。如学生A在数位卡的十位上摆扑克牌3，个位上摆5（如图2.3所示）。学生B读出"35"。正确读出得牌，读错了不得牌。重复玩5次，双方交换角色进行游戏，直到这副扑克牌用完。

（2）规则二：摆数。

① 两位学生自行决定玩的顺序。

② 学生A口头说出一个数，学生B在数位卡上摆数，摆得正确得牌。重复玩5次，然后交换角色进行游戏，直到这副扑克牌用完。

（3）规则三：数数。

① 两位学生自行决定玩的顺序。

② 学生A在数位卡上摆一个数，然后提出一个要求。学生B要根据这个要求在自己的数位卡上摆出这个数。如摆出79，问：后一个数是几？前一个

数是几？往后数第 3 个数是几？或者其他的问题。学生 B 摆出来。答案正确得牌。重复玩 5 次，然后交换角色进行游戏，直到这副扑克牌用完。

图 2.3　读数示意图

最后，每盘游戏结束时，两位学生数自己的得牌张数，并将结果填入表 2.3 中，得牌多者赢。

表 2.3　"我和你"游戏记录表

＿＿＿＿年＿＿＿＿月＿＿＿＿日

学生姓名	第一盘读数	第二盘摆数	第三盘数数	总　计

【使用及评价建议】

（1）在数数的环节中，学生问的问题可以具开放性，不要作限制性的规定，超过 100 的数也无妨。

（2）在学校里教师可以先领着全班学生一起玩这个游戏，可采用以下教学模式，以读数为例：

① 师生玩。教师在数位卡的十位上摆扑克牌 3，个位上摆 5，全班学生抢读这个数，又对又快的学生得到摆出来的这两张扑克牌。

② 同桌玩。学生懂得了玩法以后，同桌之间玩，一位学生摆数，另一位

学生读数，读数正确者得牌，然后交换角色再玩。

游戏 4　田忌赛马（★★）

【游戏目的】

让孩子们在猜想、验证中学会比较数的大小，体验游戏策略带来的刺激。

【游戏用具】

（1）一副扑克牌中的 A—9、大小王，共 38 张牌。

（2）两张数位卡。

【游戏人数】

2 人。

【游戏规则】

两位学生各自准备一张数位卡，一位学生洗牌，将牌叠成一摞。自行选择下列规则之一来进行比大小的游戏。

（1）规则一：两位学生分别抽出第一张扑克牌，放在个位上，然后抽出第二张扑克牌放在十位，组成两位数。数大者赢得这 4 张扑克牌。直到这副扑克牌用完，这盘游戏结束。

（2）规则二：两位学生轮流摸牌，把摸来的第一张扑克牌放在十位，第二张扑克牌放在个位，组成两位数。数大者赢得这 4 张扑克牌。直到这副扑克牌用完，这盘游戏结束。

（3）规则三：两个学生轮流各摸出一张扑克牌，思考后放在选择的相应数位上，放好后不能移动；再摸出第二张扑克牌放在另一个数位上。组成两位数。比较大小，数大者赢牌。直到这副扑克牌用完，这盘游戏结束。

根据最后的得牌张数定输赢，三盘两胜，把游戏结果记录在表 2.4 中。

表2.4 "田忌赛马"游戏记录表

_____年_____月_____日

学生姓名	第一盘	第二盘	第三盘	总　　计

【使用及评价建议】

（1）通过玩这个游戏，孩子能进一步巩固两位数大小的比较方法。从规则一中可以发现，只知道个位是不能判断两位数的大小的；规则二中，当孩子们抽出了第一张扑克牌，如果点数不同就知道大小了，不用抽第二张牌；最有趣的是运用第三个规则，拿到第一张牌后不确定放在哪个位置合适，要根据数字的大小来猜测和分析，才能赢得胜利。

（2）玩这个游戏，可以自由组合规则进行，可以只选择某一个规则来进行，也可以选择两、三个规则来玩。通常孩子们都比较喜欢规则三。

二、5以内的加减法

在下面的游戏中，孩子们将更加深入地理解加法和减法的意义。借助扑克牌上的点数，可以直观形象地去数数、计算。假以时日，孩子们对于5以内加减法的答案就能脱口而出了。

游戏 5　钓鱼 (★)

【游戏目的】

在游戏中熟练5以内数的加法计算，激发孩子学习数学的兴趣。

【游戏用具】

一副扑克牌中的A—5、大小王,共22张牌(A当作1使用,大王、小王为万能牌)。

【游戏人数】

2人或3人。

【游戏规则】

(1)学生玩5的钓鱼游戏。将22张牌点数朝上,分散摆放在桌面上。

(2)采用"石头、剪子、布"决定从谁开始玩,假如是从学生A开始,学生A钓两张扑克牌,点数相加的和是5,大声说出算式。说对了,就获得这两张牌;说错了,不得牌。如钓到2、3,就大声说"钓2+3=5",得牌2张。钓到王和1,就要说明"王"作"4",然后大声说:"钓4+1=5。"

(3)轮流进行,学生B也按照这样的规则玩牌。

(4)直到剩下的扑克牌凑不到5,宣布这一盘游戏结束,学生各自数出获得的张数,记录在表2.5中。本游戏玩三盘后,确定胜负。

表2.5 "钓鱼"游戏记录表

_____年_____月_____日

学生姓名			
第一盘			
第二盘			
第三盘			
总 评			

【使用及评价建议】

(1)孩子可以在家里每天玩2盘,要求游戏时大声说出完整的算式,大约玩3天时间就可以达到熟练的程度。

(2)孩子熟练后,可以拓展为钓3条鱼、4条鱼,考验其灵活性。如钓

"A、A、3",1+1+3=5,得牌三张。

游戏 6 你追我赶（★）

【游戏目的】

熟练 5 以内数的减法计算，培养孩子的专注力和灵敏性。

【游戏用具】

一副扑克牌中的 A—5、大小王，共 22 张牌（A 当作 1 使用，大王、小王为万能牌）。

【游戏人数】

2 人。

【游戏规则】

（1）学生自行决定先手，先手洗牌，负责这一轮的摸牌。

（2）先手将洗好的牌分为两摞，正面（有点数的面）朝下摆放好（如图 2.4）。先手左右手同时摸一张牌，喊"准备"后迅速把牌翻过来，点数朝上放在桌面上。用这两张牌中的大点数减去小点数，算出结果。抢先算对的学生得到这 2 张扑克牌，答错了不得牌。如先手摸到 2 和 3，双方大声抢说："3－2＝1。"

图 2.4 摆放扑克牌示意图

（3）把一副扑克牌用完后，数出学生各得到多少张牌，确定这一盘的输赢。

（4）第二盘换人摸牌，重复规则2进行。

（5）一共玩3盘，确定输赢，赢的在表2.6中打"√"。

表2.6 "你追我赶"游戏记录表

_____年_____月_____日

学生姓名		
第一盘		
第二盘		
第三盘		
输　赢		

【使用及评价建议】

（1）在这个游戏中，孩子们第一次去抢算，会出现如下情况：

① 先手摸了2张牌后，不愿意给对方看或者自己先偷偷瞅了一眼再给对方看。所以一定要强调，先手拿了牌后，喊一声"准备"，再迅速把点数朝上放在桌面上，让双方都能看到。

② 孩子输不起，输了的孩子会沮丧、耍赖，有的甚至会哭，这些都是正常情况，过些日子，孩子们习惯了游戏的输赢，就会淡然一些。给孩子渗透一个观念：游戏必定有输赢，这仅仅是一个游戏而已，没什么大不了。

（2）在家庭游戏，家长可充当计时员，负责翻牌、计时，记录每一轮所用的时间。每天玩3盘，要求大声说出完整的算式。要让孩子感受到自己每天都有进步。大约玩3天时间就可以达到熟练的程度。

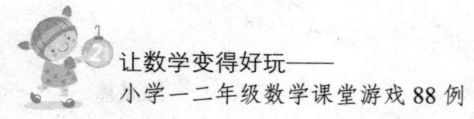

游戏 7 天天飞棋（★）

【游戏目的】

在游戏中了解飞行棋的撞子、跳子、飞子规则，熟练 5 以内数的加、减法计算，体会飞行棋的趣味性，激发孩子计算的兴趣。

【游戏用具】

飞行棋棋盘、2 架不同颜色的飞机；扑克牌 A—5 和 10 共 24 张牌（A 当作 1 使用，10 当作 0 使用）。

【游戏人数】

2 人。

【飞行棋游戏规则】

（1）起飞：不设起飞规则，直接起飞。

（2）撞子：棋子在行进过程中走到某一格子上，这一格已有敌方棋子停留，可将敌方的棋子撞回基地。

（3）跳子：棋子在飞行图上行走时，如果停留在与棋子颜色相同的格子，可以跳跃到前一个相同颜色格子，彩图 2.5 中的绿色棋子如果走 3 步就可以跳子，如箭头所示。

（4）飞子：棋子行进到有虚线连接的一格，并且棋子颜色与格子颜色相同时，可照虚线箭头指示的路线，沿虚线飞到前方颜色相同的一格，如彩图 2.6 所示，黄色棋子若走 6 步，就到达右边图中黄色棋子所在的位置，即可沿着虚线飞到前方黄色格子内。

【游戏规则】

（1）将洗好的扑克牌叠成一摞，点数朝下摆放好，摆好飞行棋，用大家喜欢的方式决定抓牌的先后顺序。

（2）先手翻两张牌，把翻到的牌的点数相加（或相减），大声说出算式和得数，并根据得数走棋，得数是几，就走几步，算错者不能走。以同样的方式轮流进行。例如：翻到2和3，就大声说2＋3＝5，走5步；或大声说3－2＝1，得数是1，就走1步。

（3）如果翻到的两张牌相加得数超过5，不能算出得数的可换牌，把大牌放回一叠扑克牌的最底下，重新翻一张牌再算；能算出来者给予奖励——多走1步。

（4）谁的棋子先走到终点（HOME），谁就赢得这一盘游戏的胜利。三盘两胜，确定胜负。将游戏结果记录在表2.7中。

表2.7 "天天飞棋"游戏记录表

_____年_____月_____日

学 生	第一盘	第二盘	第三盘	输 赢

【使用及评价建议】

（1）孩子们玩了几天扑克牌游戏后，可能会产生厌倦心理。这时，飞行棋就可以发挥神奇功力了！有趣的撞子、飞子、跳子规则会激发孩子们极大的兴趣，很多孩子甚至玩到不愿意下课！父母陪孩子玩这个游戏，不仅能提高孩子的计算水平，还可使自己重温那充满童趣的年代。

（2）在课堂上，建议教师根据教材内容，先玩加法，再玩减法，最后自由选择加法或减法进行游戏。

（3）当孩子熟悉游戏规则之后，游戏人数可以增加到3人或4人，每位学生持棋子颗数也可以增加到2颗、3颗、4颗。大约玩一周时间就可以达到熟练计算的程度，建议用本节后面的检测题进行检测。

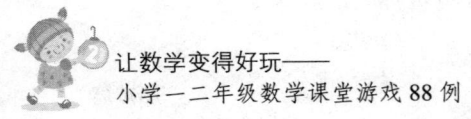

游戏8 抢梯子（★）

【游戏目的】

了解蛇棋游戏爬梯子、蛇咬的规则，体会游戏的趣味性，熟练5以内数的加减法计算，体会游戏的快乐。

【游戏用具】

蛇棋棋盘、2颗不同颜色的棋子；扑克牌A—5和10，共24张牌（A当作1使用，10当作0使用）。

【游戏人数】

2人。

【蛇棋游戏规则】

（1）爬梯子：当棋子走到的格子刚好位于梯子的底部时，就可以顺着梯子往上爬，直到梯子的顶部，一下子前进很多步。

（2）蛇咬：当棋子刚好停在蛇头上，就表示遭蛇咬了，不好意思，请回到蛇尾那一格。

【游戏规则】

（1）将洗好的牌叠成一摞，点数朝下摆放好，摆好蛇棋，学生以喜欢的方式确定抓牌的先后顺序。

（2）先手翻两张牌，把翻到的牌的点数相加（或相减），得数是几，就走几步。如翻到1和4，就大声说"1＋4＝5"，得数是5，就走5步；或大声说"3－2＝1"，得数是1，就走1步。以同样的方式，轮流进行。

（3）如果翻到的两张牌，相加得数超过5，不能算出得数者可换牌，把大牌放回一叠扑克牌的最底下，重新翻一张牌再算；能算出来者给予奖励——多走1步，也可以不接受这个奖励。

（4）谁的棋子先走到终点(100)，这一盘谁就获胜。三盘两胜，确定胜负。将游戏结果记录在表2.8中。

加减篇

表2.8 "抢梯子"游戏记录表

_____年_____月_____日

学 生	第一盘	第二盘	第三盘	输 赢

【使用及评价建议】

（1）在这个游戏里，所给的扑克牌不够一盘游戏使用的情况下，可以重新洗牌，循环使用。

（2）蛇棋里的爬梯子、遭蛇咬充满刺激与挑战，孩子们玩这个游戏时都欲罢不能。

（3）学习5以内的加法内容时，蛇棋游戏、飞行棋游戏、扑克牌游戏可交替使用，避免只玩一种游戏单调乏味；同样，学习5以内的减法内容时，也可三种游戏穿插进行。

（4）达到一定的熟练程度后，孩子们可以根据棋局的需要，策略性地选择加法或减法计算。

游戏 9 买小（★★）

【游戏目的】

在游戏中熟练5以内数的减法计算，通过对减法结果的大小比较来增加游戏的趣味性，以提高计算的速度。

【游戏用具】

一副扑克牌中的A—5、大小王，共22张牌。

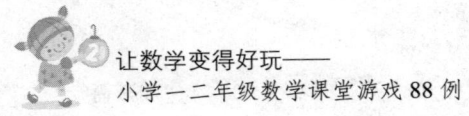

【游戏人数】

2人或3人。

【游戏规则】

（1）将洗好的牌摆放好，正面朝下（有点数的面是正面）。学生轮流摸牌，各自摸出2张牌，用较大的点数减去较小的点数，大声说出算式。答案正确而且得数小的学生，得到这一轮所有学生手上的扑克牌。如学生A摸到2和3，就说"3－2＝1"；学生B摸到5和5，就说"5－5＝0"。1大于0，学生B获得这四张牌。

（2）学生在计算中出错，不得牌。在这种情况下，计算正确的学生无论计算结果如何，都得牌。

（3）直到扑克牌用完，这盘游戏结束，得牌多者赢。重复上述规则，一共玩3盘，确定胜负，并将结果记录在表2.9中。

表2.9 "买小"游戏记录表

_____年_____月_____日

学生姓名		
第一盘（张数）		
第二盘（张数）		
第三盘（张数）		
输赢		

【使用及评价建议】

（1）课堂上教师注意引导学生用扑克牌上的图案点数去比较，以提高计算速度。

（2）学生在家里每天玩3盘，要求学生大声说出完整的算式，大约玩2～3天时间就可以达到熟练的程度。

附：阶段性口算检测题（含评价建议）

5以内加减法口算检测题一

2 + 2 =	0 + 1 =	5 − 5 =
4 − 4 =	3 − 1 =	4 − 0 =
1 + 4 =	2 + 0 =	3 + 2 =
2 − 2 =	4 − 3 =	4 − 1 =
4 + 0 =	5 + 0 =	0 + 3 =
5 − 3 =	3 − 3 =	5 − 1 =
3 + 0 =	2 + 3 =	4 − 2 =
5 − 0 =	2 − 1 =	0 + 4 =
1 + 1 =	0 + 5 =	0 + 2 =
2 − 0 =	4 − 2 =	1 − 1 =
3 + 1 =	5 − 2 =	5 − 4 =
4 + 1 =	1 + 0 =	0 + 0 =
3 − 2 =	3 − 0 =	3 − 1 =
1 + 2 =	1 + 3 =	2 + 1 =

对的题数：_____　　　　完成时间：_____分钟

评价建议：2分钟内全对——大师级；3分钟内全对——优秀；4分钟内全对——达标；超过4分钟完成——要加油。

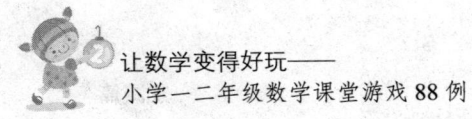

5以内加减法口算检测题二

1 + 1 =	2 − 2 =	2 + 0 =
5 + 0 =	1 + 2 =	0 + 5 =
2 − 1 =	5 − 0 =	4 − 1 =
3 − 3 =	3 + 1 =	4 + 1 =
2 + 0 =	2 − 0 =	2 + 1 =
1 − 1 =	0 + 3 =	5 − 4 =
3 + 0 =	3 − 1 =	4 − 0 =
4 − 4 =	1 + 3 =	0 + 1 =
2 + 3 =	5 − 3 =	1 − 0 =
5 − 2 =	1 + 4 =	2 + 2 =
4 − 3 =	3 − 0 =	0 + 4 =
3 + 2 =	1 + 1 =	5 − 5 =
5 − 1 =	3 − 2 =	4 − 2 =
0 + 4 =	0 − 0 =	0 + 0 =

对的题数：_____　　　完成时间：_____分钟

评价建议：2分钟内全对——大师级；3分钟内全对——优秀；4分钟内全对——达标；超过4分钟完成——要加油。

5以内加减法口算检测题三

0 + 4 =	4 + 1 =	4 − 1 =
5 − 4 =	3 − 0 =	2 + 3 =
0 + 5 =	2 − 2 =	0 + 3 =
5 − 0 =	1 + 3 =	4 − 0 =
2 + 1 =	0 − 0 =	1 − 1 =
2 − 0 =	2 + 2 =	1 + 4 =
1 + 1 =	5 − 2 =	0 + 1 =
5 − 1 =	4 + 0 =	4 − 2 =
1 + 0 =	5 + 0 =	3 + 0 =
3 + 1 =	3 − 3 =	5 − 5 =
3 − 2 =	3 + 2 =	1 − 0 =
4 − 3 =	4 + 1 =	1 + 2 =
0 + 2 =	5 − 3 =	3 − 1 =
2 − 1 =	2 + 0 =	4 − 4 =

对的题数：_____   完成时间：_____分钟

评价建议：2分钟内全对——大师级；3分钟内全对——优秀；4分钟内全对——达标；超过4分钟完成——要加油。

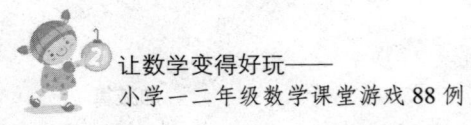

三、10以内的加减法

小朋友们,"3 + 6 = ?"怎么算呢?"一只手出 3 个手指头,另一只手出 5 个手指头,手指不够用啊!那就从出了 3 个手指头的手里借一个吧!一不小心,手指头都乱了。"还是"把 6 记在心里,往后数 3 个。"

这是在教学中经常见到的情形,我们允许孩子掰手指计算。孩子的计算启蒙是依靠图形等形象来辅助进行的,利用扑克牌上的点数,将抽象的计算直观形象地展现出来,几天后你就会变成神算手!

游戏 10　火眼金睛(★)

【游戏目的】

(1)在扑克牌游戏中,掌握"和是 6"的加法的计算。

(2)以同样的游戏方式,进一步掌握关于"和是 7、8、9、10"的加法的计算。

(3)让孩子体验亲子游戏的愉悦和温馨。

【游戏用具】

一副扑克牌中的 A—10,共计 40 张牌(A 当作 1 使用)。

【游戏人数】

2 人。

【游戏规则】

(1)把这 40 张牌正面(有点数的面)朝上,放在桌面上,学生都能看见点数。

(2)决定主牌(如用 6 做主牌),学生用自己的方式决定谁先行动,火眼金睛去钓鱼。

加减篇

（3）先钓者钓2张牌，使这两张牌上的数加起来是6，如可钓3和3，也可以钓1和5等，要求大声说出"3＋3＝6""1＋5＝6"等。

（4）说对的拿走这两张牌，说错了不得牌，再轮另一个学生钓鱼。如此交替进行，直到剩下的扑克牌里找不到两张牌加起来等于6，这一盘游戏结束。

（5）学生各自数出得到扑克牌的张数，记录在表2.10中，谁钓得多，这一盘谁胜。

（6）再重复进行两盘游戏，将游戏结果填入表2.10中，确定输赢，游戏结束。

表2.10 "火眼金睛"游戏记录表

_____年_____月_____日

学生姓名		
第一盘		
第二盘		
第三盘		
总　评		

【使用及评价建议】

（1）本游戏可根据学习内容确定主牌为几。如果都能迅速地钓到鱼，可以同时确定两、三张主牌，能大声说对算式就达到训练目的了。同样的规则，玩"7""8""9""10"的火眼金睛钓鱼游戏。

（2）在家庭，孩子没有合适的对手，只能家长陪着玩。开始的时候，孩子肯定不是家长的对手，建议家长不露声色地偶尔装装糊涂，表情可以夸张一点，让孩子体验与父母一起游戏的愉悦，假以时日，玩多了，孩子的速度就会超越家长。

（3）这样的游戏重复次数多了，孩子或许会觉得有些枯燥，可稍改变规则。采用计时的方式，让孩子记下每一轮游戏所花的时间，看到自己算得越来越快，孩子肯定会非常有成就感。

游戏 11　翻牌抢算（★）

【游戏目的】

在扑克牌游戏中，掌握10以内数的减法的计算，培养学生合作交流的能力。

【游戏用具】

一副扑克牌，去掉J、Q、K及大小王，共用40张牌。

【游戏人数】

2人。

【游戏规则】

（1）学生自行决定先手，先手洗牌，负责这一盘的摸牌。

（2）先手将洗好的牌分为两摞，正面朝下（有点数的面是正面）摆放好。先手左右手同时摸一张牌，喊"准备"后迅速把牌翻过来，点数朝上放在桌面上。

（3）双方抢答。学生看到扑克牌后马上说出两张牌相减后的得数，不说算式。又对又快的一方得到这两张牌。如果同速，则各得一张牌。例如：翻出扑克牌"A"和"4"，抢答"3"即可。

（4）直到翻完这40张牌，这一盘游戏结束。谁得到的牌多，谁这一盘获胜。

（5）换人摸牌，进行下一盘，一共玩三盘，决定胜负，并把每一盘的结果填在记录表2.11中。

表 2.11 "翻拍抢算"游戏记录表

　　　　年　　　　月　　　　日

学生姓名		
第一盘		
第二盘		
第三盘		
总　评		

【使用及评价建议】

（1）玩游戏前，教师先请两个学生示范，边玩边讲解规则，注意引导孩子，利用扑克牌上的点数帮助计算。孩子明白了规则之后，可以同桌之间玩。

（2）家长不要揠苗助长，要步步推进，孩子喜欢就多玩几盘，每天坚持玩三盘，孩子很快就会熟练了。

（3）在游戏初期，若是家长和孩子玩时，家长的计算速度快，孩子一般是比不上的。建议家长为孩子找到实力相当的对手来游戏，棋逢对手才有竞争。

（4）若没有实力相当的选手，只能家长上阵，家长可以偶尔装装糊涂，别打击小选手的热情。

（5）此外，还可以修改游戏规则：家长翻牌，孩子答题，家长记录每一盘所用的时间。

游戏 12　幸运星（★）

【游戏目的】

在游戏中熟练 10 以内数的加减法计算，游戏中的机遇与策略相结合，激发孩子的学习兴趣。

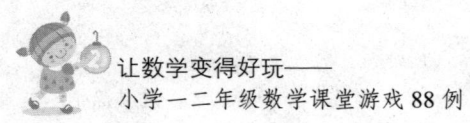

【游戏用具】

飞行棋棋盘、不同颜色的飞机共2架；扑克牌A—9，共36张牌（A当作1使用）。

【游戏人数】

2人。

【游戏规则】

（1）拿出一张扑克牌做主牌，点数朝上放在桌面上，将剩下的牌洗好叠成一摞，点数朝下摆放好，用大家喜欢的方式决定翻牌的先后顺序。

（2）学生A翻出一张牌，并将翻出的牌与主牌的点数相加（或相减），大声说出算式和得数，并根据得数走棋，得数是几，就走几步，算错的不能走。两位学生交替进行。如主牌是4，翻到3，玩加法游戏时，就大声说"3＋4＝7"，走7步；玩减法游戏时，说"4－3＝1"，走1步。

（3）如果翻到的两张牌，相加得数超过10，不会算的可换牌，把数大的这张牌放回一叠扑克牌的最底下，再翻一张牌继续算。能算出来的给予奖励——多走2步，也可以不接受这个奖励。

（4）谁的棋子先飞到终点（HOME），这一盘谁就获胜。三盘两胜，确定胜负，将游戏结果记录在表2.12中。

表2.12 "幸运星"游戏记录表

_____年_____月_____日

学 生	第一盘	第二盘	第三盘	输 赢

加减篇

【使用及评价建议】

（1）注意根据所学内容，选择性地确定主牌，尽量不要超出学习的范围，以免打击孩子的积极性。

（2）这个游戏规则也适用于蛇棋。熟练此游戏以后，可以3人、4人一起玩，也可以每人用2～3架飞机。

（3）加法游戏和减法游戏可以根据教材内容分开进行，先玩几天加法游戏，再玩减法游戏。

（4）在游戏中，孩子可能会出现害怕失败、输不起的心理，教师或家长应多给予孩子鼓励；也可以帮助孩子分析失败的原因；教师或家长最好在游戏中仔细观察孩子的表现，及时表扬其点滴进步，以增强孩子的自信心。

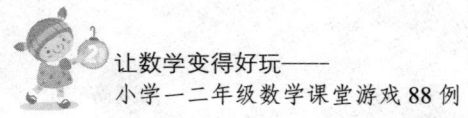

附：阶段性口算检测题（含评价建议）

7以内加减法口算检测题一

1 + 4 =	0 + 7 =	0 + 6 =
6 + 1 =	6 − 4 =	6 − 2 =
5 − 2 =	1 + 2 =	3 − 1 =
7 − 7 =	7 − 1 =	4 + 0 =
3 + 4 =	5 + 0 =	4 − 2 =
3 − 0 =	5 − 3 =	0 + 3 =
2 + 4 =	7 + 0 =	5 − 1 =
6 − 5 =	4 − 0 =	2 + 1 =
1 + 5 =	1 + 3 =	7 − 5 =
6 − 0 =	2 + 2 =	0 + 3 =
5 + 2 =	5 − 5 =	3 + 3 =
4 − 4 =	7 − 2 =	2 − 2 =
4 + 1 =	3 + 1 =	1 + 6 =
7 − 3 =	4 − 3 =	2 − 0 =
6 − 6 =	3 + 0 =	5 − 4 =
4 + 3 =	7 − 4 =	3 + 2 =
7 − 6 =	2 + 5 =	6 − 1 =
3 − 3 =	7 − 0 =	0 + 4 =
2 + 3 =	6 − 3 =	5 − 0 =
5 + 1 =	5 + 1 =	4 + 2 =

对的题数：_____   完成时间：_____分钟

评价建议：3分钟内全对——大师级；4分钟内全对——优秀；5分钟内全对——达标；超过5分钟完成——要加油。

7以内加减法口算检测题二

3 + 4 =	0 + 4 =	4 − 4 =
4 − 0 =	3 − 2 =	7 + 0 =
6 − 0 =	0 + 6 =	3 − 3 =
1 + 6 =	7 − 7 =	10 + 0 =
3 + 4 =	3 + 3 =	1 + 6 =
2 − 0 =	6 − 2 =	4 − 1 =
1 + 5 =	0 + 5 =	3 − 1 =
5 − 5 =	4 − 3 =	2 + 5 =
1 − 1 =	4 + 3 =	3 + 0 =
2 + 2 =	0 + 8 =	5 − 3 =
7 − 6 =	7 − 0 =	6 − 5 =
4 − 2 =	6 − 4 =	4 + 1 =
1 + 4 =	2 + 3 =	7 − 4 =
6 − 6 =	3 + 1 =	4 + 2 =
0 + 7 =	5 − 0 =	5 + 1 =
1 + 3 =	4 + 0 =	6 − 3 =
7 − 5 =	2 − 1 =	5 − 2 =
5 − 1 =	7 − 3 =	2 + 4 =
6 + 0 =	5 + 2 =	5 − 4 =
3 + 0 =	7 − 2 =	1 + 5 =

对的题数：_____　　　完成时间：_____分钟

评价建议：3分钟内全对——大师级；4分钟内全对——优秀；5分钟内全对——达标；超过5分钟完成——要加油。

7以内加减法口算检测题三

5 − 4 =	0 + 7 =	4 − 1 =
4 − 3 =	7 − 5 =	6 − 6 =
2 + 1 =	5 − 5 =	3 + 0 =
7 + 0 =	1 + 6 =	1 + 0 =
3 + 4 =	7 − 4 =	5 − 0 =
7 − 6 =	3 + 3 =	1 + 4 =
7 − 7 =	6 − 2 =	6 − 4 =
6 − 5 =	1 + 5 =	2 + 4 =
1 + 1 =	7 − 3 =	7 − 2 =
6 − 3 =	4 + 2 =	4 + 1 =
5 − 2 =	3 + 1 =	5 + 0 =
4 + 3 =	0 + 5 =	3 − 0 =
4 − 4 =	6 − 3 =	5 + 2 =
5 + 1 =	6 + 1 =	7 − 1 =
6 + 0 =	5 − 1 =	5 − 3 =
3 − 3 =	4 − 0 =	0 + 3 =
3 + 2 =	2 + 5 =	1 + 2 =
6 − 0 =	3 − 1 =	4 − 2 =
2 + 3 =	1 + 3 =	0 + 9 =
5 + 2 =	3 − 2 =	1 + 0 =

对的题数：_____   完成时间：_____分钟

评价建议：3分钟内全对——大师级；4分钟内全对——优秀；5分钟内全对——达标；超过5分钟完成——要加油。

9以内加减法口算检测题一

7 − 4 =	8 − 7 =	4 + 4 =
8 − 6 =	2 + 2 =	9 − 1 =
6 + 3 =	9 − 4 =	6 + 1 =
9 − 9 =	2 + 6 =	9 − 2 =
3 + 4 =	3 − 0 =	4 + 5 =
7 − 4 =	2 + 3 =	5 + 2 =
2 + 4 =	9 − 5 =	8 − 5 =
5 − 5 =	2 + 7 =	4 + 3 =
6 + 2 =	4 − 3 =	8 − 2 =
3 − 2 =	8 − 4 =	3 + 3 =
7 − 6 =	3 + 6 =	9 − 6 =
1 + 8 =	4 − 2 =	5 + 1 =
5 + 4 =	7 + 1 =	8 − 1 =
1 + 6 =		7 − 2 =
9 − 7 =	8 − 8 =	5 + 3 =
3 − 3 =	9 − 3 =	6 − 4 =
0 + 6 =	2 + 5 =	9 + 0 =
4 + 2 =	8 + 1 =	9 − 8 =
6 − 6 =	5 − 3 =	0 + 6 =
7 + 2 =	1 + 7 =	7 − 3 =

对的题数：_____   完成时间：_____分钟

评价建议：3分钟内全对——大师级；4分钟内全对——优秀；5分钟内全对——达标；超过5分钟完成——要加油。

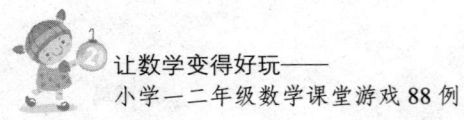

9以内加减法口算检测题二

3 + 4 =	9 − 7 =	4 + 0 =
9 − 4 =	4 − 3 =	7 − 4 =
8 − 7 =	4 + 4 =	7 − 2 =
3 + 0 =	1 + 6 =	7 + 0 =
9 − 6 =	5 − 4 =	9 − 3 =
7 − 3 =	7 − 6 =	6 − 5 =
2 + 4 =	4 + 5 =	0 + 9 =
7 − 5 =	4 − 0 =	8 − 0 =
1 + 8 =	5 + 3 =	3 + 6 =
1 + 7 =	9 − 8 =	9 − 9 =
8 − 4 =	7 + 2 =	5 + 4 =
4 − 0 =	8 − 6 =	9 − 5 =
7 + 1 =	6 + 3 =	5 + 2 =
3 + 5 =	6 + 1 =	7 − 0 =
6 − 2 =	5 − 2 =	8 + 1 =
4 + 3 =	1 + 5 =	2 + 5 =
5 − 0 =	8 + 0 =	8 − 3 =
8 − 8 =	8 − 2 =	2 + 6 =
4 + 2 =	8 − 5 =	6 − 3 =
2 + 7 =	1 + 4 =	6 + 2 =

对的题数：_____   完成时间：_____分钟

评价建议：3分钟内全对——大师级；4分钟内全对——优秀；5分钟内全对——达标；超过5分钟完成——要加油。

9以内加减法口算检测题三

7 − 4 =	4 + 5 =	4 + 1 =
8 − 0 =	2 + 6 =	7 − 0 =
2 + 6 =	2 − 1 =	8 + 1 =
1 + 8 =	6 − 5 =	2 − 2 =
9 − 4 =	3 + 0 =	5 − 4 =
9 − 3 =	5 + 3 =	1 + 6 =
2 + 4 =	7 − 3 =	2 + 5 =
8 − 5 =	4 + 0 =	9 − 2 =
1 + 3 =	9 − 6 =	8 − 3 =
7 + 0 =	8 − 4 =	4 + 4 =
8 − 6 =	3 + 5 =	1 + 5 =
4 − 4 =	3 − 1 =	9 − 8 =
2 + 7 =	5 + 2 =	7 − 6 =
3 + 6 =	8 − 7 =	5 + 0 =
9 − 7 =	1 + 7 =	5 − 3 =
4 + 3 =	7 − 5 =	3 + 4 =
8 − 2 =	8 − 1 =	9 − 9 =
4 − 0 =	7 − 2 =	0 + 9 =
7 + 1 =	9 − 5 =	6 − 4 =
6 + 3 =	4 + 2 =	5 + 4 =

对的题数：_____   完成时间：_____分钟

评价建议：3分钟内全对——大师级；4分钟内全对——优秀；5分钟内全对——达标；超过5分钟完成——要加油。

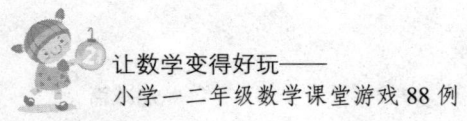

10 以内加减法口算检测题一

9 − 4 =	7 + 2 =	4 − 0 =
6 + 0 =	5 + 4 =	3 + 6 =
8 − 4 =	6 − 1 =	8 − 3 =
0 + 8 =	1 + 6 =	10 + 0 =
3 + 4 =	3 + 4 =	4 − 4 =
3 − 2 =	6 − 3 =	7 − 2 =
2 + 4 =	10 − 5 =	7 + 3 =
7 − 5 =	4 + 0 =	1 + 5 =
0 + 10 =	6 + 3 =	10 − 1 =
9 − 2 =	10 − 8 =	5 + 3 =
6 + 1 =	7 + 1 =	8 − 5 =
8 − 7 =	5 − 5 =	6 − 0 =
0 + 4 =	3 + 3 =	2 + 5 =
5 + 5 =	7 − 0 =	0 + 7 =
7 − 6 =	8 − 6 =	5 − 3 =
2 + 3 =	6 + 4 =	1 + 2 =
3 − 3 =	6 − 5 =	4 + 6 =
1 + 7 =	0 + 5 =	9 − 5 =
6 − 4 =	4 − 3 =	6 + 4 =
2 − 0 =	1 + 9 =	6 − 2 =

对的题数：_____   完成时间：_____分钟

评价建议：3分钟内全对——大师级；4分钟内全对——优秀；5分钟内全对——达标；超过5分钟完成——要加油。

10以内加减法口算检测题二

3 + 4 =	7 − 5 =	5 + 3 =
6 − 5 =	10 − 2 =	8 + 0 =
3 + 1 =	6 + 2 =	2 − 1 =
2 + 7 =	0 + 6 =	7 − 7 =
9 − 3 =	3 − 2 =	8 + 2 =
1 + 2 =	4 + 3 =	3 − 1 =
9 − 7 =	5 − 2 =	1 + 3 =
9 + 0 =	4 + 4 =	2 + 2 =
1 + 8 =	10 − 3 =	10 − 8 =
5 − 0 =	2 + 8 =	9 − 6 =
9 − 8 =	7 − 0 =	9 + 1 =
6 + 3 =	4 + 6 =	4 − 0 =
10 − 4 =	7 − 4 =	5 + 2 =
7 − 3 =	2 + 2 =	6 + 4 =
3 + 7 =	0 + 8 =	5 − 4 =
4 − 2 =	10 − 6 =	4 + 1 =
6 + 1 =	9 − 5 =	9 − 4 =
7 + 0 =	8 + 1 =	3 − 0 =
8 − 2 =	7 − 6 =	3 + 2 =
4 − 3 =	7 + 1 =	5 + 4 =

对的题数：_____ 完成时间：_____ 分钟

评价建议：3分钟内全对——大师级；4分钟内全对——优秀；5分钟内全对——达标；超过5分钟完成——要加油。

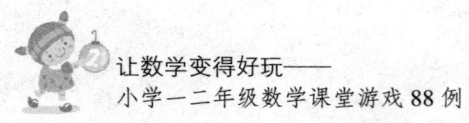

10以内加减法口算检测题三

3 − 1 =	9 + 1 =	5 − 5 =
7 + 3 =	3 + 5 =	3 − 0 =
8 − 7 =	6 − 6 =	3 + 7 =
9 − 4 =	3 + 2 =	4 + 1 =
2 + 0 =	7 − 3 =	8 − 5 =
2 + 4 =	6 + 1 =	10 − 9 =
5 − 3 =	8 − 4 =	4 + 1 =
1 − 1 =	6 + 3 =	8 + 0 =
6 + 3 =	10 − 8 =	5 − 1 =
4 + 6 =	9 − 6 =	10 − 0 =
4 − 1 =	4 + 2 =	1 + 8 =
4 + 4 =	7 − 5 =	1 + 6 =
8 − 6 =	8 + 2 =	3 − 2 =
7 − 6 =	6 + 2 =	5 + 3 =
4 + 3 =	9 − 5 =	6 − 3 =
7 + 1 =	3 + 3 =	4 + 5 =
9 − 2 =	8 − 3 =	9 − 8 =
10 − 4 =	5 − 4 =	6 + 4 =
5 + 1 =	1 + 2 =	7 + 1 =
9 + 0 =	2 − 0 =	6 − 1 =

对的题数：_____　　　完成时间：_____分钟

评价建议：3分钟内全对——大师级；4分钟内全对——优秀；5分钟内全对——达标；超过5分钟完成——要加油。

四、20以内的加减法（不进退位）

孩子们理解了十位和个位上数字代表的意义后，就能轻松自如地将"20以内的不进退位加减法"转化为"个位加减个位、十位加减十位"的计算了。在游戏中，主牌10的出现，成功地为孩子们搭建了通往彼岸的桥梁。

游戏13　万能牌的秘密（★）

【游戏目的】

在游戏中熟练10加几的加法计算，了解大小王为万能牌的使用方法。在变化中刺激孩子的大脑神经，体验成功感。

【游戏用具】

飞行棋棋盘、不同颜色的飞机共2架；扑克牌A—10、大小王，共42张牌（A当作1使用，大小王为万能牌）。

【游戏人数】

2人。

【游戏规则】

（1）拿出一张10做主牌，点数朝上放在桌面上，将剩余的牌洗好叠成一摞，点数朝下摆放好并摆好棋盘和棋子。

（2）学生自行决定翻牌的先后顺序。学生A翻一张牌，将翻出的牌与主牌10相加，大声说出算式和得数，并根据得数的个位走棋，得数的个位是几，就走几步，算错的不能走。如主牌是10，学生翻到3，就说"10＋3＝13"，得数是13，个位是3，就走3步。

（3）换学生B翻牌、计算、走棋。两人交替进行。谁的棋子先走到终点

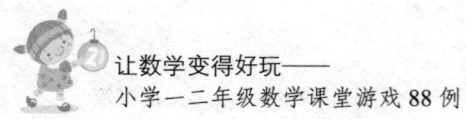

（HOME），谁就获胜，这一盘游戏结束。

（4）采用三盘两胜制，并将游戏结果记录在表2.13中。

表2.13 "万能牌的秘密"游戏记录表

_____年_____月_____日

学　生	第一盘	第二盘	第三盘	输　赢

【使用及评价建议】

（1）这个游戏规则也适用于蛇棋。熟练此游戏以后，可以三四人一起玩，也可以每人用2～3架飞机。

（2）当游戏人数超过2人时，最先飞到终点者获得第一名，其他学生继续游戏，决出名次，直至游戏全部结束。在每一盘的游戏中可以算积分，第一名积4分，第二名积3分，第三名积2分，第四名积1分，三盘后算总分，积分高者获胜。

（3）万能牌的"秘密"。

在飞行棋游戏中，大小王的加入使游戏更加富有戏剧性，棋局瞬息万变。如果翻到大王或小王就太幸运了，作为万能牌的大王、小王可以帮助你走捷径。根据下棋的局面需要，你可以自行决定大小王的点数。

如彩图2.7所示，蓝色棋子差6步就可以飞子。翻到大王，那么就可以把大王当作6，算"10＋6＝16"，就可以沿虚线飞到下一个同色方格上。

同样，在蛇棋游戏中，孩子们也可以根据自己的需要，决定大小王的点数，让大小王帮你快速到达梯子的底部，然后就能飞奔而上啦！

如彩图2.8所示，黄色的棋子在格5的位置上，差4格就到梯子底部。如果翻到小王，就可以把小王当作4，算"10＋4＝14"，就可以顺着梯子往上爬，爬到梯子的顶部，到格31的位置。

（4）在课堂上，教师若能重点讲解大小王为万能牌的用法就更好了，因为一年级的孩子还比较小，不能一下子掌握万能牌的用法。

游戏 14 开心斗法（★）

【游戏目的】

在游戏中让孩子们熟练掌握"十几减几"的不退位计算。

【游戏用具】

一副扑克牌中的 A—10、大小王，共 42 张牌（A＝1，大王、小王为万能牌）。

【游戏人数】

2 人。

【游戏规则】

（1）学生自行决定先手，先手洗牌并负责这一盘的翻牌。

（2）先手拿一张"10"的扑克牌放在桌面中间做主牌，并将剩余的牌分为两摞，正面朝下（有点数的面是正面）摆放好（如图2.9）。先手双手同时各摸一张牌，喊"准备"后迅速把牌翻过来，点数朝上放在桌面上。

图 2.9 "开心斗法"扑克牌摆放示意图

（3）双方抢答。看到扑克牌后，用点数较大的牌加10，变成十几，再减去较小点数的牌。如翻牌2、8，先把8加10变成18，抢说："18－2＝16"。先答对者得到这两张牌；若是答错了不得牌；同时回答正确的情况下，一人分得一张扑克牌。

（4）如此循环，直到这副牌用完，此盘游戏结束。三盘两胜，决定胜负，将游戏结果记录在表 2.14 中。

表 2.14 "开心斗法"游戏记录表

_____年_____月_____日

学生姓名	第一盘	第二盘	第三盘	总　评

【使用及评价建议】

（1）游戏的目的是使孩子熟练十几减几的不退位计算，游戏时要注意组成一个两位数作为被减数，所以抢答时要说出算式。

（2）此游戏可以在课堂上师生之间、生生之间进行，也可以在家庭成员之间进行，课堂上最好安排水平相当的学生一起玩。

游戏 15　抓尾巴（★）

【游戏目的】

在游戏中熟练掌握十几加（减）几的计算，体会在蛇棋游戏中计算的快乐。

【游戏用具】

蛇棋棋盘、2 颗不同颜色的棋子；扑克牌 A—9 和大小王，一张 10，共 39 张牌（A 当作 1 使用，大、小王为万能牌）。

【游戏人数】

2 人。

【游戏规则】

（1）拿出一张 10 做主牌，点数朝上放在桌面上，将剩余的牌洗好叠成一摞，点数朝下摆放好，并摆好蛇棋。

（2）学生自行决定谁先来翻牌。学生 A 翻两张牌，点数向上放在桌面上。

这两张牌上的点数，如果有大小区分，我们就称之为大数和小一点的数。选择下面规则中的一条进行游戏。

① 十几加几。用大数加上主牌 10，再加上小一点的数，大声说出算式和得数，并根据得数的个位走棋，得数的个位是几，就走几步；算错的不能走。如主牌是 10，学生翻到 2、5，就说"15＋2＝17"，得数是 17，个位是 7，就走 7 步。

② 十几减几。大数加上主牌 10，然后减去另一个数，根据得数的个位走棋，得数的个位是几，就走几步；算错的不能走。如学生翻到 2、5，就说"15－2＝13"，得数是 13，个位是 3，就走 3 步。

在减法游戏里，如果两张牌上的点数相同，就走 0 步。如学生翻到 8、8，就大声说"18－8＝10"，得数是 10，个位是 0，不能走。

（3）遇到有进位的加法，能算出来的给予奖励——多走 2 步，也可以不接受这个奖励。不能算的，可以申请换牌，即把刚翻到的牌放在所有牌的最下面，再重新翻一张牌。

（4）换学生 B 翻牌、计算、走棋，两人交替进行。谁的棋子先走到终点（100），谁就获胜，这一盘游戏结束。

（5）然后再进行下一盘，三盘两胜，将游戏结果记录在表 2.15 中。

表 2.15 "抓尾巴"游戏记录表

____年____月____日

学　生	第一盘	第二盘	第三盘	输　赢

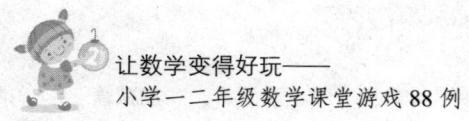

【使用及评价建议】

（1）特意设定 10 做主牌，可以用扑克牌 10 上的点数帮助孩子口算，较熟练后，也可以用扑克牌 1 代替 10 做主牌。根据孩子正在学习的教材内容选择游戏规则，进行加法游戏或者减法游戏。

（2）这个游戏规则适用于飞行棋。熟练此游戏以后，可以 3～4 人一起玩，也可以每人用 2～3 架飞机。

（3）此游戏简单易懂，教师在课堂上不必过多讲解，就可放手让学生去玩。教师要注意观察学生是否正确运用规则。

附：阶段性口算检测题（含评价建议）

20以内（不进退位）加减法口算检测题一

20 − 0 =	19 + 0 =	16 − 2 =
12 + 7 =	17 − 7 =	13 + 6 =
11 + 8 =	12 + 6 =	14 − 10 =
13 − 2 =	13 − 13 =	19 − 7 =
11 + 9 =	14 + 3 =	15 + 0 =
12 − 10 =	15 − 5 =	19 − 3 =
12 + 5 =	14 + 5 =	16 + 4 =
1 + 19 =	19 − 8 =	13 + 1 =
17 − 4 =	17 − 2 =	15 − 4 =
12 − 2 =	12 + 5 =	10 + 2 =
4 + 12 =	10 + 4 =	13 + 4 =
14 + 4 =	12 + 3 =	18 − 6 =
15 − 1 =	13 + 7 =	16 + 3 =
19 − 2 =	16 − 4 =	15 − 3 =
13 + 3 =	15 + 4 =	3 + 14 =
11 + 0 =	14 − 2 =	18 − 5 =
18 − 7 =	18 + 2 =	17 + 1 =
16 − 3 =	13 − 3 =	16 − 5 =
19 + 1 =	11 + 1 =	18 − 4 =
19 − 6 =	19 − 4 =	12 + 8 =

对的题数：_____   完成时间：_____分钟

评价建议：3分钟内全对——大师级；4分钟内全对——优秀；5分钟内全对——达标；超过5分钟完成——要加油。

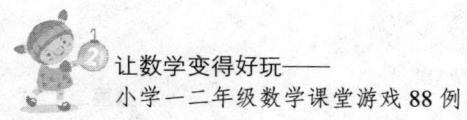

20以内（不进退位）加减法口算检测题二

16 − 10 =	11 + 8 =	17 − 5 =
15 + 3 =	14 − 10 =	13 − 1 =
19 − 8 =	18 − 6 =	14 + 5 =
15 + 4 =	13 + 2 =	14 + 0 =
17 − 3 =	14 + 3 =	19 − 10 =
12 + 6 =	18 − 5 =	11 + 4 =
12 + 5 =	15 + 2 =	13 + 6 =
11 − 10 =	16 − 4 =	10 − 8 =
13 + 4 =	16 + 3 =	11 + 9 =
16 − 6 =	18 − 3 =	15 − 5 =
14 + 0 =	19 + 0 =	16 − 0 =
12 + 4 =	16 − 3 =	10 + 6 =
19 − 6 =	13 + 1 =	19 − 7 =
16 + 2 =	16 − 5 =	16 − 3 =
19 − 4 =	11 + 4 =	13 − 5 =
12 + 8 =	10 − 1 =	14 + 4 =
15 − 3 =	18 + 2 =	19 − 5 =
14 + 2 =	18 − 4 =	17 + 2 =
19 − 3 =	14 − 2 =	16 − 3 =
13 − 2 =	2 + 16 =	14 + 1 =

对的题数：_____ 完成时间：_____分钟

评价建议：3分钟内全对——大师级；4分钟内全对——优秀；5分钟内全对——达标；超过5分钟完成——要加油。

20以内（不进退位）加减法口算检测题三

17 − 3 =	13 − 4 =	13 − 0 =
14 + 5 =	16 + 2 =	13 + 4 =
15 − 5 =	14 + 6 =	15 − 2 =
3 + 14 =	13 − 1 =	18 − 3 =
13 − 2 =	17 + 3 =	16 + 4 =
12 + 4 =	18 − 5 =	12 + 6 =
16 − 5 =	14 − 1 =	17 − 6 =
11 − 1 =	15 + 3 =	19 − 5 =
12 + 8 =	14 + 4 =	13 + 2 =
13 + 6 =	19 − 3 =	16 − 4 =
14 − 3 =	11 + 8 =	15 + 4 =
12 + 5 =	16 + 3 =	16 − 3 =
15 − 4 =	18 − 8 =	11 + 6 =
13 + 3 =	16 + 1 =	15 − 1 =
15 + 2 =	12 − 10 =	13 + 5 =
18 − 2 =	10 + 4 =	14 − 2 =
19 − 4 =	18 + 2 =	15 + 5 =
11 + 5 =	15 − 3 =	17 − 4 =
18 − 1 =	17 − 1 =	14 + 3 =
19 + 1 =	11 + 4 =	17 − 5 =

对的题数：_____   完成时间：_____分钟

评价建议：3分钟内全对——大师级；4分钟内全对——优秀；5分钟内全对——达标；超过5分钟完成——要加油。

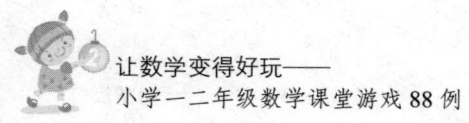

五、20以内的加法（进位）

20以内的进位加法的计算方法很多，在这里不一一列举，但是要想算得又快又准，最为重要的就是"凑十法"。

一年级的很多学生，在家里或者幼儿园已经学会算了，只是算得比较慢，大多数采用的都是"接着数"的方法。习惯了"接着数"的孩子，刚开始时抗拒"凑十法"。在游戏里，扑克牌面上的点数很清晰自然地给孩子们呈现了"凑十法"的形象。

游戏16　大嘴巴（★★）

【游戏目的】

玩"加几"的进位加法游戏，体验速度带来的乐趣，也让计算在游戏中变得简单有趣。

【游戏用具】

一副扑克牌去掉J、Q、K及大小王，共用40张牌。

【游戏人数】

一个小组3人（2人对决，1人做裁判）。注意要特别交代孩子们，裁判是轮流轮值的。在玩三盘的游戏中，每个学生轮流当一盘的裁判。

【游戏规则】

（1）我们以"加9"为例来讲述这个游戏的规则。桌面中心放一张主牌9，点数向上。其他的扑克牌点数朝下，叠成一摞摆放在桌面上（如图2.10）。

加减篇

图 2.10 "大嘴巴"扑克牌摆放示意图

（2）三位学生自行决定谁先当裁判。

（3）裁判翻出一张扑克牌，正面向上放在桌面上，大家都能看到点数。两位学生各自用这张扑克牌的点数和桌面上主牌 9 相加，直接说出得数，抢答，速度快的学生得到这张牌。如裁判翻到 4，那么（主牌）9 + 4 = 13，抢答 "13"。又对又快的学生得到这张牌。若是答错了不得牌。如果同时答对，这张牌谁也不得，放在一边。

（4）如此循环，直到玩完一副牌，第一盘结束，以得牌张数定输赢。三盘两胜，决定胜负，将每一盘的结果记录在表 2.16 中。

（5）换裁判后，按上述游戏规则继续游戏。

表 2.16 "大嘴巴"游戏记录表

_____年_____月_____日

裁判姓名					
学生姓名					
第一盘					
第二盘					
第三盘					
胜　负					

【家庭游戏拓展】

在家里玩这个游戏，一般建议孩子一个人玩的时候，采取计时的方式。

自己翻一张牌，跟主牌相加，大声说出得数。直到这一副扑克牌用完，将完成这一盘的时间记录在表2.17中。接着再来一盘，记录时间。建议每天玩一两盘。

表2.17 "大嘴巴"家庭游戏记录表

学生姓名_____　　　　　　　　　　　____年____月____日

游戏内容	加9	加9	加9	加9	加9
所用时间					

【使用及评价建议】

（1）在课堂玩这个游戏的时候，因为进位加法的计算难度较大，孩子计算出现错误的情况较多，学生自己难以发现错误，所以需要设置裁判这一角色。裁判这一角色很重要，当学生双方有争议的时候，裁判说了算。

（2）因为要比速度，所以在游戏中不说算式，直接抢答得数，清晰简洁。

（3）孩子们熟练这个游戏后，建议用本节后附的口算题目来检测，检测过关了，可以换主牌，主牌可以分别是9、8、7、6、5、4、3、2。

（4）等孩子们学完20以内的进位加法后，就随意定主牌。可以在玩牌之前让一个学生翻牌，翻到几，主牌就是几。

（5）根据实际操作发现：玩"＋9""＋8"的游戏，大部分学生能在2分钟之内完成一盘，但"＋7""＋6""＋5"的游戏就慢一些，需要4分钟左右。

游戏17 蛇出没（★★）

【游戏目的】

在游戏中熟练20以内的进位加法计算，以蛇棋的趣味性激发孩子学习数学的兴趣。

【游戏用具】

蛇棋棋盘、2颗不同颜色的棋子；一副扑克牌的2—9及大小王，共34张

牌（大小王为万能牌）。

【游戏人数】

2人。

【游戏规则】

（1）两个学生一人一颗棋子，以大家喜欢的方式决定抓牌的先后顺序。

（2）把一副牌洗好，叠成一摞，点数朝下放在桌面上。

（3）学生A翻出两张牌，将两张牌的点数相加，大声说出算式和得数，并根据得数的个位数字走棋，得数个位是几，就走几步；算错的不能走。如翻到2、9，说"9＋2＝11"，得数是11，个位是1，就走1步。

（4）两张扑克牌的和小于10时，作废，再翻一张牌来计算。如学生翻到2、3，就放弃一张牌，把其中的一张牌放在这摞牌的底部，然后再翻一张牌来计算。若算出的和仍旧小于10，再换牌。

（5）换学生B翻牌、计算、走棋。两人交替进行。先走到终点（100）的学生获胜，该盘游戏结束。

（6）洗牌之后再开始下一盘。三盘两胜，将游戏结果记录在表2.18中。

表2.18 "蛇出没"游戏记录表

_____年_____月_____日

学 生	第一盘	第二盘	第三盘	输 赢

游戏18 买大（★★★）

【游戏目的】

让孩子在游戏中熟练20以内数的加法计算，通过"买大"的游戏规则增加游戏的机遇性。

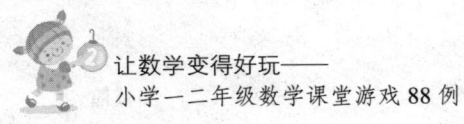

【游戏用具】

一副扑克牌中的A—10、大小王,共42张牌(A当点数1,大小王为万能牌)。

【游戏人数】

2~3人。

【游戏规则】

(1)一位学生洗牌,将牌正面朝下(有点数的面是正面)叠成一摞。两位学生轮流翻牌,每人每次翻出两张牌,把这两张牌的点数相加,迅速且大声地说出算式及计算得数,得数大的学生获得这一轮所有扑克牌。如学生A翻牌9和9,大声说"9+9=18"。学生B翻牌5和8,大声说"5+8=13"。18大于13,学生A获得这四张牌。

(2)如果学生在计算中出错,不得牌。在一方学生算错,另一方学生算对的情况下,无论得数大小,计算正确的学生获得这四张牌。

(3)继续翻牌,直到这副扑克牌用完,这盘游戏结束,得牌多者赢。

(4)按照上述规则继续游戏,一共玩三盘,决出胜负,并将游戏结果记录在表2.19中。

表2.19 "买大"游戏记录表

_____年_____月_____日

学生姓名			
第一盘			
第二盘			
第三盘			
总 评			

【使用及评价建议】

(1)玩这个游戏,气氛比较热烈,学生玩得投入。要求一定要说出算式,

加减篇

说话音量可以适当控制。

（2）孩子们玩这个游戏，有时候看到自己的牌小，就想换牌，这一点要说明白，不可以违反规则换牌。

（3）在家里孩子没有玩伴，家长可以跟孩子一起玩。因为游戏的胜负主要由得数的大小来决定，运气成分比较多，孩子和家长一起玩也是比较公平的。有对手，游戏才更有趣味性。

（4）根据实际情况，孩子们熟练后，一分多钟就能完成一盘游戏。

游戏 19　龟兔赛跑（★★）

【游戏目的】

在强调速度的抢答中，快速计算 20 以内的进位加法。

【游戏用具】

扑克牌一副，只用 A—10，共 40 张牌。

【游戏人数】

3 人（2 人对决，1 人做裁判），注意要特别交代孩子们，裁判是轮流轮值的。在玩三盘的游戏中，每个学生当某一盘的裁判。

【游戏规则】

（1）自行决定谁先做裁判。裁判把一副牌洗好，分成差不多高的两摞，点数朝下，放在桌面上。裁判每次左右手各翻一张牌，在"准备""翻"的口令中，迅速将两张牌点数向上，放在桌面上。

（2）两位学生抢答这两张牌的和，先答对者得到这两张牌；答错者不得牌。两人速度相同，各得一张。如翻牌 4 和 8，那么算"4 + 8 = 12"，大声抢答"12"。

（3）如此循环，直到这一副牌用完，这盘游戏结束。换裁判，三盘两胜，将每一盘各个学生的得牌张数记录在表 2.20 中。

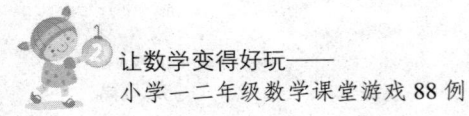

表 2.20 "龟兔赛跑"游戏记录表

_____年_____月_____日

裁判姓名					
学生姓名					
第一盘					
第二盘					
第三盘					
胜　负					

【家庭游戏拓展】

在家里玩这个游戏，孩子若没有玩伴，建议采取计时的方式。自己翻两张牌，大声说出得数。家长计时，并注意孩子算得是否正确。算错的，家长把那两张牌单独放在一边，先不打断孩子的计算。等孩子全部算完了，再来算牌数。直到这一副扑克牌用完，记录完成这一盘的时间。将每天玩这个游戏所用的时间记录在表 2.21，看一看孩子是不是天天在进步。

表 2.21 "龟兔赛跑"家庭游戏记录表

学生姓名_____　　　　　　　　　　　_____年_____月_____日

日期	周一	周二	周三	周四	周五
玩一盘所用时间					

【使用及评价建议】

（1）游戏中不用说算式，因为是抢答，必须清晰简洁。

（2）家庭计时游戏，孩子一般可以在 1 分钟之内玩完一盘。最快的孩子 15 秒就可以完成了。

游戏 20　极速加加加（★★★）

【游戏目的】

让孩子在游戏中熟练 20 以内的连加法计算，感受游戏的快乐，培养孩子学习数学的兴趣。

【游戏用具】

飞行棋棋盘、2 架不同颜色的飞机；一副扑克牌的 A—10 及大小王，共 42 张牌（A 当作 1 使用，大小王为万能牌）。

【游戏人数】

2 人。

【游戏规则】

（1）把一副牌洗好，叠成一摞，点数朝下，放在桌面上。摆放好飞行棋，两个学生每人一架飞机，自行决定抓牌的先后顺序。

（2）学生 A 翻出三张牌，将三张牌的点数相加，大声说出算式和得数，并根据得数的个位数字走棋，得数个位是几，就走几步；算错的不能走。如学生 A 翻到 2、6、3，就说"$2+6+3=11$"，得数是 11，个位是 1，就走 1 步。

（3）如果遇到三张牌上的数相加超过 20，不会算的，可以换牌。如果会算，给予奖励——再多走 2 步，也可以不接受这个奖励。

（4）轮到学生 B 翻牌三张，按照上述规则计算、走棋。如此交替进行。先走到终点（HOME）的学生获胜，该盘游戏结束。

（5）洗牌再来下一盘。三盘两胜，将游戏结果记录在表 2.22 中。

表 2.22 "极速加加加"游戏记录表

_____年_____月_____日

学　生	第一盘	第二盘	第三盘	输　赢

【使用及评价建议】

（1）这个游戏的规则比较简单，教师和家长可多关注孩子的游戏过程。

（2）这个游戏也适用于蛇棋。

游戏 21　五小（★★★★）

【游戏目的】

孩子在玩中熟练计算 20 以内的连加，培养孩子的灵活性。

【游戏用具】

扑克牌一副，J、Q、K、大小王都称为花牌。这个游戏中 A＝1 点、花牌＝半点，其他的照常。

【游戏人数】

2～3 人。

【输赢牌规则】

（1）输牌：点数和＞10.5，炸掉了，输牌。如果双方都炸掉了，那么双方都不得牌。

（2）赢牌：点数和＜10.5，分为以下两种情形：

① 1～4 张牌的，点数和不超过 10.5，点数大的赢牌。如果点数和相等，

就比较双方手里点数最大的那张牌，大的赢牌；如果最大的那张牌的点数一样，就看花色。黑桃＞红桃＞梅花＞方片，花色大的赢牌。

② 只要一方有 5 张牌（必须是 5 张牌），点数和不超过 10.5，这种情况下点数小的赢牌。如果点数和相等，就看花色。

【游戏规则】

（1）把一副牌叠成一摞，两位学生轮流抓牌，一人一次抓一张。根据自己的需要决定是否再要牌，可以要一张、两张、三张、四张、五张，一轮最多不可以超过五张牌。

（2）计算自己手里的牌的点数和，根据输赢牌规则，决定牌归谁。

例 1：学生 A 要牌 5、5，那么，$5＋5＝10$。学生 B 要牌 3、4、2，$3＋4＋2＝9$。$10＞9$，学生 A 赢，得到双方手里的 5 张牌。

例 2：学生 A 要牌 4、3、7，那么 $4＋3＋7＝14$，$14＞10.5$ 炸掉了，输牌。学生 B 要牌 3、A、3、2，$3＋A＋3＋2＝9＜10.5$，得牌。

例 3：学生 A（没有用 5 张牌）：$2＋8＝10$。学生 B（用了 5 张牌）：$1＋2＋J＋Q＋K＝4.5$。学生 B 赢（牌的张数多，但是点数和又小）。

（3）如此循环，直到这一副牌用完，第一盘游戏结束，得牌多者赢。三盘两胜，将游戏结果填入表 2.23 中。

表 2.23 "五小" 游戏记录表

_____年_____月_____日

学生姓名			
第一盘			
第二盘			
第三盘			
输　赢			

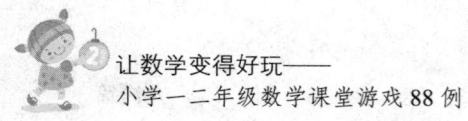

【使用及评价建议】

（1）"五小"这个游戏来源于湖南的民间扑克牌游戏，属于"多张牌的连加"，游戏规则稍复杂，需要做出判断是否还要牌。此游戏灵活度高，但游戏娱乐性强，孩子玩的兴致很高。

（2）这个游戏除了需要快速计算外，还需要学生学会遮掩表情，会诈和，引诱对方，使对方出现炸牌。

游戏 22　顶牛（★★★★★）

【游戏目的】

通过观察数与数之间的特征，组合不同的算式巧妙获胜。培养孩子的应变能力，使孩子从中体验到游戏的乐趣。

【游戏用具】

一副扑克牌 54 张。所有的花牌全部算为 10 点（或者当作零点）。花牌是指 J、Q、K 和大小王。

【游戏人数】

2 人。

【游戏规则】

> 游戏前，先明白几个概念：
>
> 牛：从五张牌中选三张牌，和为整十数的，称为"牛"。
>
> 没牛：从五张牌中选三张牌，凑不到和为整十数的，称为"没牛"。
>
> 牛牛：从五张牌中选三张牌，凑出整十数，另外两张牌又能凑出整十数，称为"牛牛"。
>
> 牛几：两张牌的和的个位是几，就叫作"牛几"。

（1）每轮每人摸 5 张扑克牌。各自从 5 张牌中先选 3 张牌凑"牛"，再用另外 2 张牌算"牛几"。看谁的大，谁就获得这一轮的扑克牌。

大小规则：牛牛＞牛几＞没牛。

如果都是"牛牛或没牛"，那就比较手里5张牌中最大的一张，大的得牌。点数大小的规则：王＞K＞Q＞J＞10＞9＞……如果最大的那张扑克牌点数也一样大，那么按花色分大小，花色大小的规则：黑桃＞红桃＞梅花＞方片。

如果都是"牛几"，那就看"牛尾巴"，谁的"牛尾巴"长，谁就得牌。

例如：学生A：2、3、6、A、5。组合成两个算式，2＋3＋5＝10，6＋A＝7，称作"牛7"。

学生B：A、8、2、4、Q。组合成两个算式，8＋2＋Q＝20，A＋4＝5，称作"牛5"。

牛7＞牛5，学生A得牌。

（2）一副扑克牌玩完，得牌多者赢，三盘两胜，将游戏结果记录在表2.24中。

表2.24 "顶牛"游戏记录表

_____年_____月_____日

学生姓名	第一盘	第二盘	第三盘	总　计

【使用及评价建议】

（1）这个扑克牌游戏是湖南民间家喻户晓的小游戏，孩子们玩得不亦乐乎，因此收集整理在这里。

（2）对于一年级的孩子来讲，"找牛"不容易，需要较熟练的计算和凑整十数的能力，这对后面学习简便计算很有帮助。游戏时每一次计算都涉及5个数的组合和运算，难度稍大，刚开始孩子会算得很慢，随着游戏的深入才会逐渐快起来。

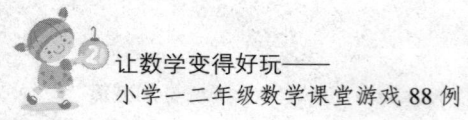

附：阶段性口算检测题（含评价建议）

20以内进位加法口算检测题一（+9、+8的加法）

3 + 8 =	8 + 9 =	7 + 8 =
5 + 9 =	9 + 9 =	3 + 3 =
1 + 8 =	6 + 2 =	5 + 2 =
4 + 4 =	3 + 9 =	2 + 8 =
6 + 9 =	9 + 3 =	1 + 6 =
2 + 4 =	2 + 5 =	9 + 6 =
8 + 5 =	4 + 8 =	7 + 2 =
1 + 9 =	5 + 3 =	8 + 3 =
8 + 8 =	4 + 3 =	7 + 9 =
6 + 1 =	8 + 2 =	8 + 2 =
4 + 9 =	2 + 6 =	1 + 5 =
3 + 4 =	2 + 5 =	9 + 7 =
4 + 6 =	8 + 6 =	5 + 8 =
9 + 4 =	6 + 3 =	2 + 7 =
2 + 3 =	4 + 1 =	3 + 7 =
1 + 7 =	5 + 4 =	3 + 0 =
4 + 8 =	1 + 4 =	8 + 7 =
2 + 9 =	7 + 3 =	1 + 3 =
6 + 8 =	9 + 1 =	9 + 5 =
8 + 1 =	9 + 2 =	2 + 2 =

对的题数：_____   完成时间：_____分钟

评价建议：3分钟内全对——大师级；4分钟内全对——优秀；5分钟内全对——达标；超过5分钟完成——要加油。

20以内进位加法口算检测题二（+9、+8的加法）

3 + 8 =	7 + 8 =	1 + 7 =
2 + 8 =	6 + 9 =	4 + 5 =
9 + 8 =	2 + 6 =	8 + 9 =
3 + 4 =	9 + 3 =	9 + 4 =
2 + 9 =	8 + 3 =	7 + 9 =
2 + 4 =	4 + 2 =	8 + 2 =
9 + 5 =	4 + 8 =	1 + 6 =
1 + 9 =	3 + 3 =	0 + 8 =
5 + 9 =	4 + 4 =	3 + 7 =
4 + 6 =	2 + 7 =	9 + 6 =
4 + 9 =	9 + 1 =	7 + 3 =
3 + 5 =	1 + 3 =	6 + 2 =
8 + 2 =	5 + 8 =	9 + 7 =
5 + 5 =	8 + 6 =	5 + 2 =
6 + 3 =	2 + 5 =	9 + 2 =
6 + 8 =	5 + 3 =	5 + 4 =
8 + 8 =	8 + 7 =	8 + 4 =
3 + 9 =	3 + 6 =	6 + 4 =
0 + 9 =	8 + 0 =	7 + 0 =
4 + 3 =	2 + 8 =	9 + 9 =

对的题数：_____ 完成时间：_____分钟

评价建议：3分钟内全对——大师级；4分钟内全对——优秀；5分钟内全对——达标；超过5分钟完成——要加油。

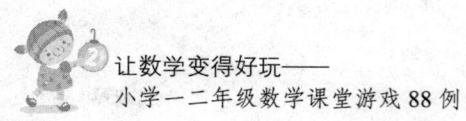

20以内进位加法口算检测题三（+9、+8的加法）

2 + 9 =	8 + 8 =	9 + 9 =
6 + 8 =	0 + 8 =	8 + 3 =
1 + 8 =	3 + 5 =	2 + 8 =
3 + 4 =	3 + 8 =	4 + 6 =
8 + 7 =	6 + 3 =	7 + 9 =
2 + 4 =	4 + 5 =	4 + 3 =
5 + 5 =	4 + 8 =	3 + 7 =
1 + 9 =	9 + 3 =	5 + 9 =
9 + 8 =	4 + 2 =	4 + 4 =
3 + 6 =	6 + 1 =	0 + 7 =
4 + 9 =	9 + 4 =	9 + 7 =
8 + 4 =	1 + 3 =	7 + 2 =
1 + 6 =	9 + 1 =	6 + 9 =
2 + 5 =	7 + 8 =	5 + 3 =
8 + 2 =	1 + 4 =	3 + 3 =
2 + 7 =	3 + 0 =	5 + 8 =
5 + 4 =	8 + 9 =	1 + 7 =
3 + 9 =	9 + 5 =	6 + 2 =
9 + 2 =	2 + 6 =	8 + 5 =
8 + 6 =	9 + 6 =	3 + 5 =

对的题数：_____   完成时间：_____分钟

评价建议：3分钟内全对——大师级；4分钟内全对——优秀；5分钟内全对——达标；超过5分钟完成——要加油。

20以内进位加法口算检测题一

3 + 7 =	6 + 5 =	7 + 2 =
2 + 6 =	3 + 8 =	3 + 5 =
5 + 8 =	9 + 6 =	6 + 4 =
3 + 2 =	3 + 9 =	4 + 5 =
8 + 3 =	5 + 5 =	9 + 2 =
2 + 4 =	2 + 5 =	8 + 5 =
7 + 5 =	4 + 6 =	8 + 8 =
1 + 5 =	2 + 3 =	7 + 1 =
5 + 3 =	9 + 1 =	7 + 9 =
8 + 6 =	6 + 9 =	7 + 6 =
4 + 8 =	8 + 2 =	4 + 6 =
3 + 4 =	5 + 6 =	9 + 9 =
6 + 6 =	9 + 3 =	6 + 3 =
6 + 7 =	6 + 8 =	5 + 9 =
5 + 2 =	7 + 4 =	3 + 6 =
2 + 8 =	5 + 4 =	9 + 5 =
7 + 7 =	9 + 4 =	7 + 8 =
4 + 4 =	6 + 2 =	9 + 7 =
8 + 7 =	1 + 9 =	2 + 9 =
8 + 4 =	2 + 7 =	8 + 9 =

对的题数：_____   完成时间：_____分钟

评价建议：3分钟内全对——大师级；4分钟内全对——优秀；5分钟内全对——达标；超过5分钟完成——要加油。

20以内进位加法口算检测题二

7 + 9 =	4 + 7 =	5 + 8 =
5 + 6 =	8 + 6 =	3 + 7 =
5 + 8 =	7 + 6 =	9 + 6 =
3 + 4 =	4 + 5 =	8 + 2 =
8 + 3 =	6 + 7 =	7 + 3 =
2 + 6 =	9 + 5 =	9 + 8 =
8 + 9 =	4 + 4 =	6 + 6 =
1 + 8 =	2 + 3 =	5 + 5 =
7 + 7 =	4 + 8 =	7 + 4 =
3 + 6 =	8 + 5 =	2 + 9 =
4 + 9 =	2 + 8 =	9 + 3 =
2 + 4 =	6 + 2 =	4 + 6 =
6 + 4 =	7 + 5 =	9 + 2 =
6 + 7 =	6 + 8 =	5 + 3 =
3 + 3 =	3 + 8 =	6 + 9 =
9 + 4 =	5 + 2 =	8 + 8 =
5 + 7 =	8 + 7 =	3 + 5 =
5 + 9 =	3 + 9 =	9 + 9 =
3 + 6 =	1 + 7 =	5 + 4 =
8 + 4 =	6 + 5 =	9 + 7 =

对的题数：_____　　　完成时间：_____分钟

评价建议：3分钟内全对——大师级；4分钟内全对——优秀；5分钟内全对——达标；超过5分钟完成——要加油。

20以内进位加法口算检测题三

8 + 8 =	3 + 8 =	9 + 6 =
3 + 6 =	7 + 9 =	2 + 3 =
4 + 8 =	6 + 5 =	8 + 6 =
3 + 4 =	9 + 1 =	4 + 6 =
5 + 6 =	6 + 2 =	5 + 2 =
2 + 4 =	9 + 7 =	5 + 7 =
9 + 5 =	4 + 3 =	6 + 9 =
1 + 6 =	3 + 7 =	9 + 9 =
4 + 5 =	8 + 4 =	5 + 9 =
7 + 6 =	2 + 7 =	8 + 7 =
4 + 9 =	7 + 8 =	9 + 4 =
7 + 4 =	4 + 4 =	2 + 9 =
6 + 4 =	2 + 6 =	9 + 8 =
6 + 7 =	6 + 6 =	5 + 3 =
7 + 3 =	5 + 4 =	7 + 2 =
7 + 5 =	6 + 3 =	2 + 8 =
7 + 7 =	8 + 5 =	3 + 9 =
9 + 3 =	5 + 5 =	8 + 9 =
3 + 5 =	1 + 9 =	4 + 7 =
3 + 3 =	2 + 5 =	9 + 2 =

对的题数：_____　　　完成时间：_____分钟

评价建议：3分钟内全对——大师级；4分钟内全对——优秀；5分钟内全对——达标；超过5分钟完成——要加油。

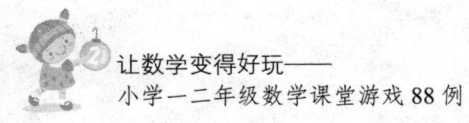

六、20 以内的减法（退位）

20 以内的退位减法是孩子们这一阶段学习内容的重点和难点。游戏利用扑克牌的点数，能直观形象地帮助孩子计算。借助下面的数学游戏，给孩子提供寓学于乐的氛围，从 — 9、— 8……等单项减法计算逐步过渡到综合减法计算，去参与游戏，体验游戏的快乐吧！

游戏 23 口算大师（★★）

【游戏目的】

"口算大师"这个游戏可以让孩子观察扑克牌的点数，直观地运用"破十法"计算十几减几，将抽象思维转化为形象思维，深刻地理解算理。

【游戏用具】

一副扑克牌中的 A—9、大小王各一张、一张 10，共 39 张牌。

【游戏人数】

3 人（1 人为裁判，2 人游戏，裁判轮流当）。

【游戏规则】

（1）桌面上放两张主牌，一张是 10，一张是 9，点数向上，其他的扑克牌叠放成一摞，背面朝上（如图 2.11）。

（2）裁判翻出一张扑克牌，正面向上放在桌面上，大家都能看到点数。学生用这张扑克牌的点数和桌面上的 10 加起来，组成十几，减主牌 9，直接说出得数。如裁判翻到 4，抢答说"14 — 9 = 5"。

图 2.11 "口算大师"扑克牌摆放示意图

（3）抢答又对又快的学生得到这张扑克牌。如此循环，直到扑克牌用完，这一盘游戏结束。一共玩三盘，最后分出胜负，将每一盘每位学生的得牌张数记录在表 2.25 中。

表 2.25 "口算大师"游戏记录表

_____年_____月_____日

裁判姓名			
学生姓名			
第一盘			
第二盘			
第三盘			
胜　负			

【使用及评价建议】

（1）退位减法对孩子来说有一定的难度，建议设立裁判这一角色，由学生轮流当。建议家长多引导孩子观察扑克牌中图案的点数，用破十法去计算：如图 2.12，从 10 中去掉 9，可以用扑克牌盖住 9 个点，剩 1 个点，形象直观地展示出结果。

图 2.12　示意图

（2）根据课堂上教师的教学进度以及孩子掌握的程度，循序渐进地改变减数。减 9 的计算是否达到熟练，可以用后面的检测题检测。熟练后可以玩减 8 的游戏，按 — 7、— 6、— 5、— 4……的顺序训练。如果发现哪一类测试的速度慢、错误率较高，就侧重这一类的训练。

若是在家里玩，只有孩子一个人，建议使用计时的方式，将游戏结果记录在表 2.26 中。天天观察，可以看到孩子的进步。

表 2.26　"口算大师"家庭游戏记录表

_____年_____月_____日

十几减（　　）	第一盘	第二盘	第三盘
周一			
周二			
周三			
周四			
周五			
周六			
周日			

（3）根据实际操作收集数据发现，大多数孩子玩－9或－8，一盘能在3分钟之内完成；但－7、－6、－5就相对慢一些，需要4分钟左右。

游戏 24　章鱼哥（★★★）

【游戏目的】

让孩子在游戏活动中熟练计算20以内退位减法，初步培养学生的抽象思维能力。

【游戏用具】

一副扑克牌中的A—9和一张10，共37张牌（A当作1使用）。

【游戏人数】

3人（1人为裁判，2人游戏，裁判轮流当）。

【游戏规则】

（1）拿出一张10做主牌，点数朝上，放在桌面上。将剩余的牌洗好，叠成一摞，点数朝下，放在桌面上。

（2）裁判翻出两张牌，点数向上，放在桌面上。

（3）这两张牌上的点数，按大小区分，我们称之为大数和小数。学生用小数加上10，再减去大数，算得既对又快的一方得到这两张牌；算错者不得牌。如裁判翻到2和8，两位学生就大声抢说："12－8＝4。"同时答对，一人得到一张牌。

（4）如果两张牌上的点数相同，也是说得既对又快的孩子得牌。如翻到8、8，就大声说："18－8＝10。"

（5）直到一副扑克牌用完，这一盘游戏结束，得牌多者获胜。再进行下一盘，三盘两胜，将游戏结果记录在表2.27中。

（6）换裁判，重复上述规则。每两个学生之间都采取三盘两胜制。

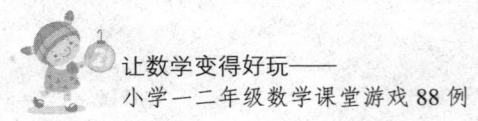

表 2.27 "章鱼哥"游戏记录表

_____年_____月_____日

裁判姓名			
学生姓名			
第一盘			
第二盘			
第三盘			
胜　负			

【使用及评价建议】

（1）十几减几的退位减法的熟练程度，直接关系到 100 以内的几十几减几十几的两位数退位减法的计算，所以要求孩子达到脱口而出的熟练程度，但不要操之过急。

（2）注意引导孩子看扑克牌上的点数做减法。

（3）按照《小学数学课程标准》的要求，达标成绩是 1 分钟 8 道口算题。建议用本节后面相应的检测题检测，经过游戏训练后，孩子的口算水平会远远超过《课标》的要求。

游戏 25　飞行专家（★★★）

【游戏目的】

使孩子在游戏活动中熟练计算 20 以内退位减法，初步培养学生的抽象思维能力。

【游戏用具】

飞行棋棋盘、不同颜色的飞机共 2 架；扑克牌 A—9 及大小王、一张 10，共 39 张牌（A 当作 1 使用，大小王为万能牌）。

加减篇

【游戏人数】

2人。

【游戏规则】

（1）拿出一张10做主牌，点数朝上放在桌面上。将剩余的牌洗好，叠成一摞，点数朝下摆放好，并摆好飞行棋。

（2）学生自行决定谁先来翻牌。学生A翻两张牌，点数向上放在桌面上。

（3）这两张牌上的点数，按大小区分，我们称之为大数和小数。学生用小数加上10，再减去大数，算出得数。根据得数走棋，得数是几，就走几步；算错者不能走。如学生翻到2和8，就大声说"12－8＝4"，得数是4，就走4步。

（4）如果两张牌上的点数相同，就走10步。如学生翻到8和8，就大声说"18－8＝10"，得数是10，就走10步。

（5）换学生B翻牌、计算、走棋。两人交替进行。谁的棋子先走到终点（HOME），谁就获胜，该盘游戏结束。

（6）再进行下一盘，三盘两胜，将游戏结果记录在表2.28中。

表2.28 "飞行专家"游戏记录表

_____年_____月_____日

学　生	第一盘	第二盘	第三盘	输　赢

【使用及评价建议】

（1）退位减法是一年级上学期教学的一个难点。传统的教学方式是经过大量的、机械的训练以达到熟练，学生容易产生厌烦心理。而飞行棋和蛇棋的有趣规则会使孩子们非常开心地投入到游戏中，从而水到渠成地掌握退位减法的计算方法。

（2）这个游戏也适用于蛇棋。

游戏 26 聪明的一休（★★）

【游戏目的】

通过玩有趣、刺激的蛇棋游戏，使孩子们熟练、准确地口算20以内的连减。

【游戏用具】

蛇棋棋盘、2颗不同颜色的棋子；一副扑克牌的A—9、一张10及大小王，共39张牌（A当作1使用，大小王为万能牌）。

【游戏人数】

2人。

【游戏规则】

（1）拿出一张10做主牌。把剩下的牌洗好，叠成一摞，点数朝下，放在桌面上。摆放好蛇棋棋盘，每人一颗棋子。自行决定抓牌的先后顺序。

（2）学生A翻出三张牌，用其中的最大点数加上10，再分别减去另外两张的点数。大声说出算式和得数，并根据得数的个位走棋，个位是几，就走几步；算错的不能走。如翻到2、8、5，就说"$8+10=18, 18-2-5=11$"，得数个位是1，就走1步。

（3）换学生B翻牌、计算、走棋，轮流进行。先走到终点（100）的学生获胜，该盘游戏结束。

（4）洗牌再进行下一盘，三盘两胜，将每一盘的游戏结果记录在表2.29中。

表 2.29 "聪明的一休"游戏记录表

_____年_____月_____日

学 生	第一盘	第二盘	第三盘	输 赢

【使用及评价建议】

（1）计算是枯燥、烦琐的，这个游戏会让孩子们在欢乐的氛围中积极主动地去训练。

（2）这个游戏也适用于飞行棋。

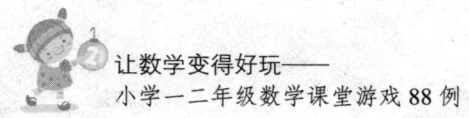

附：阶段性口算检测题（含评价建议）

20以内退位减法口算检测题一（-9、-8、-7的减法）

14	−	2	=	19	−	7	=	14 − 7 =
15	−	8	=	18	−	8	=	20 − 9 =
11	−	8	=	17	−	9	=	19 − 8 =
13	−	10	=	13	−	7	=	14 − 10 =
20	−	7	=	18	−	2	=	18 − 7 =
12	−	1	=	10	−	5	=	11 − 9 =
17	−	5	=	13	−	9	=	16 − 6 =
12	−	7	=	13	−	3	=	19 − 9 =
20	−	8	=	14	−	8	=	13 − 8 =
14	−	9	=	18	−	9	=	17 − 7 =
19	−	5	=	17	−	6	=	17 − 8 =
17	−	4	=	15	−	3	=	10 − 9 =
18	−	6	=	14	−	3	=	15 − 7 =
16	−	7	=	16	−	8	=	15 − 8 =
18	−	3	=	12	−	10	=	18 − 5 =
19	−	10	=	15	−	5	=	15 − 10 =
12	−	9	=	18	−	10	=	14 − 4 =
12	−	8	=	17	−	3	=	16 − 9 =
10	−	7	=	11	−	7	=	16 − 4 =
16	−	3	=	12	−	10	=	10 − 8 =

对的题数：_____　　　完成时间：_____分钟

评价建议：3分钟内全对——大师级；4分钟内全对——优秀；5分钟内全对——达标；超过5分钟完成——要加油。

20以内退位减法口算检测题二（-9、-8、-7的减法）

19 － 8 =	15 － 7 =	17 － 8 =
12 － 7 =	17 － 5 =	20 － 7 =
12 － 8 =	18 － 4 =	19 － 3 =
13 － 2 =	13 － 7 =	14 － 7 =
17 － 10 =	15 － 3 =	16 － 4 =
15 － 4 =	18 － 5 =	20 － 10 =
16 － 5 =	14 － 3 =	19 － 6 =
11 － 8 =	15 － 2 =	11 － 7 =
11 － 9 =	14 － 2 =	16 － 9 =
10 － 6 =	19 － 9 =	17 － 6 =
12 － 9 =	15 － 8 =	10 － 9 =
17 － 4 =	18 － 3 =	17 － 3 =
18 － 6 =	19 － 7 =	13 － 9 =
16 － 7 =	16 － 6 =	15 － 7 =
11 － 10 =	13 － 3 =	13 － 8 =
14 － 8 =	18 － 9 =	15 － 9 =
19 － 5 =	18 － 8 =	10 － 8 =
20 － 8 =	16 － 3 =	17 － 9 =
17 － 7 =	18 － 7 =	10 － 7 =
19 － 10 =	12 － 2 =	20 － 9 =

对的题数：_____　　　完成时间：_____分钟

评价建议：3分钟内全对——大师级；4分钟内全对——优秀；5分钟内全对——达标；超过5分钟完成——要加油。

20以内退位减法口算检测题三（-9、-8、-7的减法）

19 − 7 =	14 − 8 =	11 − 8 =
19 − 8 =	11 − 9 =	13 − 7 =
16 − 8 =	17 − 6 =	16 − 5 =
18 − 4 =	13 − 9 =	14 − 1 =
17 − 9 =	15 − 3 =	18 − 8 =
17 − 4 =	18 − 5 =	12 − 7 =
17 − 5 =	15 − 7 =	17 − 9 =
10 − 7 =	19 − 3 =	13 − 8 =
15 − 8 =	12 − 8 =	16 − 3 =
18 − 6 =	16 − 7 =	14 − 2 =
14 − 7 =	18 − 9 =	20 − 7 =
16 − 4 =	17 − 3 =	14 − 10 =
12 − 10 =	15 − 9 =	19 − 6 =
18 − 7 =	16 − 8 =	18 − 3 =
13 − 3 =	19 − 4 =	15 − 10 =
19 − 5 =	12 − 9 =	16 − 2 =
14 − 6 =	10 − 7 =	14 − 4 =
20 − 8 =	13 − 10 =	16 − 9 =
14 − 9 =	11 − 7 =	17 − 7 =
10 − 8 =	20 − 9 =	16 − 6 =

对的题数：_____ 完成时间：_____分钟

评价建议：3分钟内全对——大师级；4分钟内全对——优秀；5分钟内全对——达标；超过5分钟完成——要加油。

20以内退位减法口算检测题一

10 − 2 =	19 − 8 =	15 − 5 =
15 − 7 =	17 − 8 =	13 − 7 =
11 − 8 =	19 − 6 =	20 − 6 =
13 − 4 =	11 − 4 =	15 − 8 =
20 − 3 =	11 − 3 =	13 − 5 =
12 − 4 =	19 − 5 =	16 − 9 =
11 − 5 =	14 − 5 =	12 − 6 =
12 − 8 =	18 − 3 =	11 − 6 =
12 − 5 =	14 − 8 =	17 − 9 =
11 − 6 =	13 − 9 =	14 − 4 =
14 − 6 =	20 − 7 =	14 − 9 =
15 − 4 =	13 − 3 =	12 − 7 =
15 − 6 =	16 − 5 =	10 − 6 =
16 − 7 =	16 − 8 =	15 − 7 =
19 − 3 =	10 − 4 =	11 − 9 =
20 − 2 =	17 − 5 =	16 − 4 =
12 − 7 =	18 − 9 =	10 − 8 =
20 − 9 =	12 − 3 =	15 − 9 =
13 − 6 =	11 − 7 =	18 − 5 =
10 − 3 =	12 − 9 =	11 − 2 =

对的题数：_____　　　　完成时间：_____分钟

评价建议：3分钟内全对——大师级；4分钟内全对——优秀；5分钟内全对——达标；超过5分钟完成——要加油。

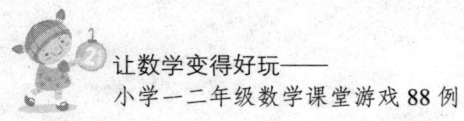

20以内退位减法口算检测题二

15 − 7 =	17 − 8 =	18 − 8 =
12 − 4 =	11 − 9 =	13 − 2 =
10 − 8 =	16 − 6 =	11 − 3 =
13 − 4 =	13 − 5 =	14 − 9 =
14 − 7 =	14 − 3 =	20 − 7 =
15 − 4 =	12 − 5 =	12 − 8 =
19 − 5 =	17 − 6 =	15 − 6 =
11 − 6 =	15 − 3 =	11 − 5 =
13 − 6 =	14 − 8 =	13 − 9 =
15 − 8 =	11 − 5 =	20 − 6 =
14 − 6 =	14 − 5 =	18 − 3 =
19 − 4 =	16 − 3 =	13 − 8 =
18 − 6 =	19 − 6 =	18 − 4 =
16 − 7 =	16 − 8 =	15 − 9 =
13 − 3 =	16 − 4 =	19 − 8 =
20 − 9 =	17 − 5 =	12 − 9 =
13 − 7 =	18 − 9 =	17 − 4 =
12 − 6 =	12 − 3 =	16 − 9 =
15 − 5 =	16 − 5 =	19 − 9 =
17 − 9 =	10 − 9 =	11 − 2 =

对的题数：_____　　　完成时间：_____分钟

评价建议：3分钟内全对——大师级；4分钟内全对——优秀；5分钟内全对——达标；超过5分钟完成——要加油。

20以内退位减法口算检测题三

13 − 3 =	14 − 6 =	15 − 5 =
16 − 6 =	18 − 9 =	17 − 8 =
18 − 8 =	18 − 6 =	10 − 7 =
13 − 4 =	11 − 7 =	11 − 4 =
14 − 7 =	11 − 3 =	19 − 3 =
12 − 4 =	20 − 5 =	20 − 4 =
19 − 5 =	14 − 4 =	15 − 7 =
11 − 2 =	13 − 6 =	10 − 6 =
13 − 7 =	14 − 8 =	19 − 9 =
11 − 6 =	10 − 8 =	20 − 3 =
14 − 3 =	17 − 6 =	10 − 5 =
12 − 7 =	15 − 3 =	17 − 9 =
15 − 8 =	12 − 5 =	11 − 8 =
16 − 7 =	16 − 8 =	14 − 5 =
18 − 3 =	15 − 4 =	13 − 2 =
13 − 5 =	15 − 9 =	19 − 6 =
17 − 3 =	18 − 4 =	12 − 2 =
11 − 9 =	16 − 3 =	16 − 9 =
12 − 6 =	12 − 8 =	18 − 2 =
14 − 9 =	12 − 9 =	13 − 8 =

对的题数：_____   完成时间：_____分钟

评价建议：3分钟内全对——大师级；4分钟内全对——优秀；5分钟内全对——达标；超过5分钟完成——要加油。

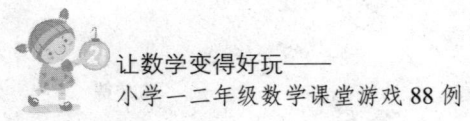

七、20 以内的加减法（综合训练）

20 以内的加减法计算，要达到熟练程度是有一定困难的。而对于低年级的孩子来说，兴趣是他们进行创造的直接动力，也是进行创造的先决条件。在计算中观察数字特征，适当巧算。比如 7＋9－8，懂得加减法意义的孩子会在心里先算 9－8＝1，然后再算 1＋7＝8。这些，对孩子思维的变通性是有要求的。所以，我们采用数学游戏，吸引孩子们积极主动地参与游戏，获得思维的发展和自我成长。

游戏 27　狙击手（★★）

【游戏目的】

让学生在游戏中掌握 20 以内的加减混合运算，培养学生思维的灵活性。

【游戏用具】

一副扑克牌中的 A—10，共 40 张牌。

【游戏人数】

2 人。

【游戏规则】

（1）学生自行决定先手，先手洗牌，叠成一摞，点数朝下，发牌。每次发牌 3 张，点数向上从左至右放在桌面上（如图 2.13）。

（2）按从左至右的顺序，先做加法，再做减法。如发牌"4、8、7,"那么就算"4＋8－7＝5"。抢答说"5"；如果遇到加的结果比第三个数小，就用大数减小数。如发牌"2、3、9"，就算"2＋3＝5，9－5＝4"。算得又对又快的学生得到这三张牌，若是答错了不得牌；同时答对，都不得牌。

图 2.13 "狙击手"扑克牌摆放示意图

（3）如此循环，直到这一副牌用完，得牌张数多的赢。重复上述规则，一共玩三盘，三盘两胜，将每一盘的游戏结果都记录在表 2.30 中。

表 2.30 "狙击手"游戏记录表

_____年_____月_____日

学生姓名	第一盘	第二盘	第三盘	总　　计

【使用及评价建议】

（1）本游戏为抢答，在游戏中不说算式，因此必须清晰简洁。

（2）孩子玩多了，就会发现诀窍，比如遇到第二张牌比第三张牌的点数大时，就用后两张牌相减，再加上第一张牌的点数更为容易。

游戏 28　凑点（★★★）

【游戏目的】

灵活性极高的凑点游戏，自由组合运算，提高孩子 20 以内的加减混合计算的能力。

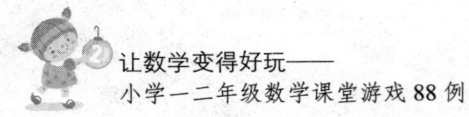

【游戏用具】

一副扑克牌中的 A—9，共 36 张牌。

【游戏人数】

2 人。

【游戏规则】

（1）学生自行决定玩的顺序，两人轮流抓牌，把这副扑克牌抓完，握在手中，摆成扇形。

（2）学生 A 出两张牌，叫牌。边叫两张牌的和（只使用两张扑克牌），边出牌。学生 B 跟牌，用加法、减法运算，凑出跟学生 A 相同的得数，可以跟两张牌或者三张牌。如学生 A 叫牌 8 和 7，说"8 + 7 = 15"，学生 B 跟牌 8、3 和 10，说"8 - 3 + 10 = 15。"继续跟牌，如果学生手中的牌无法凑到 15，喊"不跟"。直到双方都无法凑到"15"，由最后一次跟牌者换叫牌。如换叫牌"5 + 7 = 12"，跟牌者就要凑 12。

（3）重复上述规则，继续玩，直到一方手里没有牌或者只剩下一张牌，这一盘游戏结束。谁手里的牌少谁就赢，在表 2.31 中画"√"。三盘两胜。

表 2.31 "凑点"游戏记录表

_____年_____月_____日

学生姓名	第一盘	第二盘	第三盘	总 评

【使用及评价建议】

（1）学生在跟牌时常常会使用很多策略。如叫牌 3 + 4 = 7，跟牌会出现以下多种情况：

① 加法或减法。出牌两张 2、5 或 2、9，说"2 + 5 = 7"或者"9 - 2 = 7"。

② 连加。出牌三张 1、2、4，说"1 + 2 + 4 = 7。"

③ 连减。出牌三张 10、2、1，说"10 - 2 - 1 = 7。"

④ 加减混合。出牌三张 8、2、1，说"8－2＋1＝7"或"8＋1－2＝7"。

（2）有的学生可能会遇上 8＋4－5 这类的计算，可以提醒孩子，8－5＋4 更快捷，这样就不涉及退位减法了。学生熟悉这个游戏后，会考虑怎样出牌对自己最有利。这个游戏对培养孩子思维的灵活性很有效。

（3）在家里玩这个游戏，家长可以充当对手，不影响游戏的公平性。

游戏 29　数字大碰撞（★★）

【游戏目的】

在蛇棋游戏中熟练 20 以内的加减混合计算，提高计算的速度。

【游戏用具】

蛇棋棋盘、2 颗不同颜色的棋子；一副扑克牌的 A—10 及大小王，共 42 张牌（A 当作 1 使用，大小王为万能牌）。

【游戏人数】

2 人。

【游戏规则】

（1）把扑克牌洗好，叠成一摞，点数朝下，放在桌面上。摆放好蛇棋棋盘，每人一颗棋子。商量决定抓牌的先后顺序。

（2）学生 A 翻出三张牌，运用加减法来进行这三个数之间的计算。自行决定加减的运算顺序，根据得数的个位数字走棋。如翻到"2、8、4"，可以说"8－4＋2＝6"，走 6 步；也可以说"8－4－2＝2"，走 2 步。

（3）换学生 B 翻牌、计算、走棋，轮流进行。先走到终点（100）的学生获胜，该盘游戏结束。

（4）洗牌之后再进行下一盘，三盘两胜，将每一盘游戏结果记录在表 2.32 中。

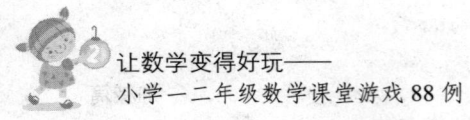

表2.32 "数字大碰撞"游戏记录表

_____年_____月_____日

学生	第一盘	第二盘	第三盘	输　赢

【使用及评价建议】

（1）这个游戏也适用于飞行棋。

（2）蛇棋和飞行棋游戏能激发孩子浓厚的学习兴趣，促进孩子主动地学习知识。学生在激烈的比赛气氛中，会兴趣盎然地完成大量的口算练习，这是教师和家长不曾想到的学习场面。

（3）玩此游戏时，学生要根据情况，思考如何选择计算方法对自己更有利。

加减篇

附：阶段性口算检测题（含评价建议）

20以内加减法口算检测题一

14 － 6 =	17 － 4 =	7 ＋ 7 =
9 ＋ 2 =	9 ＋ 7 =	13 － 9 =
16 － 4 =	19 － 3 =	5 ＋ 6 =
19 － 6 =	7 ＋ 8 =	3 ＋ 8 =
6 ＋ 7 =	16 － 8 =	15 － 8 =
10 － 3 =	13 － 4 =	3 ＋ 7 =
9 ＋ 8 =	2 ＋ 9 =	9 ＋ 6 =
8 ＋ 3 =	18 － 7 =	16 － 9 =
13 － 7 =	5 ＋ 7 =	5 ＋ 9 =
7 ＋ 5 =	11 － 9 =	12 － 9 =
10 － 2 =	12 － 7 =	14 － 7 =
9 ＋ 3 =	6 ＋ 9 =	8 ＋ 5 =
18 － 9 =	4 ＋ 8 =	12 － 6 =
14 － 5 =	11 － 7 =	18 － 8 =
7 ＋ 4 =	5 ＋ 8 =	4 ＋ 9 =
8 ＋ 8 =	15 － 8 =	6 ＋ 8 =
20 － 7 =	9 ＋ 4 =	15 － 7 =
7 ＋ 9 =	13 － 6 =	14 － 8 =
19 － 9 =	8 ＋ 4 =	9 ＋ 5 =
8 ＋ 4 =	19 － 2 =	8 ＋ 6 =

对的题数：_____   完成时间：_____分钟

评价建议：3分钟内全对——大师级；4分钟内全对——优秀；5分钟内全对——达标；超过5分钟完成——要加油。

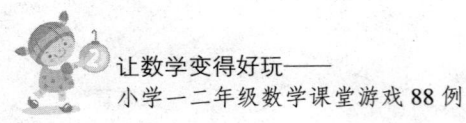

20以内加减法口算检测题二

19 − 6 =	17 − 8 =	13 − 6 =
14 − 5 =	6 + 9 =	14 − 7 =
4 + 8 =	15 − 8 =	6 + 6 =
15 − 6 =	11 − 6 =	3 + 9 =
6 + 7 =	8 + 9 =	14 − 9 =
12 − 3 =	11 − 4 =	5 + 8 =
15 − 9 =	5 + 6 =	19 − 10 =
4 + 7 =	18 − 9 =	8 + 3 =
8 + 6 =	5 + 7 =	16 − 9 =
20 − 5 =	4 + 9 =	9 + 5 =
3 + 8 =	12 − 4 =	16 − 7 =
20 − 6 =	15 − 7 =	6 + 5 =
8 + 5 =	9 + 3 =	13 − 8 =
9 + 4 =	2 + 7 =	7 + 7 =
13 − 4 =	11 − 5 =	10 − 3 =
7 + 6 =	6 + 8 =	13 − 5 =
19 − 2 =	8 + 4 =	3 + 7 =
7 + 5 =	14 − 6 =	9 + 6 =
19 − 7 =	11 − 4 =	12 − 5 =
8 + 8 =	9 + 8 =	7 + 9 =

对的题数：_____   完成时间：_____分钟

评价建议：3分钟内全对——大师级；4分钟内全对——优秀；5分钟内全对——达标；超过5分钟完成——要加油。

20以内加减法口算检测题三

8 + 6 =	10 − 4 =	13 − 2 =
4 + 7 =	6 + 5 =	7 + 5 =
12 − 4 =	16 − 8 =	18 − 6 =
15 − 6 =	7 + 7 =	4 + 8 =
6 + 7 =	14 − 8 =	15 − 8 =
11 − 7 =	8 + 9 =	3 + 9 =
2 + 9 =	13 − 7 =	19 − 6 =
11 − 8 =	11 − 3 =	3 + 8 =
10 + 7 =	9 + 3 =	7 + 9 =
15 − 3 =	4 + 9 =	20 − 9 =
9 + 6 =	14 − 5 =	16 − 7 =
7 + 8 =	9 + 7 =	8 + 7 =
12 − 5 =	14 − 7 =	8 + 8 =
15 − 9 =	7 + 6 =	17 − 9 =
8 + 4 =	15 − 7 =	16 − 3 =
6 + 9 =	9 + 8 =	6 + 8 =
13 − 8 =	7 + 4 =	9 + 5 =
14 − 6 =	13 − 6 =	13 − 9 =
9 + 2 =	17 − 4 =	13 − 5 =
18 − 9 =	9 + 9 =	5 + 8 =

对的题数：_____　　　完成时间：_____分钟

评价建议：3分钟内全对——大师级；4分钟内全对——优秀；5分钟内全对——达标；超过5分钟完成——要加油。

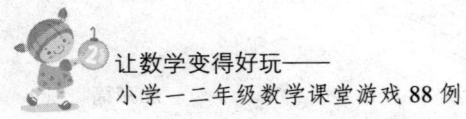

20 以内加减法口算检测题⑪

20 − 6 =	18 − 9 =	10 − 8 =
4 + 8 =	3 + 8 =	6 + 9 =
15 − 4 =	18 − 3 =	12 − 6 =
16 − 6 =	7 + 5 =	3 + 9 =
6 + 7 =	6 + 6 =	15 − 3 =
11 − 3 =	14 − 7 =	5 + 7 =
9 + 2 =	9 + 7 =	13 − 6 =
18 − 6 =	14 − 9 =	8 + 6 =
6 + 8 =	12 − 3 =	16 − 9 =
9 + 9 =	9 + 6 =	5 + 9 =
13 − 5 =	8 + 3 =	19 − 4 =
14 − 6 =	11 − 6 =	18 − 5 =
9 + 5 =	8 + 8 =	9 + 3 =
6 + 4 =	7 + 3 =	7 + 8 =
17 − 8 =	12 − 8 =	16 − 7 =
8 + 9 =	15 − 6 =	13 − 9 =
14 − 8 =	8 + 4 =	7 + 7 =
7 + 4 =	13 − 5 =	9 + 8 =
8 + 5 =	4 + 2 =	12 − 5 =
11 − 5 =	19 − 3 =	7 + 9 =

对的题数：_____   完成时间：_____ 分钟

评价建议：3分钟内全对——大师级；4分钟内全对——优秀；5分钟内全对——达标；超过5分钟完成——要加油。

20以内加减法口算检测题五

4 + 6 =	6 + 5 =	6 + 6 =
14 − 9 =	15 − 9 =	8 + 5 =
11 − 4 =	9 + 9 =	17 − 6 =
4 + 6 =	19 − 2 =	4 + 7 =
6 + 7 =	7 + 8 =	5 + 9 =
16 − 8 =	19 − 4 =	12 − 5 =
9 + 3 =	13 − 5 =	19 − 8 =
15 − 6 =	8 + 9 =	4 + 8 =
17 − 8 =	9 + 4 =	17 − 9 =
3 + 7 =	11 − 8 =	7 + 4 =
16 − 9 =	12 − 7 =	13 − 7 =
9 + 5 =	8 + 8 =	7 + 6 =
6 + 8 =	19 − 9 =	5 + 8 =
18 − 9 =	11 − 3 =	12 − 4 =
13 − 4 =	3 + 9 =	9 + 8 =
7 + 7 =	8 + 7 =	19 − 6 =
11 − 2 =	15 − 4 =	11 − 7 =
7 + 9 =	13 − 6 =	6 + 9 =
12 − 3 =	8 + 4 =	12 − 7 =
9 + 6 =	9 + 7 =	3 + 8 =

对的题数：_____　　　完成时间：_____分钟

评价建议：3分钟内全对——大师级；4分钟内全对——优秀；5分钟内全对——达标；超过5分钟完成——要加油。

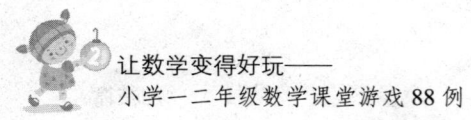

八、100 以内的加减法

100 以内的加减游戏,都是用三张或四张扑克牌,通过恰当地组数来进行游戏的,游戏不但训练了孩子的计算能力,而且还培养了孩子的灵活性、变通性,学会用策略取胜。

游戏 30 阿凡提(★★)

【游戏目的】

在游戏中熟练两位加一位数的不进位加法计算,培养学生自主学习和合作学习的能力与竞争意识。

【游戏用具】

飞行棋棋盘、2 架不同颜色的飞机;一副扑克牌的 A—9 及大小王,共 38 张牌(A 当作 1 使用,大小王为万能牌)。

【游戏人数】

2 人。

【游戏规则】

(1)把扑克牌洗好,叠成一摞,点数朝下,放在桌面上。摆放好飞行棋棋盘,每人一架飞机。商量决定抓牌的先后顺序。

(2)学生 A 翻出三张牌,自己选择其中的两张牌上的点数,组成一个两位数,再去加第三张牌的点数,大声说出算式和得数,并根据得数的个位走棋,个位是几,就走几步;算错的不能走。如翻到 2、3、7,就说"72 + 3 = 75",个位是 5,就走 5 步;也可以说"37 + 2 = 39",个位是 9,就走 9 步;还可以说"27 + 3 = 30",个位是 0,不走。

加减篇

（3）如果三个数的组合计算出现了进位，就重新组合来算。如果重新组合还是避免不了进位，可以要求换牌。如果会算进位，计算结果，走了相应的个位数字的步数后，可以奖励多走2步，当然也可以放弃奖励。

（4）换学生B翻牌、计算、走棋。两人交替进行，先走到终点（HOME）的学生获胜，该盘游戏结束。

（5）洗牌之后再进行下一盘，三盘两胜，将每一盘游戏结果记录在表2.33中。

表2.33 "阿凡提"游戏记录表

_____年_____月_____日

学 生	第一盘	第二盘	第三盘	输 赢

【使用及评价建议】

（1）玩这个游戏时，要关注孩子是如何选择算式的，更要抓住时机激励孩子的兴趣和斗志。

（2）这个游戏也适用于蛇棋。

游戏31 机智小叮当（★★★）

【游戏目的】

在游戏中提升两位数整十数的加（减）法计算能力，培养孩子思维的灵活性及推算能力。

【游戏用具】

飞行棋棋盘、2架不同颜色的飞机；一副扑克牌的A—9及大小王，共38张牌（A当作1使用，大小王为万能牌）。

【游戏人数】

2人。

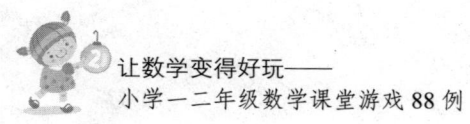

【游戏规则】

（1）把扑克牌洗好，叠成一摞，点数朝下，放在桌面上。摆放好飞行棋棋盘，每人一架飞机。商量决定抓牌的先后顺序。

（2）学生 A 翻出三张牌，自己选择其中的两张牌，用这两张牌上的点数组成一个两位数，把剩下的那张牌的点数看作另一个数的十位，个位是 0，把它当整十数计算。

（3）用两位数与这个整十数相加，大声说出算式和得数，并根据得数的个位走棋，得数的个位是几，就走几步；算错的不能走。如遇到无法计算的，就重新组合再算。如翻到 2、8、4，说"28＋40＝68"，得数个位是 8，就走 8 步；建议不要选"24＋80＝104"，因为得数超过 100，当然会算也好，得数个位是 4，就走 4 步。

（4）换学生 B 翻牌、计算、走棋。两人交替进行，先走到终点（HOME）的学生获胜，一盘游戏结束。

（5）洗牌之后再进行下一盘，三盘两胜，将每一盘游戏结果记录在表 2.34 中。

表 2.34 "机智小叮当"游戏记录表

_____年_____月_____日

学 生	第一盘	第二盘	第三盘	输 赢

【使用及评价建议】

（1）这个游戏可以用来玩加法，也可以用来玩减法。减法规则：用两位数与这个整十数相减。如可以算 82－40＝42，得数个位是 2，就走 2 步；也可以算 84－20＝64，得数个位是 4，就走 4 步。

（2）此游戏不难，要关注孩子如何选择算式，家长或老师要抓住时机，激发孩子的兴趣和斗志。

（3）这个游戏也适用于蛇棋。

游戏 32 小菜一碟（★★★）

【游戏目的】

让孩子在趣味游戏中，熟练掌握100以内的两位数加减一位数（进退位）的运算并提高计算速度。

【游戏用具】

一副扑克牌中的A—10，共40张牌（A当作1使用）。

【游戏人数】

3人（其中1位裁判，2位玩游戏，裁判轮流当）。

【游戏规则】

（1）自行决定谁先做裁判，裁判翻出三张牌，点数朝上放在桌面上。

（2）学生用这三张扑克牌上的三个数中的两个，组成一个最小两位数，加（或减）第三个数，说出算式和得数。说得既对又快的学生得到这三张扑克牌，抢答错误不得牌。如裁判翻牌7、3、5，抢说"35＋7＝42"或"35－7＝28"。直到扑克牌用完或不能按游戏规则计算为止，这盘游戏结束。

（3）三盘两胜，决定胜负，将每一盘得牌张数记录在表2.35中。

（4）换裁判，按照上述规则继续游戏。

表 2.35 "小菜一碟"游戏记录表

_____年_____月_____日

裁判姓名						
学生姓名						
第一盘						
第二盘						
第三盘						
胜　负						

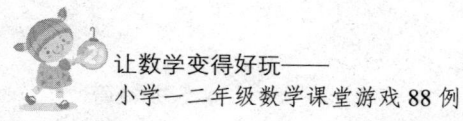

【使用及评价建议】

（1）根据孩子们学习的进度，选择玩"加法"或者"减法"游戏，也可以选择一盘加法游戏、一盘减法游戏，进行综合性训练。

（2）不要强迫孩子玩难度更大的游戏，要让孩子逐步升级，玩熟练后用本节所附测试题检测，达到优秀后，再玩更高级的游戏。

游戏33　过关斩将（★★★）

【游戏目的】

熟练两位数减两位数（不退位）算法，在游戏中体验计算的乐趣，激发学习数学的兴趣。

【游戏用具】

一副扑克牌中的 A—10，共40张牌（A 当作 1 使用）。

【游戏人数】

3人（1位裁判，2人游戏，裁判轮流当）。

【游戏规则】

（1）自行决定谁先做裁判，裁判翻出四张牌，点数向上放在桌面上。

（2）两名学生各自用这四张牌上的点数，组成一个最大的两位数和一个最小的两位数，两数相减，抢答说出算式和得数。说得又对又快的学生得到这四张扑克牌。如裁判摸牌 2、8、7、5，抢答说"87－25＝62"。

（3）直到扑克牌用完，这盘游戏结束。三盘两胜，决定输赢，将每一盘的得牌张数记录在表 2.36 中。

表 2.36 "过关斩将"游戏记录表

_____年_____月_____日

裁判姓名						
学生姓名						
第一盘						
第二盘						
第三盘						
胜 负						

【使用及评价建议】

（1）根据《课标》的要求，100以内的两位数加两位数的进位加法是用笔算进行的。所以，我们设置的游戏是两位数不退位的减法。

（2）如果孩子的计算能力很强，可以进行两位数加两位数的加法游戏，使用以下两个规则之一：

① 抢算：裁判翻出4张牌，按照摸牌的顺序，依次摆成2个两位数，抢答算出结果，说得又对又快的得牌。

② 和小：裁判分发给两位学生各4张牌，学生自行组成两个两位数，将两个数相加，所得和小的赢牌。

游戏 34 欢乐谷（★★★）

【游戏目的】

通过两位数加减两位数（不进位、不退位），让孩子们进一步体验游戏的魅力。

【游戏用具】

蛇棋棋盘、2颗不同颜色的棋子；一副扑克牌的A—9及大小王，共38张牌（A当作1使用，大小王为万能牌）。

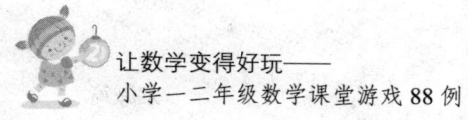

【游戏人数】

2人。

【游戏规则】

（1）把扑克牌洗好，叠成一摞，点数朝下，放在桌面上。摆好蛇棋棋盘，每人一颗棋子。商量决定抓牌的先后顺序。

（2）学生A翻出四张牌，自由组成两个两位数，把这两个数相加，大声说出算式和得数，并根据得数的个位走棋，个位是几，就走几步；算错的不能走。如翻到2、3、5、7，说"23 + 75 = 98"，个位是8，就走8步；也可以说"32 + 57 = 89"，个位是9，就走9步。

（3）遇到计算中有进位但不会计算的，按照下述规则进行：

① 把数字重新组合。如翻牌为5、4、7、3，组合算式54 + 37 = 91，涉及进位；再组合算式74 + 13 = 87，没有进位了。

② 申请换牌。如果无法避免进位，可以申请换牌。如翻牌为6、7、8、9，怎么组合都要进位，那么申请换牌，直到不用进位计算为止。

遇到进位会算的，直接计算。计算正确者按个位走棋并奖励多走2步，也可以不接受奖励。

（4）换学生B翻牌、计算、走棋，两人交替进行。先走到终点（100）的学生获胜，一盘游戏结束。

（5）洗牌再来下一盘，三盘两胜，将每一盘游戏结果记录在表2.37中。

表2.37 "欢乐谷"游戏记录表

_____年_____月_____日

学 生	第一盘	第二盘	第三盘	输 赢

【使用及评价建议】

（1）这个游戏也适用于两位数减两位数，将上述规则中的加法改成减法即可。如玩减法游戏，翻牌7、5、3、2，就可以算"75－23＝52"，个位是2，走2步；也可以算"75－32＝43"，个位是3，走3步；也可以算"57－23＝34"，个位是4，走4步；也可以算"57－43＝14"，个位是4，走4步。还有"53－27"这样的退位减法，孩子若能计算也是可以的。

（2）在游戏中，学生要考虑自己棋盘的局面，用4个数组合算式，并选择合适的算式，一开始速度会慢点。聪明的孩子会越来越熟练地选择自己需要的算式。相信孩子会越玩越聪明！

（3）先玩蛇棋游戏，再玩飞行棋游戏，棋子可以增加到每人2颗或3颗，这样游戏会更加激烈。

游戏 35　连连算（★★★★）

【游戏目的】

连续加减的混合运算，培养孩子高度的专注力，提高计算能力。

【游戏用具】

一副扑克牌中的A—10，共40张牌（A当作1使用）。

【游戏人数】

3人（1位裁判，2人玩游戏，裁判轮流当）。

【游戏规则】

自行决定谁先做裁判，根据学习内容选用以下规则进行游戏。

① 规则一：比小。

两名学生轮流摸牌，每人摸四张，用牌上的四个数组成一个最小的两位数，加第三个数，减第四个数（即先加再减），说出算式和结果。计算正确且得数小者获得这8张扑克牌。如学生A摸牌5、7、8、A，就说"15＋7－8＝14"。学生B摸牌7、3、5、A，就说"17＋3－5＝15"。因为14＜15，学生A得这8张牌。

直到扑克牌用完，这盘游戏结束。三盘两胜，确定输赢，把每一盘的得

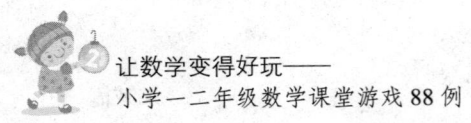

牌张数记录在表 2.38 中。

② 规则二：比大。

学生双方轮流摸牌，每人摸四张，用牌上的四个数组成一个最大的两位数，减第三个数，加第四个数（即先减再加），说出算式和结果。计算正确且得数大者获得这 8 张扑克牌。如学生 A 摸牌 5、7、8、A，就说"87－1＋5＝91"；学生 B 摸牌 7、3、5、A，就说"75－1＋3＝77"。因为 91＜77，学生 A 得这 8 张牌。

直到扑克牌用完，这盘游戏结束。三盘两胜，确定输赢，把每一盘的得牌张数记录在表 2.38 中。

表 2.38　"连连算"游戏记录表

　　　　年　　　月　　　日

裁判姓名			
学生姓名			
第一盘			
第二盘			
第三盘			
胜　负			

【使用及评价建议】

（1）孩子们刚接触这个游戏，从四个数字中选择数字，组成最大的两位数和最小的两位数会稍显迟疑，不久就会得心应手。

（2）待熟练后，游戏规则可以自行协商改变。

游戏 36　机智组合（★★★★）

【游戏目的】

在游戏中熟练掌握两位加减一位数的计算（进退位），培养孩子选择最优方案的能力。

【游戏用具】

蛇棋棋盘、2颗不同颜色的棋子；一副扑克牌的A—9及大小王，共38张牌（A当作1使用，大小王为万能牌）。

【游戏人数】

2人。

【游戏规则】

（1）把扑克牌洗好，叠成一摞，点数朝下，放在桌面上。摆好蛇棋棋盘，每人一颗棋子。商量决定抓牌的先后顺序。

（2）学生A翻出三张牌，用其中的两张牌组成一个两位数，加第三张牌的点数，不是进位加法的不能走。大声说出算式和得数，并根据得数的个位走棋，个位是几，就走几步；算错的不能走。如学生A翻到5、3、7，说"$37 + 5 = 42$"，有进位，个位是2，走2步；如果说"$75 + 3 = 78$"，没有进位，不能走；如果说"$57 + 3 = 60$"，有进位，个位是0，也不能走。

（3）换学生B翻牌、计算、走棋。两人交替进行，先走到终点（100）的学生获胜，一盘游戏结束。

（4）洗牌再来下一盘，三盘两胜，将每一盘游戏结果记录在表2.39中。

表2.39 "机智组合"游戏记录表

_____年_____月_____日

学　生	第一盘	第二盘	第三盘	输　赢

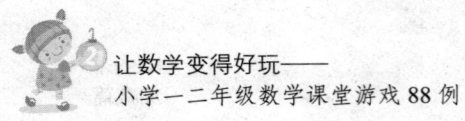

【使用及评价建议】

（1）这个游戏也适用于两位数减一位数的退位减法。将上述规则中的算加法改成算减法，且不是退位减法的就不能走。如玩减法游戏，翻牌7、5、3，可以算"53 − 7 = 46"，个位是6，就走6步，如果算"37 − 5 = 32"，没有退位，就不能走。

（2）在游戏过程中，要选择适合自己的算式，不仅要把每种算式的结果考虑到，还要考虑当前的局势。这个过程既训练了孩子的计算能力，也培养了孩子的推理能力。

（3）这个游戏也适用于飞行棋。

附：阶段性口算检测题（含评价建议）

100以内整十数加减法口算检测题一

80 − 40 =	10 + 60 =	40 + 30 =
50 + 10 =	70 + 6 =	30 − 10 =
40 + 8 =	50 − 8 =	20 + 50 =
30 − 4 =	30 − 5 =	40 − 20 =
7 + 90 =	50 + 30 =	60 + 6 =
20 − 3 =	20 + 50 =	6 + 80 =
70 + 5 =	40 − 1 =	50 − 6 =
60 − 5 =	90 − 3 =	20 − 7 =
50 − 40 =	40 − 8 =	80 + 9 =
30 + 60 =	80 − 30 =	30 + 30 =
40 − 20 =	40 + 9 =	80 − 20 =
50 + 40 =	70 − 3 =	40 − 6 =
50 + 6 =	90 − 70 =	90 + 9 =
60 − 7 =	10 + 80 =	50 + 30 =
80 − 30 =	30 + 40 =	30 + 60 =
80 + 4 =	70 − 50 =	90 − 50 =
6 + 50 =	80 + 3 =	10 − 10 =
50 − 30 =	70 − 30 =	60 + 9 =
70 − 20 =	10 + 10 =	10 − 0 =
2 + 30 =	20 − 9 =	80 − 3 =

对的题数：_____ 完成时间：_____分钟

评价建议：4分钟内全对——大师级；5分钟内全对——优秀；6分钟内全对——达标；超过6分钟完成——要加油。

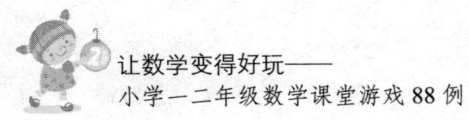

100以内整十数加减法口算检测题二

70 − 2 =	10 + 50 =	50 + 20 =
30 + 60 =	80 + 5 =	30 + 70 =
30 − 8 =	70 − 60 =	80 − 30 =
50 − 4 =	30 − 5 =	40 − 6 =
20 + 6 =	20 + 30 =	80 + 6 =
20 + 40 =	20 + 50 =	70 + 10 =
90 − 50 =	40 − 5 =	80 − 60 =
10 + 30 =	8 + 30 =	60 + 30 =
10 − 1 =	40 + 8 =	40 − 9 =
40 + 60 =	30 + 10 =	80 + 50 =
40 + 10 =	20 + 9 =	40 + 6 =
80 − 40 =	90 − 30 =	30 − 6 =
9 + 50 =	50 − 20 =	30 − 3 =
60 + 7 =	60 + 8 =	50 + 30 =
60 − 30 =	40 − 4 =	30 + 7 =
90 − 20 =	5 + 90 =	80 − 7 =
30 + 9 =	80 − 40 =	50 + 20 =
80 + 8 =	70 − 3 =	60 + 9 =
90 − 40 =	10 + 7 =	60 − 8 =
8 + 80 =	20 + 80 =	20 − 10 =

对的题数：_____   完成时间：_____分钟

评价建议：4分钟内全对——大师级；5分钟内全对——优秀；6分钟内全对——达标；超过6分钟完成——要加油。

加减篇

100以内整十数加减法口算检测题三

10 − 0 =		50 + 40 =		20 + 60 =	
20 + 0 =		20 − 0 =		30 + 20 =	
7 + 80 =		30 + 60 =		80 + 6 =	
30 − 4 =		20 + 50 =		40 − 0 =	
80 + 0 =		80 − 40 =		80 − 30 =	
20 + 40 =		20 − 5 =		30 + 60 =	
50 − 5 =		4 + 60 =		30 − 6 =	
10 + 0 =		30 + 30 =		10 + 30 =	
70 − 10 =		40 − 8 =		40 − 9 =	
50 + 6 =		40 + 40 =		30 − 20 =	
40 − 6 =		80 + 10 =		30 + 40 =	
80 + 4 =		50 − 30 =		40 + 60 =	
80 − 60 =		20 + 0 =		20 − 9 =	
6 + 70 =		60 + 8 =		50 − 20 =	
10 − 3 =		50 − 40 =		30 + 50 =	
60 − 6 =		20 − 10 =		90 − 30 =	
20 + 10 =		80 + 5 =		40 − 20 =	
90 + 8 =		9 + 30 =		60 + 9 =	
50 − 2 =		100 − 8 =		20 − 2 =	
80 − 70 =		70 − 5 =		90 + 6 =	

对的题数：_____ 完成时间：_____分钟

评价建议：4分钟内全对——大师级；5分钟内全对——优秀；6分钟内全对——达标；超过6分钟完成——要加油。

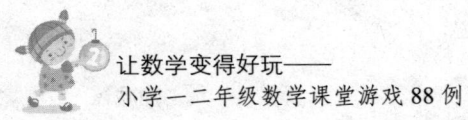

100以内两位数加减一位数口算检测题一

60 - 4 =	36 - 7 =	78 - 7 =
43 + 9 =	66 - 5 =	43 - 7 =
85 + 8 =	10 + 6 =	36 + 4 =
63 - 4 =	63 + 3 =	64 + 6 =
74 - 2 =	93 - 3 =	22 + 4 =
52 + 4 =	71 + 5 =	57 - 9 =
32 + 5 =	34 - 8 =	26 + 6 =
81 - 7 =	16 + 3 =	11 + 8 =
25 - 3 =	84 - 8 =	23 - 9 =
66 + 6 =	21 - 9 =	86 + 5 =
24 - 5 =	38 - 8 =	72 - 8 =
54 + 4 =	79 + 3 =	28 + 6 =
80 - 6 =	42 - 3 =	12 + 3 =
36 + 7 =	76 + 8 =	55 - 4 =
35 + 3 =	34 - 4 =	33 + 8 =
79 - 9 =	18 + 9 =	23 + 7 =
38 + 4 =	89 + 4 =	50 - 5 =
86 - 6 =	56 - 3 =	66 - 9 =
27 - 2 =	81 - 4 =	18 + 3 =
50 + 4 =	52 + 7 =	92 + 8 =

对的题数：_____ 完成时间：_____分钟

评价建议：4分钟内全对——大师级；5分钟内全对——优秀；6分钟内全对——达标；超过6分钟完成——要加油。

加减篇

100以内两位数加减一位数口算检测题二

46 + 9 =	23 − 9 =	13 + 9 =
74 − 4 =	86 − 3 =	93 − 6 =
18 + 8 =	37 + 6 =	79 + 8 =
63 + 4 =	83 + 8 =	54 − 6 =
44 − 2 =	45 − 3 =	34 + 6 =
42 + 4 =	74 + 5 =	82 − 9 =
89 − 5 =	54 + 4 =	23 − 6 =
91 − 4 =	40 − 3 =	82 + 6 =
31 + 3 =	24 − 8 =	76 + 9 =
16 + 6 =	23 + 9 =	96 − 7 =
64 − 7 =	14 + 6 =	57 + 3 =
48 + 4 =	22 − 3 =	65 − 6 =
48 − 6 =	64 + 8 =	61 − 2 =
56 − 7 =	76 − 8 =	55 + 3 =
70 + 3 =	42 + 4 =	43 − 6 =
26 − 6 =	84 − 8 =	11 + 6 =
62 + 8 =	88 − 2 =	22 − 8 =
30 − 3 =	32 + 3 =	26 + 9 =
53 + 4 =	41 − 4 =	64 + 4 =
30 − 6 =	32 + 6 =	34 − 9 =

对的题数：_____   完成时间：_____分钟

评价建议：4分钟内全对——大师级；5分钟内全对——优秀；6分钟内全对——达标；超过6分钟完成——要加油。

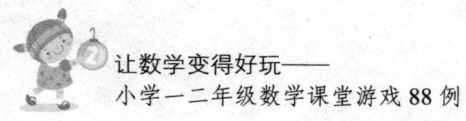

100以内两位数加减一位数口算检测题三

22 + 4 =	23 + 5 =	86 - 9 =
96 - 2 =	53 + 4 =	43 + 4 =
31 + 8 =	97 - 6 =	26 - 6 =
43 - 4 =	73 - 5 =	64 + 8 =
99 + 8 =	33 + 3 =	12 + 6 =
62 - 4 =	23 + 5 =	14 - 8 =
47 + 5 =	84 - 8 =	75 + 6 =
71 - 8 =	75 - 3 =	58 - 4 =
70 + 8 =	64 + 8 =	20 + 9 =
30 - 6 =	69 + 5 =	98 - 3 =
44 + 8 =	72 - 2 =	97 + 4 =
52 - 4 =	53 - 3 =	74 - 6 =
51 - 6 =	83 + 7 =	66 - 3 =
56 + 7 =	46 - 8 =	55 - 8 =
76 + 3 =	84 - 4 =	63 + 4 =
11 - 7 =	58 + 9 =	51 - 3 =
70 - 5 =	88 + 7 =	20 - 8 =
35 + 4 =	91 - 3 =	66 + 9 =
69 - 7 =	61 - 7 =	100 - 3 =
25 + 6 =	42 + 6 =	73 + 2 =

对的题数：_____ 完成时间：_____分钟

评价建议：4分钟内全对——大师级；5分钟内全对——优秀；6分钟内全对——达标；超过6分钟完成——要加油。

乘除篇

乘法口诀是中华民族聪明才智的结晶。简单易懂的乘法口诀，读起来朗朗上口。

对于孩子来讲，背诵乘法口诀却是一件不容易的事。比如7×8＝？孩子们会从"一八得八、二八十六……"一直背到"七八五十六"才有结果。通常这种状况会持续一两个月，有些孩子会持续半年甚至更长的时间，孩子着急，家长更着急。

针对这个问题，我们设计了有趣的数学游戏，让孩子觉得这是在玩而不是做作业。而且游戏呈现的题目随机性大，题量多，这种方式也激励着孩子的斗志，让孩子在玩中体验成功的愉悦，不知不觉就熟记了每一句乘法口诀。

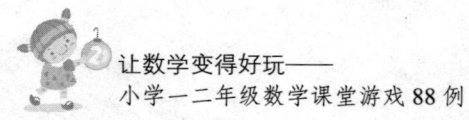

一、熟记"几"的乘法口诀（单项训练）

一只手有5根手指（一五得五），两只手有10根手指（二五一十）……从5的乘法口诀开始，熟记所有的乘法口诀。这里设计的游戏以"几"为主牌，就熟记"几"的乘法口诀，相信孩子玩三五盘游戏后就可以记住了。

游戏 37 翻牌抢说（一）（★）

【游戏目的】

在游戏中快速熟记"几"的乘法口诀，使枯燥的机械记忆充满乐趣。

【游戏用具】

一副扑克牌中的A—9，共36张牌（A当作1使用）。

【游戏人数】

2人。

【游戏规则】

（1）主牌5放在桌面上，牌面朝上，记忆5的乘法口诀，把这张"5"称作"主牌"。

（2）轮流洗牌、翻牌。一个学生把其余的扑克牌洗好，点数朝下整齐叠放好。一次翻开一张牌，放在桌面上，两人都可以看到。翻牌后，学生一起抢说乘法口诀。如翻到6，就大声说"五六三十"。

（3）答案正确且速度快的学生得到这张牌，答慢、答错都不得牌。双方速度相同的时候，把这张扑克牌单独放在桌面一角，作废牌。

（4）一盘结束后，学生数数自己获得的扑克牌数，得牌多者赢。按上述规则继续游戏，采用三盘两胜制确定胜负，并将每一盘的游戏结果记录在表3.1中。

乘除篇

表 3.1 "翻牌抢说（一）"游戏记录表

_____年_____月_____日

学生姓名		
第一盘		
第二盘		
第三盘		
输　赢		

注：赢的在表格中打"√"。

【使用及评价建议】

（1）课堂上教师应作铺垫，先让学生经历探索乘法口诀的过程，再开展游戏活动。游戏开始时，先玩单项训练的游戏。比如这次游戏仅训练5的乘法口诀，等熟练后，再换主牌，切勿操之过急。可适当降低训练的难度并激发孩子的兴趣。

（2）游戏时，建议先玩5的乘法口诀，然后再按2、3、4、6、7、8、9的乘法口诀的顺序进行游戏。

（3）游戏可以在课堂上，师生之间、生生之间进行；也可以在家里，和爸爸、妈妈等家庭成员一起玩。为了节省时间，可改为计时训练。家长翻牌，孩子以最快的速度说出完整的乘法口诀，每天玩2盘。开始时，孩子的速度会慢些，但孩子会一天天进步，大约三四天就可以达到熟练的程度，一看到牌就能脱口而出。

（4）这个游戏效果非常好，中等水平的孩子大约玩一周时间，就可以熟记所有的乘法口诀，可以通过对口令来检测孩子是否达到熟练的程度，也可以通过本节所附的检测题来检测口算的速度。

游戏38 幸运星（★）

【游戏目的】

通过飞行棋游戏，熟记"几"的乘法口诀，使孩子在轻松、愉悦的气氛中学习。

【游戏用具】

飞行棋棋盘、2架不同颜色的飞机；一副扑克牌A—9，共36张牌（A当作1使用）。

【游戏人数】

2人。

【游戏规则】

（1）拿出一张牌做主牌（例如拿5），点数朝上，放在桌面上，将剩余的牌洗好，叠成一摞，点数朝下摆放好，并摆好飞行棋。

（2）学生自行决定谁先来翻牌，如学生A先翻牌，把翻到的扑克牌与主牌5相乘，得数个位上的数字是几，就走几步。如翻到3，就大声说"三五十五"，得数的个位上是5，走5步；翻到2，就大声说"二五一十"，个位上是0，不能走棋；说错口诀也不能走棋。

（3）撞子、跳子、飞子的规则如前面所述。

（4）换学生B翻牌、说口诀、走棋。两人交替进行。谁先到达终点（HOME），这盘谁就获胜。洗牌后再玩下一盘，三盘两胜，把每一盘游戏结果记录在表3.2中。

表3.2 "幸运星"游戏记录表

_____年_____月_____日

学　生	第一盘	第二盘	第三盘	输　赢

乘除篇

【使用及评价建议】

（1）可根据学过的乘法口诀的内容选择主牌。例如：今天学习8的乘法口诀，就拿出一张8放在桌面上做主牌。

（2）课堂上，教师应强调一定把乘法口诀说完整，以达到熟记乘法口诀的目的。孩子玩游戏时会很投入，课堂上显得不那么安静，不那么有秩序，教师不必追求整齐划一，只要保证孩子在轻松愉快的氛围中游戏即可。教师应关注：学生是否熟悉游戏规则，学生说的乘法口诀是否正确，如说成"四三十二""二六十八"等，就要及时纠正。

（3）在家里，家长可以和孩子一起玩这个游戏，这是很好的亲子活动。家长既可以了解孩子的学习情况，又可以及时辅导孩子。如孩子说"二九十六"，就引导孩子从乘法口诀的意义去想：两个9相加是多少？

（4）如果孩子记口诀不是很熟练，也不必灰心，运气好的时候，也可能会赢，所以很多小朋友都喜欢玩这样的游戏，有些小朋友一玩就是几个小时。

（5）建议与翻牌抢说的游戏轮流交替着玩，劳逸结合，效率会更高。

（6）这个游戏规则也适合蛇棋。

游戏39 抢高点（★）

【游戏目的】

在蛇棋游戏中，熟记乘法口诀，体会蛇棋带来的快乐和刺激。

【游戏用具】

蛇棋棋盘、两颗不同颜色的棋子；一副扑克牌中的A—9，共36张牌（A当作1使用）。

【游戏人数】

2人。

【游戏规则】

（1）拿出一张7做主牌，把剩下的牌洗好，叠成一摞，点数朝下，放在

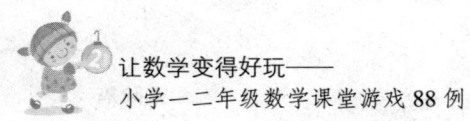

桌面上。摆放好蛇棋棋盘,每人一颗棋子。自行决定抓牌的先后顺序。

(2)学生A翻牌,把翻到的扑克牌与主牌7相乘,得数个位上的数字是几,就走几步。如翻到3,就大声说"三七二十一",得数的个位上是1,就走1步;翻到2,就大声说"二七十四",个位上是4,就走4步;说错了不能走。

(3)如果棋子刚好停在梯子的底部,就可以爬到梯子的顶部,一下子就前进很多步;当棋子刚好停在蛇头位置时,就遭到蛇咬,要回到蛇尾了。

(4)学生B翻牌、说口诀、走棋,两人交替进行。谁先到达终点(100),这盘谁就获胜。洗牌再进行下一盘,三盘两胜,把每一盘游戏结果记录在表3.3中。

表3.3 "抢高点"游戏记录表

_____年_____月_____日

学生姓名		
第一盘		
第二盘		
第三盘		
输 赢		

【使用及评价建议】

(1)游戏时,可按学习的顺序进行,也可以有选择、有侧重地练习。如发现孩子不熟练7的乘法口诀,可选择7做主牌,多玩几轮游戏。

(2)本游戏的设计是为增加学习的趣味性。游戏可以让孩子感受从梯子底部一下子前进到顶部的充满刺激的快感,也可以感受从蛇头滑落到蛇尾的失落。游戏既可让孩子熟记乘法口诀,又让他们明白:失利的时候不能灰心,胜利的时候不能骄傲,这样才能赢得最后的胜利!

(3)熟悉规则后,每天玩2~3盘。专项训练的游戏玩两三天后可以

进行检测。如玩了 2、3、4、5 的乘法口诀游戏后,就可以用 1—5 的乘法口算检测题来检测孩子是否达到熟练,如果没有达到要求,根据情况再玩相应的游戏。如果效果好,就玩 6 的乘法口诀的游戏,玩到一定程度后,就用 1—6、1—7、1—8 乘法口算检测题来检测。扑克牌、飞行棋、蛇棋三个游戏可有选择地、交替着玩。只要孩子喜欢就达到目的了。

游戏 40 智慧夺取(一)(★★)

【游戏目的】

进一步熟记乘法口诀,游戏增加了难度和趣味性,以培养孩子灵活的思维。

【游戏用具】

(1)一副扑克牌中的 A—9,共 36 张牌(A 当作 1 使用)。

(2)目标牌 8 张(扑克牌同样大小),在牌面上用彩笔写上阿拉伯数字:10、20、30、40、50、60、70、80。

【游戏人数】

4 人。

【游戏规则】

(1)确定主牌、目标牌。从扑克牌中抽取一张牌作为主牌,如抽到 7,就把这张 7 作为主牌。以同样的方式抽取目标牌,如抽到目标牌是 30。

(2)抽扑克牌决定玩的顺序,点数最大的是"庄家"。从先手开始,四人轮流抓牌,直至抓完这一副扑克牌。

(3)每位学生将自己的牌摆成扇形,一手握牌,使对方看不到牌的点数,另一手打牌(如图 3.1)。按与主牌 7 相乘,乘积最接近目标牌的规则,每位学生同时从自己手中拿出一张扑克牌,把自己选出的那张牌牌面向下,放在桌面上,选定了就不得悔牌。4 位学生都决定好后,庄家喊"出牌",学生依次说出乘法口诀。如目标牌是 30,主牌是 7,某一学生手里的牌有 3、5、6、7、

4、4、4、8、9，这位学生应该选 4 这张牌，因为"四七二十八"最接近 30。

图 3.1 握牌示意图

（4）四个得数对比，结果最接近目标数者获得这一轮的 4 张牌。如果学生出的牌点数相同，则以花色定输赢，以黑桃＞红桃＞梅花＞方片的顺序来决定。

（5）继续下一轮游戏，直到将所有扑克牌出完，这一盘游戏结束，得牌多者赢。洗牌继续下一盘，下一盘的主牌和目标牌由赢家决定。三盘两胜，将每一盘游戏结果记录在表 3.4 中。

表 3.4 "智慧夺取（一）"游戏记录表

_____年_____月_____日

	主牌	目标牌	学生____	学生____	学生____	学生____
第一盘						
第二盘						
第三盘						
总 分						

【使用及评价建议】

（1）这个游戏有点像传统的扑克牌游戏打升级。通过设定的规则，以目

标牌定输赢,一要用乘法口诀算;二要比大小;三要有策略,估计对方会出什么牌,才可以赢牌。玩这个游戏要有全局意识,可以培养孩子独立思考的习惯。

(2)只要算对,速度上不做要求,放手让孩子玩,输赢的技巧孩子自己会慢慢领悟。玩一段时间后,可稍作指导,让孩子明白要赢取对方,除了运气的因素外,还必须要有策略。

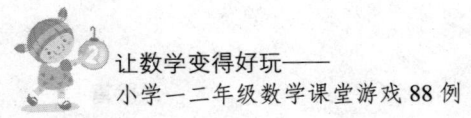

附：阶段性口算检测题（含评价建议）

1—5的乘法口算检测题一

2 × 1 =	4 × 2 =	2 × 2 =
5 × 8 =	7 × 2 =	1 × 2 =
3 × 4 =	3 × 7 =	4 × 5 =
4 × 4 =	5 × 3 =	5 × 6 =
2 × 9 =	1 × 5 =	2 × 5 =
3 × 5 =	9 × 4 =	3 × 4 =
1 × 6 =	4 × 3 =	6 × 4 =
4 × 8 =	8 × 2 =	3 × 9 =
4 × 5 =	9 × 1 =	2 × 6 =
7 × 4 =	2 × 8 =	3 × 2 =
2 × 3 =	3 × 5 =	4 × 4 =
4 × 1 =	1 × 4 =	3 × 6 =
6 × 3 =	6 × 5 =	4 × 7 =
4 × 9 =	1 × 8 =	7 × 2 =
6 × 2 =	9 × 3 =	3 × 6 =
1 × 5 =	8 × 3 =	4 × 6 =
2 × 3 =	8 × 3 =	3 × 8 =
1 × 3 =	2 × 3 =	4 × 8 =
2 × 1 =	5 × 1 =	2 × 7 =
2 × 9 =	5 × 7 =	3 × 3 =

对的题数：_____ 　　完成时间：_____分钟

评价建议：2分钟内全对——大师级；3分钟内全对——优秀；5分钟内全对——达标；超过5分钟完成——要加油。

1—5的乘法口算检测题二

1 × 5 =	1 × 4 =	3 × 2 =
2 × 7 =	3 × 5 =	4 × 7 =
3 × 3 =	4 × 2 =	5 × 6 =
3 × 6 =	5 × 1 =	5 × 4 =
2 × 5 =	7 × 2 =	2 × 1 =
3 × 9 =	4 × 8 =	4 × 6 =
2 × 3 =	7 × 3 =	7 × 5 =
5 × 2 =	1 × 1 =	2 × 4 =
1 × 3 =	4 × 3 =	6 × 4 =
6 × 5 =	1 × 9 =	9 × 5 =
3 × 8 =	4 × 1 =	2 × 9 =
2 × 6 =	6 × 2 =	9 × 3 =
9 × 2 =	8 × 3 =	2 × 8 =
9 × 4 =	5 × 6 =	2 × 1 =
1 × 6 =	1 × 8 =	4 × 4 =
5 × 8 =	4 × 9 =	8 × 2 =
6 × 3 =	5 × 3 =	4 × 5 =
8 × 5 =	3 × 7 =	1 × 7 =
3 × 4 =	5 × 5 =	1 × 2 =
5 × 7 =	2 × 2 =	4 × 8 =

对的题数：_____   完成时间：_____分钟

评价建议：2分钟内全对——大师级；3分钟内全对——优秀；5分钟内全对——达标；超过5分钟完成——要加油。

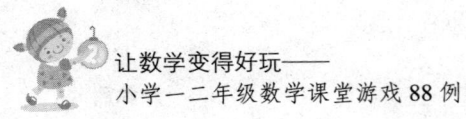

1—5的乘法口算检测题三

4 × 6 =	7 × 4 =	3 × 2 =
1 × 6 =	5 × 5 =	5 × 3 =
1 × 3 =	3 × 2 =	3 × 5 =
2 × 7 =	8 × 3 =	1 × 4 =
8 × 4 =	2 × 2 =	2 × 8 =
3 × 3 =	3 × 8 =	1 × 5 =
9 × 5 =	4 × 7 =	4 × 9 =
2 × 5 =	5 × 6 =	2 × 4 =
3 × 4 =	8 × 5 =	9 × 2 =
4 × 4 =	5 × 2 =	5 × 6 =
5 × 8 =	5 × 1 =	4 × 1 =
3 × 9 =	4 × 3 =	4 × 4 =
1 × 7 =	5 × 9 =	8 × 1 =
4 × 8 =	3 × 6 =	4 × 2 =
3 × 7 =	9 × 4 =	9 × 3 =
5 × 7 =	2 × 9 =	6 × 5 =
5 × 2 =	2 × 1 =	4 × 5 =
8 × 5 =	2 × 7 =	6 × 3 =
7 × 3 =	7 × 2 =	2 × 3 =
2 × 4 =	6 × 4 =	7 × 5 =

对的题数：_____ 完成时间：_____分钟

评价建议：2分钟内全对——大师级；3分钟内全对——优秀；5分钟内全对——达标；超过5分钟完成——要加油。

1—6的乘法口算检测题一

2 × 3 =	6 × 5 =	6 × 3 =
2 × 6 =	3 × 5 =	4 × 7 =
4 × 1 =	5 × 1 =	6 × 8 =
3 × 8 =	7 × 5 =	5 × 5 =
4 × 3 =	4 × 6 =	5 × 9 =
5 × 4 =	5 × 8 =	3 × 3 =
3 × 6 =	4 × 4 =	6 × 3 =
3 × 4 =	2 × 7 =	6 × 6 =
6 × 7 =	1 × 8 =	1 × 7 =
6 × 2 =	9 × 4 =	3 × 9 =
2 × 2 =	5 × 2 =	4 × 8 =
8 × 5 =	3 × 2 =	9 × 2 =
5 × 7 =	1 × 2 =	1 × 1 =
2 × 8 =	2 × 5 =	9 × 6 =
2 × 9 =	8 × 4 =	6 × 9 =
8 × 6 =	5 × 3 =	2 × 4 =
6 × 4 =	8 × 2 =	7 × 3 =
4 × 5 =	7 × 2 =	5 × 6 =
7 × 4 =	3 × 7 =	4 × 9 =
3 × 1 =	4 × 2 =	3 × 6 =

对的题数：_____   完成时间：_____分钟

评价建议：2分钟内全对——大师级；3分钟内全对——优秀；5分钟内全对——达标；超过5分钟完成——要加油。

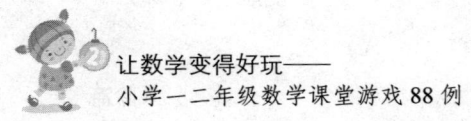

1—6的乘法口算检测题二

5 × 2 =	1 × 9 =	5 × 9 =
5 × 4 =	4 × 5 =	5 × 8 =
3 × 3 =	4 × 2 =	2 × 7 =
6 × 3 =	5 × 6 =	3 × 1 =
3 × 9 =	3 × 8 =	1 × 2 =
4 × 6 =	7 × 3 =	5 × 5 =
5 × 7 =	8 × 5 =	3 × 6 =
1 × 6 =	6 × 1 =	3 × 2 =
2 × 8 =	8 × 2 =	3 × 3 =
2 × 5 =	2 × 6 =	9 × 5 =
6 × 4 =	5 × 1 =	2 × 4 =
7 × 5 =	3 × 7 =	6 × 5 =
4 × 3 =	1 × 4 =	8 × 6 =
9 × 6 =	7 × 2 =	7 × 4 =
5 × 3 =	8 × 3 =	4 × 7 =
4 × 8 =	6 × 6 =	6 × 2 =
6 × 7 =	2 × 3 =	6 × 9 =
9 × 2 =	6 × 3 =	9 × 3 =
3 × 4 =	1 × 7 =	8 × 2 =
4 × 4 =	4 × 1 =	9 × 5 =

对的题数：_____   完成时间：_____分钟

评价建议：2分钟内全对——大师级；3分钟内全对——优秀；5分钟内全对——达标；超过5分钟完成——要加油。

1—6的乘法口算检测题三

3 × 2 =	7 × 5 =	6 × 1 =
8 × 6 =	3 × 5 =	6 × 7 =
5 × 3 =	1 × 2 =	6 × 3 =
4 × 5 =	1 × 8 =	1 × 5 =
8 × 2 =	3 × 4 =	1 × 8 =
1 × 3 =	4 × 8 =	6 × 5 =
3 × 9 =	1 × 7 =	2 × 9 =
8 × 4 =	5 × 2 =	4 × 4 =
1 × 0 =	4 × 1 =	3 × 8 =
5 × 5 =	6 × 4 =	2 × 2 =
4 × 7 =	3 × 7 =	5 × 4 =
2 × 7 =	4 × 6 =	4 × 3 =
5 × 6 =	1 × 9 =	3 × 1 =
6 × 9 =	4 × 9 =	3 × 6 =
2 × 7 =	7 × 2 =	7 × 3 =
4 × 8 =	9 × 5 =	5 × 1 =
2 × 5 =	2 × 8 =	2 × 6 =
5 × 9 =	9 × 3 =	4 × 2 =
6 × 2 =	8 × 5 =	8 × 3 =
3 × 3 =	6 × 6 =	5 × 8 =

对的题数：_____   完成时间：_____分钟

评价建议：2分钟内全对——大师级；3分钟内全对——优秀；5分钟内全对——达标；超过5分钟完成——要加油。

1—7的乘法口算检测题一

3 × 6 =	7 × 8 =	2 × 7 =
5 × 8 =	5 × 6 =	1 × 5 =
4 × 3 =	8 × 3 =	5 × 1 =
3 × 3 =	4 × 9 =	6 × 3 =
4 × 4 =	6 × 2 =	2 × 3 =
4 × 5 =	3 × 8 =	7 × 3 =
3 × 5 =	5 × 3 =	2 × 9 =
7 × 9 =	6 × 1 =	2 × 4 =
2 × 8 =	5 × 2 =	6 × 8 =
3 × 6 =	9 × 5 =	1 × 7 =
5 × 9 =	3 × 2 =	9 × 4 =
7 × 2 =	2 × 2 =	6 × 6 =
5 × 4 =	9 × 3 =	4 × 7 =
4 × 2 =		6 × 4 =
3 × 9 =	6 × 5 =	8 × 2 =
4 × 8 =	3 × 1 =	7 × 5 =
4 × 6 =	2 × 5 =	9 × 2 =
8 × 5 =	6 × 9 =	4 × 2 =
5 × 7 =	4 × 4 =	3 × 4 =
7 × 4 =	5 × 7 =	6 × 7 =

对的题数：_____ 完成时间：_____分钟

评价建议：2分钟内全对——大师级；3分钟内全对——优秀；5分钟内全对——达标；超过5分钟完成——要加油。

1—7的乘法口算检测题二

8 × 3 =	2 × 1 =	4 × 4 =
5 × 9 =	7 × 5 =	2 × 9 =
2 × 4 =	5 × 8 =	2 × 2 =
2 × 7 =	7 × 3 =	4 × 2 =
6 × 4 =	7 × 7 =	4 × 8 =
2 × 8 =	5 × 5 =	8 × 5 =
8 × 2 =	8 × 6 =	9 × 6 =
3 × 7 =	2 × 7 =	6 × 7 =
6 × 6 =	8 × 7 =	7 × 4 =
7 × 8 =	9 × 5 =	6 × 9 =
5 × 7 =	9 × 2 =	
3 × 3 =	2 × 6 =	9 × 7 =
6 × 8 =	4 × 1 =	4 × 3 =
3 × 9 =	3 × 7 =	1 × 8 =
4 × 9 =	7 × 2 =	3 × 2 =
3 × 6 =	5 × 2 =	4 × 5 =
6 × 5 =	6 × 3 =	4 × 6 =
3 × 4 =	9 × 3 =	6 × 2 =
3 × 8 =	2 × 5 =	3 × 1 =
7 × 9 =	7 × 8 =	4 × 7 =

对的题数：_____ 完成时间：_____ 分钟

评价建议：2分钟内全对——大师级；3分钟内全对——优秀；5分钟内全对——达标；超过5分钟完成——要加油。

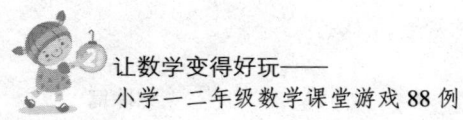

1—7的乘法口算检测题三

5 × 6 =	4 × 9 =	7 × 6 =
3 × 3 =	7 × 7 =	5 × 8 =
4 × 3 =	2 × 3 =	7 × 2 =
2 × 8 =	8 × 3 =	5 × 5 =
1 × 9 =	6 × 1 =	6 × 3 =
5 × 3 =	5 × 9 =	7 × 4 =
5 × 4 =	1 × 8 =	1 × 9 =
4 × 6 =	2 × 6 =	6 × 2 =
6 × 5 =	3 × 7 =	7 × 9 =
1 × 7 =	3 × 4 =	1 × 3 =
8 × 5 =	9 × 6 =	6 × 7 =
3 × 6 =	6 × 9 =	2 × 9 =
2 × 4 =	4 × 5 =	7 × 3 =
3 × 2 =	6 × 4 =	3 × 8 =
2 × 2 =	4 × 4 =	6 × 6 =
7 × 8 =	7 × 5 =	3 × 5 =
8 × 2 =	1 × 9 =	1 × 7 =
6 × 8 =	4 × 7 =	2 × 2 =
9 × 4 =	5 × 7 =	4 × 2 =
4 × 8 =	7 × 2 =	5 × 2 =

对的题数：_____　　　完成时间：_____分钟

评价建议：2分钟内全对——大师级；3分钟内全对——优秀；5分钟内全对——达标；超过5分钟完成——要加油。

1—8的乘法口算检测题一

5 × 3 =	6 × 7 =	6 × 8 =
7 × 4 =	7 × 5 =	7 × 3 =
1 × 3 =	4 × 7 =	1 × 7 =
4 × 2 =	8 × 5 =	4 × 9 =
7 × 2 =	5 × 9 =	5 × 6 =
9 × 7 =	9 × 8 =	9 × 7 =
8 × 8 =	8 × 7 =	4 × 3 =
4 × 5 =	8 × 3 =	5 × 1 =
3 × 5 =	3 × 1 =	2 × 5 =
2 × 8 =	2 × 6 =	5 × 5 =
3 × 6 =	5 × 7 =	5 × 4 =
7 × 6 =	6 × 3 =	4 × 6 =
7 × 3 =	4 × 8 =	7 × 8 =
6 × 5 =		8 × 7 =
7 × 6 =	2 × 4 =	1 × 9 =
5 × 8 =	6 × 9 =	9 × 4 =
6 × 6 =	7 × 6 =	2 × 9 =
3 × 4 =	8 × 1 =	8 × 8 =
5 × 2 =	2 × 2 =	9 × 4 =
2 × 7 =	7 × 9 =	8 × 9 =

对的题数：_____　　　　完成时间：_____分钟

评价建议：2分钟内全对——大师级；3分钟内全对——优秀；5分钟内全对——达标；超过5分钟完成——要加油。

1—8的乘法口算检测题二

4 × 1 =	2 × 6 =	6 × 4 =
8 × 8 =	5 × 5 =	1 × 3 =
9 × 3 =	7 × 7 =	8 × 4 =
7 × 6 =	8 × 9 =	8 × 6 =
7 × 9 =	7 × 8 =		
3 × 8 =	4 × 7 =	6 × 7 =
4 × 8 =	9 × 5 =	2 × 7 =
4 × 6 =	8 × 7 =	2 × 3 =
8 × 5 =	5 × 1 =	3 × 6 =
9 × 5 =	4 × 4 =	6 × 6 =
3 × 9 =	9 × 4 =	2 × 8 =
5 × 8 =	3 × 2 =	3 × 8 =
5 × 3 =	6 × 3 =	1 × 6 =
1 × 9 =	5 × 2 =	5 × 4 =
4 × 9 =	1 × 1 =	6 × 5 =
2 × 4 =	4 × 5 =	5 × 6 =
5 × 2 =	6 × 8 =	5 × 7 =
3 × 7 =	8 × 2 =	7 × 7 =
4 × 4 =	7 × 5 =	6 × 9 =
8 × 1 =	2 × 9 =	7 × 3 =

对的题数：_____   完成时间：_____分钟

评价建议：2分钟内全对——大师级；3分钟内全对——优秀；5分钟内全对——达标；超过5分钟完成——要加油。

1—8的乘法口算检测题三

5 × 9 =	3 × 4 =	3 × 2 =
0 × 8 =	7 × 5 =	7 × 7 =
2 × 7 =	4 × 7 =	8 × 8 =
9 × 3 =	5 × 6 =	8 × 5 =
7 × 1 =	8 × 2 =	6 × 4 =
7 × 2 =	2 × 8 =	4 × 1 =
8 × 6 =	3 × 5 =	9 × 6 =
2 × 2 =	5 × 2 =	5 × 3 =
4 × 6 =	2 × 9 =	6 × 5 =
2 × 6 =	8 × 3 =	6 × 7 =
4 × 9 =	0 × 5 =	4 × 8 =
7 × 9 =	8 × 4 =	4 × 5 =
7 × 6 =	8 × 7 =	3 × 7 =
6 × 3 =	6 × 6 =	3 × 3 =
2 × 3 =	9 × 5 =	3 × 6 =
3 × 8 =	4 × 4 =	5 × 7 =
5 × 8 =	9 × 3 =	7 × 8 =
3 × 9 =	6 × 8 =	8 × 9 =
4 × 3 =	5 × 4 =	5 × 1 =
5 × 5 =	6 × 2 =	7 × 4 =

对的题数：_____   完成时间：_____分钟

评价建议：2分钟内全对——大师级；3分钟内全对——优秀；5分钟内全对——达标；超过5分钟完成——要加油。

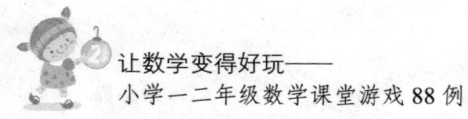

二、熟记所有乘法口诀（综合训练）

孩子已经能很熟练地背诵乘法口诀了，可是要对表内乘法计算达到脱口而出的水平，还是有一定的难度。孩子不想做枯燥的口算题，还是玩游戏吧！下面几个游戏可以帮助孩子熟记每一句乘法口诀，还可以检验熟练的程度。

游戏 41　啪嗒（★）

【游戏目的】

在扑克牌的"啪嗒"声中，熟记所有的乘法口诀，培养孩子的手脑协调能力和反应的灵敏性。

【游戏用具】

一副扑克牌中的 A—9，共 36 张牌（A 当作 1 使用）。

【游戏人数】

2 人。

【游戏规则】

（1）把扑克牌洗好，叠整齐，平均分成两摞，点数朝下放在桌面上，每人负责一摞的翻牌。学生 A 喊"准备"，两人各翻开一张牌，正面朝上，随着"啪嗒"一声同时放在桌面上，看到扑克牌后，马上抢先说乘法口诀。如翻到 5 和 7，就说"五七三十五"。速度快且答对者得到这两张牌；双方都说错时，把扑克牌放回去再玩；两人同时答对，一人分得一张牌。

（2）一盘结束后，得牌多者赢。重新洗牌，进行下一盘，三盘两胜，赢的在表 3.5 中打"√"。

表 3.5 "啪嗒"游戏记录表

　　　　年　　　月　　　日

学生姓名		
第一盘		
第二盘		
第三盘		
输　赢		

【使用及评价建议】

（1）这里取消了"主牌",适用于孩子们已经学完了1—9的所有乘法口诀后。

（2）课堂上教师可以大胆地放手让孩子们玩,孩子们会很专注、很投入。如果发现两个孩子的熟练程度差异较大,教师可及时为孩子调整玩伴或多鼓励。

（3）在家里,建议家长把游戏规则改为:家长翻牌,孩子迅速说出完整的乘法口诀,并记录一轮游戏所用的时间。遇到孩子想不起来时可作引导,如"二八"说不出来时,就引导孩子想:2个8相加是多少;再如"七八……"说不下去了,可让孩子想"7个8是5个8再加几个8",因为5的乘法口诀是最先学习的,比较熟练。引导孩子学会推理,而不是死记硬背。如果一轮需要指导的次数较多,就不要记录这一轮的时间了,可重玩一轮,让孩子始终都觉得自己很棒。

游戏 42　胜利大逃亡 (★)

【游戏目的】

让孩子在轻松、愉快的游戏中熟记所有的乘法口诀,激发孩子的兴趣,培养孩子合作交流的能力。

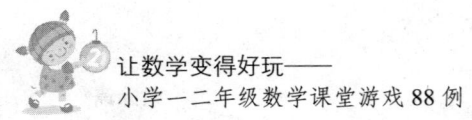

【游戏用具】

两副扑克牌中的 A—9 及大小王，共 76 张牌（A 当作 1 使用）。

【游戏人数】

4 人。

【游戏规则】

（1）确定"国王"。每人抽一张扑克牌，比点数，数大者为第一盘的国王。

（2）四人围坐在桌子的四周，从国王开始，轮流抓牌，抓完所有的扑克牌，把牌摆成扇形握在手中。

（3）国王拿出自己的任意两张牌，喊牌——边说乘法口诀，边出牌。按顺时针的顺序，下一位学生也有两张牌相乘的结果与国王的一样，就可以出牌（也称跟牌）。如国王出牌 3、4，说"三四十二"，其他同学的牌里有 2 和 6，那就跟牌说"二六十二"，出牌 2 和 6，还可以把所有乘积是 12 的都出掉（但只能是两张扑克牌的积才行）；没有牌可以出的，喊"过"。说错了不能出牌。直到没有人再出积是 12 的牌，这一轮喊牌结束，接着进行下一轮。

（4）第一轮最后一位出牌人是第二轮的喊牌人，如出牌 2、9，就喊"二九十八"，其他的学生接着跟牌。第三轮、第四轮等都依此进行，直到有一位学生只剩一张牌，这一盘游戏结束。

（5）最先剩一张牌者赢。玩三盘，轮流当国王，根据总成绩决定输赢。每一盘赢的在表 3.6 中打"√"，输的打"×"。

表 3.6 "胜利大逃亡"游戏记录表

_____年_____月_____日

学生姓名				
第一盘				
第二盘				
第三盘				
总　评				

【使用及评价建议】

（1）以往的游戏以得牌张数的多少来定输赢，这次则是出牌张数越多越好，剩下的牌的张数越少越好。孩子喜欢形式多样的游戏，这些改变可以提高他们玩的兴趣。

（2）游戏轻松快乐，没有压力，孩子们非常喜欢，建议多组织开展这样的游戏。

（3）游戏时，一定要强调说出完整的乘法口诀。

（4）在家里，2人、3人都可以玩，人数少可以用一副扑克牌。玩游戏既可以查看孩子的学习情况，也可以增进家长和孩子之间的情感交流，激发孩子的内在潜能。玩时家长可观察孩子出牌有没有技巧，是否能从中悟出道理等。

游戏43 飞得远（一）(★)

【游戏目的】

在游戏中进一步熟记所有的乘法口诀，初步感悟获胜的策略。

【游戏用具】

飞行棋棋盘、2架不同颜色的飞机；一副扑克牌A—9及大小王，共38张牌（A当作1使用，大、小王为万能牌）。

【游戏人数】

2人。

【游戏规则】

（1）把一副牌洗好，叠成一摞，点数朝下，放在桌面上。摆放好飞行棋棋盘，每人一架飞机，自行决定抓牌的先后顺序。

（2）学生A摸出两张牌，将两张牌的点数相乘，大声说出算式和得数，并根据得数的个位数字走棋，得数个位是几，就走几步；算错的不能走。如摸到4和8就大声说出"四八三十二"，得数个位上的数字是2，就走2步。如

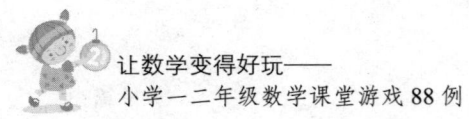

摸到 4 和大王,这时就要思考想走几步,如果棋盘中的棋子再走 6 步就可以飞子,那么把大王当作 4 或 9 都可以,说"四四十六"或"四九三十六"。

(3)轮流摸牌走子,先到达终点(HOME)者获胜。三盘两胜,将游戏结果记录在表 3.7 中。

表 3.7 "飞得远(一)"游戏记录表

_____年_____月_____日

学 生	第一盘	第二盘	第三盘	输 赢

【使用及评价建议】

(1)游戏能让孩子更熟练地运用乘法口诀,万能牌(大小王)增添了游戏的趣味性和策略性,使游戏更刺激,孩子更喜欢。

(2)建议在课堂上玩游戏时,教师对万能牌如何使用做好示范,使孩子的思维更活跃。

(3)在家里,家长和孩子一起玩,每天玩 2~3 盘,家长从中可以了解孩子熟记口诀的程度,也可以了解孩子有没有游戏策略。

游戏 44 转转转(★)

【游戏目的】

转盘的随机性能提高孩子对乘法口诀的熟记速度,增强了趣味性。

【游戏用具】

用不同颜色的硬纸板做一大一小两个圆,每个圆平均分成 9 个扇形,上面分别写上数字 1—9,订在一起成为同心圆的转盘(如图 3.2)。

乘除篇

图 3.2　转盘示意图

【游戏人数】

2 人。

【游戏规则】

（1）学生自行决定游戏顺序，轮流转动圆盘，转至大圆与小圆上数字对齐，大声说出九句乘法口诀。我转你说，你转我说，轮流进行。

（2）每次转动，说出 9 句口诀，说错的由另一学生补充，记录这一盘说对的数量。如学生 A 转，学生 B 说，学生 B 只说对 7 句口诀，学生 A 补充说对了 2 句，这一盘结果就记录为：A 记 2，B 记 7。

（3）三盘两胜，确定胜负，将每一盘游戏结果记录在表 3.8 中。

表 3.8　"转转转"游戏记录表

_____年_____月_____日

学生姓名	第一盘	第二盘	第三盘	胜负

【使用及评价建议】

（1）希望家长和孩子一起制作转盘，做得精致、漂亮一些。游戏时，尽量要求迅速，以用时最短为目的，这比传统的按顺序背口诀更有效。这样的

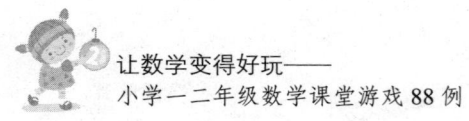

学习方式,大大提高了计算速度。如学生计算5×8,传统的背口诀方式,一般孩子都会想"一八得八、二八十六……五八四十",想五句口诀才能得到结果,而以这样的方式,孩子基本上能做到脱口而出。

(2)在家里,建议每天转5盘,并记录玩每一盘的时间。这种游戏比扑克牌游戏还节省时间,家长可根据时间的长短安排孩子每天玩什么样的游戏。每个孩子都希望有人关注他、欣赏他,父母鼓励的目光是他们不断进取的动力。

游戏 45　爬得快(★★)

【游戏目的】

在蛇棋游戏中,进一步熟记所有的乘法口诀,感受游戏中遭遇的挫折和戏剧性变化带来的刺激。

【游戏用具】

蛇棋棋盘、两颗不同颜色的棋子;一副扑克牌中的A—9、大小王,共38张牌(A当作1使用,大小王为万能牌)。

【游戏人数】

2人。

【游戏规则】

(1)把一副牌洗好,叠成一摞,点数朝下,放在桌面上。摆放好蛇棋棋盘,每人一颗棋子。自行决定抓牌的先后顺序。

(2)学生A翻两张牌,将两张牌的点数相乘,大声说出算式和得数,并根据得数的个位数字走棋,得数个位是几,就走几步;算错的不能走。如摸到5和9就大声说出"五九四十五",得数个位上的数字是5,就走5步;如果说错了就不能走。如摸到4和小王,就要认真思考,目前所在的位置走几步能从梯子的底部爬到顶部。假设棋子再走4步就可以到梯子的底部,那么就把小王当作6,说"四六二十四"。

如何逃过被蛇咬?假设棋盘中黄色棋子走9步就会遭蛇咬。在思考时不

要只追求个位数字最大，这时最好走8步，把小王当作7说"四七二十八"，就可逃脱被蛇咬的命运了！

（3）学生B摸牌、说口诀、走子。轮流交替进行，先到达终点（100）者获胜。三盘两胜确定胜负，并将每一盘游戏结果记录在表3.9中。

表3.9 "爬得快"游戏记录表

_____年_____月_____日

学生姓名		
第一盘		
第二盘		
第三盘		
输 赢		

【使用及评价建议】

（1）本游戏的设计在前面蛇棋游戏的基础上，重点考虑大小王的用法，有了大小王，游戏更有趣味、更具策略。

（2）当孩子玩到一定的水平时，建议老师或家长用本节所附的检测题做相应的检测，让孩子明白，数学可以在玩中学，在玩中学的效率会更高。

游戏46 智慧夺取（二）(★★)

【游戏目的】

进一步熟练1—9的乘法口诀，目标牌的设定为以后学习有余数的除法做好铺垫。

【游戏用具】

（1）两副扑克牌中的A—9，共72张牌（A当作1使用）。

（2）目标牌8张（自制，和扑克牌同样大小），在牌面上用彩笔写上阿拉

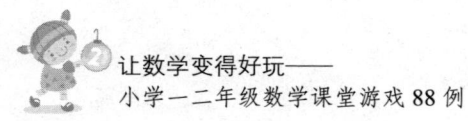

伯数字：10、20、30、40、50、60、70、80。

【游戏人数】

4人。

【游戏规则】

（1）确定目标牌。从8张目标牌中取一张作为目标牌。

（2）抽牌决定玩的顺序，点数最大的是"先手"。从先手开始，四人轮流抓牌，直至抓完这一副扑克牌。

（3）每位学生将自己的牌摆成扇形，一手握牌，不让别人看到点数，另一手打牌。每位学生将手中的两张扑克牌点数相乘，使乘积最接近目标牌，选定了就不得悔牌。四位学生都决定好后，先手喊"出牌"，学生同时说出自己的结果。如目标牌是50，某学生手里的牌有3、1、6、7、5、4、2、8、9、3、1、6、7、4、4、4、8、9，这位学生应该选"7"和"7"这两张牌，因为"七七四十九"，结果最接近50。

（4）四个得数对比，谁的结果最接近目标数谁就赢，赢者得到这一轮的8张牌。如果学生的乘积相同，则平分这一轮出的扑克牌。

（5）继续下一轮游戏，直到四人中有一人剩一张牌，这一盘结束，数数各自获得的牌的张数，多的获胜，将游戏结果记录在表3.10中。

（6）洗牌继续下一盘，下一盘的目标牌由赢家抽牌决定。三盘两胜，确定胜负。

表3.10 "智慧夺取（二）"游戏记录表

_____年_____月_____日

	主 牌	目标牌	学 生	学 生	学 生	学 生
第一盘						
第二盘						
第三盘						
总 分						

【使用及评价建议】

（1）本游戏是在智慧夺取（一）的基础上去掉主牌设计的，能让孩子更加灵活地运用所有的乘法口诀，难度比智慧夺取（一）大些，但很有趣，孩子很喜欢玩。

（2）在家里玩这个游戏的时候，家长可以关注孩子对表内口诀是否熟练，也可以发现孩子处理问题的能力如何。

游戏47 飞得远（二）(★★)

【游戏目的】

在飞行棋游戏中灵活运用乘法口诀，同时能根据游戏的需要，运用换牌规则达到游戏获胜的目的，可培养孩子思维的灵活性。

【游戏用具】

飞行棋棋盘、2架不同颜色的飞机；一副扑克牌A—9及大小王，共38张牌（A当作1使用，大小王为万能牌）。

【游戏人数】

2人。

【游戏规则】

（1）把一副牌洗好，叠成一摞，点数朝下，放在桌面上。摆放好飞行棋棋盘，自行决定抓牌的先后顺序。

（2）学生A翻两张牌，把这两张牌的点数相乘，得数个位上的数就是要走的步数。如果对计算结果不满意，可选择"换牌"，每人只能换一次牌。摸出第三张牌，换掉原来两张牌中的任意一张牌，得出一个新结果，按新的结果走棋。如学生摸到2、5，就大声说出"2×5＝10"，个位上是0，只能走0步，真倒霉！别灰心，你还有机会，再摸一张牌，如果摸到9，就换掉5，说"二九十八"，走8步；如果差5步就可以飞起来了，则应该换掉2，说"五九四十五"，走5步，你的运气真好！

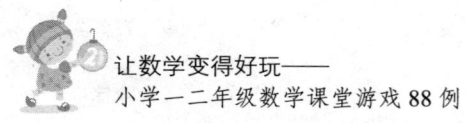

（3）换学生 B 翻牌、计算、走棋。两人交替进行。棋子先到达终点（HOME）者获胜，这一盘游戏结束。

（4）再进行下一盘，三盘两胜，并将每一盘游戏的结果记录在表 3.11 中。

表 3.11 "飞得远（二）"游戏记录表

_____年_____月_____日

学 生	第一盘	第二盘	第三盘	输 赢

【使用及评价建议】

（1）建议教师在课堂上让学生真正理解"换牌"的目的，教师可以先示范，然后请学生再示范，最后可以放手让学生游戏。

（2）在游戏中，家长能清楚地观察到孩子在换牌时的思维转换，可抓住恰当的机会，启发孩子运用最佳策略，走出自己理想的步数。

（3）对学生来说，这是充满机遇和挑战的游戏。在游戏中，"换牌"的规则可以使游戏局面柳暗花明又一村。

附:阶段性口算检测题(含评价建议)

表内乘法口算检测题一

5 × 7 =	9 × 8 =	6 × 2 =
6 × 4 =	3 × 5 =	8 × 7 =
9 × 3 =	3 × 1 =	3 × 4 =
9 × 4 =	8 × 2 =	2 × 6 =
2 × 7 =	7 × 7 =	2 × 8 =
9 × 9 =	4 × 8 =	3 × 7 =
7 × 7 =	6 × 8 =	5 × 6 =
6 × 3 =	5 × 3 =	2 × 4 =
4 × 4 =	6 × 7 =	3 × 2 =
4 × 5 =	4 × 9 =	9 × 2 =
5 × 8 =	4 × 3 =	5 × 5 =
6 × 9 =	9 × 6 =	2 × 9 =
6 × 6 =	8 × 6 =	7 × 3 =
4 × 7 =	8 × 5 =	5 × 5 =
9 × 7 =	7 × 6 =	5 × 2 =
8 × 4 =	6 × 1 =	5 × 4 =
7 × 2 =	8 × 9 =	4 × 2 =
9 × 5 =	7 × 5 =	8 × 3 =
7 × 4 =	7 × 9 =	6 × 5 =
8 × 8 =	4 × 6 =	0 × 9 =

对的题数:_____ 完成时间:_____分钟

评价建议:2分钟内全对——大师级;3分钟内全对——优秀;5分钟内全对——达标;超过5分钟完成——要加油。

表内乘法口算检测题二

4 × 4 =	2 × 4 =	2 × 6 =
2 × 6 =	1 × 5 =	4 × 9 =
4 × 3 =	8 × 9 =	6 × 3 =
2 × 7 =	9 × 3 =	4 × 2 =
4 × 6 =	5 × 2 =	6 × 5 =
6 × 6 =	3 × 8 =	5 × 3 =
3 × 7 =	3 × 5 =	9 × 4 =
5 × 9 =	7 × 5 =	7 × 9 =
7 × 6 =	6 × 7 =	2 × 4 =
7 × 6 =	4 × 4 =	7 × 4 =
5 × 4 =	8 × 7 =	9 × 8 =
7 × 3 =	9 × 4 =	5 × 5 =
8 × 6 =	8 × 6 =	6 × 2 =
8 × 5 =	9 × 6 =	3 × 9 =
2 × 3 =	6 × 9 =	2 × 8 =
7 × 8 =	3 × 6 =	4 × 7 =
4 × 8 =	9 × 2 =	2 × 3 =
4 × 5 =	9 × 5 =	5 × 3 =
2 × 9 =	5 × 8 =	6 × 4 =
7 × 2 =	6 × 8 =	5 × 7 =

对的题数：_____　　　完成时间：_____分钟

评价建议：2分钟内全对——大师级；3分钟内全对——优秀；5分钟内全对——达标；超过5分钟完成——要加油。

表内乘法口算检测题三

2 × 3 =	3 × 2 =	9 × 8 =
6 × 4 =	4 × 5 =	2 × 7 =
6 × 3 =	7 × 4 =	9 × 6 =
9 × 8 =	4 × 5 =	3 × 7 =
7 × 9 =	6 × 3 =	2 × 9 =
5 × 3 =	8 × 9 =	7 × 8 =
4 × 2 =	2 × 5 =	6 × 7 =
7 × 7 =	2 × 4 =	3 × 9 =
5 × 4 =	2 × 6 =	9 × 9 =
3 × 3 =	1 × 1 =	7 × 6 =
9 × 7 =	4 × 7 =	6 × 9 =
2 × 8 =	4 × 6 =	7 × 5 =
9 × 4 =	6 × 6 =	6 × 8 =
3 × 5 =		8 × 4 =
3 × 8 =	9 × 5 =	4 × 4 =
5 × 8 =	8 × 3 =	0 × 4 =
3 × 6 =	9 × 2 =	8 × 7 =
6 × 2 =	8 × 7 =	7 × 3 =
7 × 2 =	3 × 4 =	4 × 3 =
8 × 7 =	8 × 2 =	4 × 8 =

对的题数：_____   完成时间：_____ 分钟

评价建议：2分钟内全对——大师级；3分钟内全对——优秀；5分钟内全对——达标；超过5分钟完成——要加油。

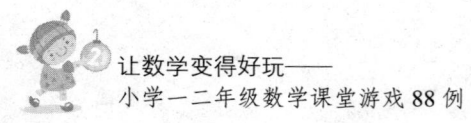

三、表内除法没有余数

学习了乘法后,很多小朋友都期待着学习除法呢。学习了乘法口诀,用乘法口诀来算除法就很容易了。这部分游戏就是用乘法口诀来算除法,玩过这些游戏后,相信你的思维更具灵活性、逻辑性啦!相信你已经迫不及待了吧!那么就跟我们一起来游戏吧!

游戏48 赢豆子（★）

【游戏目的】

熟练运用乘法口诀求商,体会游戏的趣味性。

【游戏用具】

（1）一副扑克牌中的 A—9,共 36 张牌（A 当作 1 使用）。

（2）大约 100 颗豆子。

【游戏人数】

2 人。

【游戏规则】

（1）洗牌,将牌叠成一摞,点数朝下放在桌面上,自行决定翻牌的先后顺序。

（2）学生 A 翻牌,学生 B 计算,轮换进行。每次翻出两张牌,组成一个两位数。看看这个两位数能平均分成几份,就得到几颗豆子。如翻到的牌为 5 和 A,那么组成两位数为 15,说 "15÷3 = 5" 或 "15÷5 = 3",就得到 5 颗豆子或 3 颗豆子。再比如翻到的牌为 3 和 A,那么组成两位数为 13 或 31,不能平均分成几份的,只能除以 "1",说 "13÷1 = 13" 或 "31÷1 = 31",只

能得到1颗豆子。

（3）扑克牌翻完，这一盘游戏结束。三盘两胜。数数每一盘每个人得到的豆子颗数，将结果记录在表3.12中。

表3.12 "赢豆子"游戏记录表

_____年_____月_____日

学生姓名				
第一盘				
第二盘				
第三盘				
总 评				

【使用及评价建议】

（1）这是训练表内除法的游戏，既要用扑克牌的点数组成被除数和除数，又要计算。刚开始学生计算速度会有点慢，这是正常的，经过两三天的训练，孩子的速度会快很多。课堂上除了安排学生分组玩以外，还可以进行对抗表演赛抢答。这种形式学生很感兴趣，慢的孩子会不服输，回家自己练，第二天再来挑战，这是游戏的一大亮点。

（2）回家后，家长翻牌，孩子计算，每天玩三盘，要求孩子大声说出完整的除法算式。

（3）为了吸引孩子，本游戏也可以用可食用的豆子做游戏用具。

游戏49 翻牌抢说（二）(★★)

【游戏目的】

让学生在有趣的游戏中熟练表内除法计算，提高计算速度。

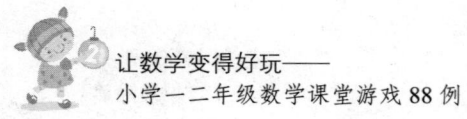

【游戏用具】

一副扑克牌中的 A—9，共 36 张牌（A 当作 1 使用）。

【游戏人数】

2 人。

【游戏规则】

（1）把扑克牌洗好，整齐地叠成一摞，点数朝下放在桌面上。自行决定游戏顺序。

（2）学生 A 一次翻开三张牌，两人各自选取两张牌组成一个两位数，除以第三张牌上的数，抢说算式。如翻到 4、9、7，抢说"49÷7＝7"，算得又对又快的获得这三张牌。

如果用乘法口诀算不了，再翻一张牌，重新组成一个两位数再算，直到能用乘法口诀算为止。如翻到 3、7、9，不能组成算式，再翻一张牌 2，就去掉 3，算"27÷9＝3"，把算式大声说出来；如翻到 2、2、7，不能组成算式，再翻一张牌 7，还是算不了，继续翻一张牌 3，就去掉 2、7，算"27÷3＝9"。没有用上的牌插回原来那摞牌中。

（3）在这个游戏中，除数不能为 1。如果翻到的牌有 A，如"A、2、7"，可以算"21÷7＝3"，不能算"27÷1＝27"。

（4）一副扑克牌用完，这一盘游戏结束。第二盘换学生 B 翻牌，游戏继续。三盘两胜，确定胜负，把每一盘得牌的张数记录在表 3.13 中。

表 3.13 "翻牌抢说（二）"游戏记录表

_____年_____月_____日

学　生	第一盘	第二盘	第三盘	输　赢

【使用及评价建议】

（1）这个游戏涉及的知识点是二年级数学的一大难点——逆用乘法口诀做除法计算。游戏可以在课堂上玩，明白游戏规则后，可以同桌两人玩，也可以多人随意组合。玩三四天后，可全班一起抢答，这时孩子们兴致盎然，谁都不服输。

（2）课后在家做计时训练，家长做裁判，翻牌、计时，刚开始的时候速度可以放慢点，家长可适当指导，一般需要一周左右的时间达到熟练程度。

（3）家庭计时游戏评价建议如下。

时间	出牌后马上作答	5秒内作答	6～10秒内作答	10秒后作答
评价	大师级	优秀	良好	待提高

游戏 50　钓鱼（★★）

【游戏目的】

进一步提高学生用乘法口诀求商的灵活性。

【游戏用具】

一副扑克牌中的A—9，共36张牌（A当作1使用）。

【游戏人数】

2人。

【游戏规则】

（1）学生商量决定出牌的顺序。学生A负责发牌，一人一张，交替进行，发完所有扑克牌。牌的点数朝上放在各自面前，能看到对方扑克牌的点数。

（2）学生A取出自己的两张或三张牌，组成除法算式，得数是几，就去钓对方的几。第一种方式取出两张牌，如2和8，就可去"钓"对方的4，说"钓4，8÷2＝4"，得到扑克牌4。这样2、8、4成了自己的鱼，放在一边，下一轮不能再用了。第二种方式取出三张牌，如1、2、3，就说"钓4，$12 \div 3 = 4$"或"钓7，$21 \div 3 = 7$"，得牌4或7。

（3）两人轮流交替进行，换学生B按上述规则钓对方的"鱼"。直到剩余的扑克牌无法组成除法算式，这一盘游戏结束。手中的牌多者获胜。三盘两胜，把每一盘游戏的结果记录在表3.14中。

表3.14 "钓鱼"游戏记录表

_____年_____月_____日

	学生1（　　）得牌张数	学生2（　　）得牌张数
第一盘		
第二盘		
第三盘		
总评		

【使用及评价建议】

（1）改变游戏规则可增加游戏的趣味性，更符合低年龄段孩子的特点。

（2）在家里玩这个游戏时，家长和孩子对决，可以增进亲子感情。在玩游戏的过程中，当孩子遇到困难时家长可以适当帮忙和指导。

（3）每天玩三盘，要求大声说出完整的除法算式，大约玩一周时间就可以达到熟练程度。

游戏51　智斗大蟒蛇（★★）

【游戏目的】

学会选择自己手中的牌来组成除法算式，并能根据棋局形势选择合适的算式，体会学数学的快乐及游戏的乐趣。

【游戏用具】

蛇棋棋盘、2颗不同颜色的棋子；扑克牌A—9及大小王，共38张牌（A当作1使用，10当作0使用）。

【游戏人数】

2人。

【游戏规则】

（1）把扑克牌洗好，整齐地叠成一摞，点数朝下放在桌面上，摆好蛇棋棋盘。

（2）学生A翻三张牌，用其中任意两张牌上的数组成一个两位数，再除以第三张牌的数，组成一个没有余数的除法算式，得数的个位上是几，就走几步。如翻到1、4、2，说"12÷4＝3"，个位是3，走3步。学生A走完棋子后，学生B翻开三张扑克牌，组数、计算、走棋。

（3）如果翻到的牌不能组成一个没有余数的除法算式，可以换牌。换牌时从一摞牌中再翻一张牌，用手中四张牌中的任意三张组成一个没有余数的除法算式。

（4）如果三个数字能组成一个没有余数的除法算式，而学生A没想出来，则A不能走。学生B会，则学生B根据自己组合的算式结果来走棋，也就是说学生B多了一次走棋的机会。

（5）先走到终点（HOME）的学生获胜，一盘游戏结束。洗牌再进行下一盘，三盘两胜，将每一盘的游戏结果记录在表3.15中。

表3.15 "智斗大蟒蛇"游戏记录表

_____年_____月_____日

学 生	第一盘	第二盘	第三盘	输 赢

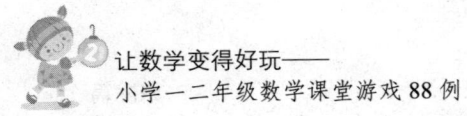

【使用及评价建议】

（1）此游戏经常会出现学生需要翻出 4 张牌的情况，有时能组成算式的情况有多种，教师或家长需要观察孩子，是否能够选择出适合自己棋局的算式。如果孩子不能恰当选择，教师或家长要给予适当的指导。当孩子学会选择算式的时候，其思维灵活性就得到了提升。

（2）此游戏也适用于飞行棋。聪明的孩子会有策略地玩，一般情况下要使得数尽量大，但遇到可飞子、爬梯子或遭蛇咬时，就要运用策略取胜了。

游戏 52　飞跃的棋子（★★）

【游戏目的】

理解游戏规则，灵活运用自己手中的牌组成除法算式，可培养思维的灵活性。

【游戏用具】

飞行棋棋盘、2 架不同颜色的飞机；扑克牌 A—10 及大小王，共 42 张牌（A 当作 1 使用，10 当作 0 使用）。

【游戏人数】

2 人。

【游戏规则】

（1）把扑克牌洗好，整齐地叠成一摞，点数朝下放在桌面上，摆好飞行棋棋盘。

（2）学生 A 翻两张牌，用这两张牌上的数字组成一个两位数，除以 2—9 其中一个数，大声说出算式，得数个位是几，就走几步。如翻到 3 和 5，可以说"35÷5＝7"，走 7 步；或者"35÷7＝5"，走 5 步。之后换学生 B 走棋。

（3）如果翻到的两张牌组成的两位数，不能被 2—9 其中任意一个数除尽，就用这个两位数除以 1，按照得数的个位数字走棋。如 23÷1＝23，走 3 步。

（4）如果翻出的牌组成的两位数可以除以 2—9 中的一个数，而学生说

不出算式,则不能走棋。如 3 和 5 可以组成 35,而学生说成 "35÷1 = 35" 或者 "53÷1 = 53",都不能走棋。

(5)先走到终点(HOME)的学生获胜,一盘游戏结束。洗牌再进行下一盘,三盘两胜,将每一盘游戏的结果记录在表 3.16 中。

表 3.16 "飞跃的棋子"游戏记录表

_____年_____月_____日

学　生	第一盘	第二盘	第三盘	输　赢

【使用及评价建议】

(1)如果孩子已经学习了乘法口诀,就可以玩此游戏,进一步练习表内除法计算。

(2)传统的训练方式是做乏味的口算题,而游戏让孩子在玩乐中运用乘法口诀求商。家长和孩子一起玩,能增进感情,且能了解孩子的熟练情况。当孩子遇阻时,要适时指导孩子,如翻到 4 和 2,孩子想不出来时,就要引导孩子:可组成什么数?(24 或 42)除以几?孩子玩多了,会越来越熟练,头脑也会更灵活。

(3)此游戏也适合于蛇棋。

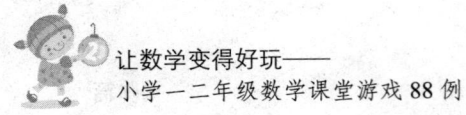

附：阶段性口算检测题（含评价建议）

1—5的除法口算检测题一

25 ÷ 5 =	40 ÷ 5 =	2 ÷ 2 =
18 ÷ 2 =	3 ÷ 1 =	12 ÷ 2 =
16 ÷ 4 =	24 ÷ 3 =	4 ÷ 4 =
3 ÷ 3 =	10 ÷ 5 =	0 ÷ 4 =
9 ÷ 1 =	6 ÷ 3 =	16 ÷ 2 =
18 ÷ 3 =	32 ÷ 4 =	8 ÷ 4 =
20 ÷ 4 =	24 ÷ 3 =	12 ÷ 3 =
18 ÷ 2 =	3 ÷ 3 =	6 ÷ 3 =
24 ÷ 4 =	20 ÷ 5 =	2 ÷ 1 =
15 ÷ 5 =	5 ÷ 1 =	16 ÷ 4 =
12 ÷ 3 =	1 ÷ 1 =	6 ÷ 2 =
10 ÷ 2 =	4 ÷ 4 =	18 ÷ 3 =
30 ÷ 5 =	36 ÷ 4 =	45 ÷ 5 =
28 ÷ 4 =	9 ÷ 3 =	30 ÷ 5 =
7 ÷ 7 =	0 ÷ 9 =	0 ÷ 1 =
20 ÷ 4 =	24 ÷ 3 =	7 ÷ 1 =
6 ÷ 1 =	8 ÷ 1 =	0 ÷ 3 =
21 ÷ 3 =	12 ÷ 4 =	24 ÷ 3 =
5 ÷ 5 =	35 ÷ 5 =	4 ÷ 2 =
14 ÷ 2 =	27 ÷ 3 =	0 ÷ 5 =

对的题数：_____   完成时间：_____分钟

评价建议：3分钟内全对——大师级；4分钟内全对——优秀；5分钟内全对——达标；超过5分钟完成——要加油。

1—5的除法口算检测题二

15 ÷ 3 =	40 ÷ 5 =	6 ÷ 3 =
18 ÷ 6 =	1 ÷ 1 =	24 ÷ 3 =
6 ÷ 2 =	45 ÷ 5 =	25 ÷ 5 =
15 ÷ 5 =	18 ÷ 3 =	5 ÷ 1 =
2 ÷ 1 =	36 ÷ 4 =	14 ÷ 2 =
10 ÷ 2 =	8 ÷ 1 =	36 ÷ 4 =
12 ÷ 4 =	10 ÷ 1 =	12 ÷ 3 =
6 ÷ 3 =	24 ÷ 3 =	35 ÷ 5 =
24 ÷ 4 =	25 ÷ 5 =	21 ÷ 3 =
20 ÷ 5 =	18 ÷ 2 =	16 ÷ 2 =
0 ÷ 3 =	9 ÷ 3 =	16 ÷ 4 =
18 ÷ 3 =	4 ÷ 2 =	8 ÷ 8 =
16 ÷ 4 =	32 ÷ 4 =	6 ÷ 1 =
4 ÷ 1 =	27 ÷ 3 =	12 ÷ 2 =
20 ÷ 4 =	3 ÷ 3 =	30 ÷ 5 =
0 ÷ 5 =	8 ÷ 2 =	2 ÷ 2 =
5 ÷ 5 =	7 ÷ 1 =	15 ÷ 3 =
12 ÷ 3 =	8 ÷ 4 =	3 ÷ 1 =
28 ÷ 4 =	9 ÷ 1 =	0 ÷ 1 =
16 ÷ 2 =	24 ÷ 4 =	10 ÷ 5 =

对的题数：_____   完成时间：_____分钟

评价建议：3分钟内全对——大师级；4分钟内全对——优秀；5分钟内全对——达标；超过5分钟完成——要加油。

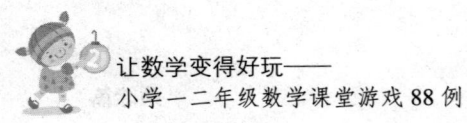

1—5的除法口算检测题三

21 ÷ 3 =		18 ÷ 3 =		12 ÷ 4 =
18 ÷ 2 =		35 ÷ 5 =		18 ÷ 3 =
5 ÷ 1 =		14 ÷ 2 =		8 ÷ 4 =
28 ÷ 4 =		5 ÷ 5 =		30 ÷ 5 =
4 ÷ 1 =		12 ÷ 2 =		0 ÷ 2 =
40 ÷ 5 =		20 ÷ 4 =		28 ÷ 4 =
12 ÷ 4 =		20 ÷ 5 =		14 ÷ 2 =
15 ÷ 3 =		3 ÷ 3 =		27 ÷ 3 =
4 ÷ 4 =		45 ÷ 5 =		9 ÷ 1 =
10 ÷ 5 =		36 ÷ 4 =		0 ÷ 5 =
0 ÷ 3 =		10 ÷ 10 =		10 ÷ 2 =
16 ÷ 2 =		16 ÷ 4 =		5 ÷ 5 =
10 ÷ 1 =		35 ÷ 5 =		3 ÷ 1 =
4 ÷ 2 =		18 ÷ 2 =		0 ÷ 4 =
16 ÷ 4 =		9 ÷ 3 =		15 ÷ 5 =
8 ÷ 1 =		6 ÷ 2 =		16 ÷ 2 =
25 ÷ 5 =		12 ÷ 3 =		24 ÷ 3 =
6 ÷ 3 =		6 ÷ 4 =		2 ÷ 1 =
2 ÷ 2 =		32 ÷ 4 =		8 ÷ 2 =
7 ÷ 1 =		8 ÷ 1 =		12 ÷ 3 =

对的题数：_____   完成时间：_____分钟

评价建议：3分钟内全对——大师级；4分钟内全对——优秀；5分钟内全对——达标；超过5分钟完成——要加油。

1—6的除法口算检测题一

8 ÷ 2 =	0 ÷ 5 =	18 ÷ 3 =
30 ÷ 6 =	4 ÷ 2 =	2 ÷ 1 =
36 ÷ 4 =	18 ÷ 3 =	2 ÷ 2 =
4 ÷ 1 =	24 ÷ 4 =	8 ÷ 4 =
20 ÷ 4 =	5 ÷ 1 =	30 ÷ 5 =
25 ÷ 5 =	42 ÷ 6 =	21 ÷ 3 =
12 ÷ 4 =	20 ÷ 4 =	24 ÷ 6 =
54 ÷ 6 =	6 ÷ 3 =	10 ÷ 5 =
24 ÷ 4 =	45 ÷ 5 =	0 ÷ 6 =
15 ÷ 5 =	48 ÷ 6 =	20 ÷ 5 =
1 ÷ 1 =	27 ÷ 3 =	12 ÷ 4 =
32 ÷ 4 =	40 ÷ 5 =	5 ÷ 5 =
6 ÷ 6 =	16 ÷ 2 =	10 ÷ 2 =
12 ÷ 3 =	6 ÷ 2 =	42 ÷ 6 =
28 ÷ 4 =	24 ÷ 3 =	35 ÷ 5 =
36 ÷ 6 =	8 ÷ 1 =	14 ÷ 2 =
6 ÷ 2 =	25 ÷ 5 =	18 ÷ 2 =
3 ÷ 3 =	16 ÷ 4 =	9 ÷ 3 =
12 ÷ 6 =	18 ÷ 6 =	28 ÷ 4 =
9 ÷ 1 =	10 ÷ 5 =	24 ÷ 6 =

对的题数：_____ 　　　完成时间：_____分钟

评价建议：3分钟内全对——大师级；4分钟内全对——优秀；5分钟内全对——达标；超过5分钟完成——要加油。

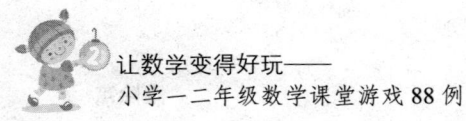

1—6的除法口算检测题二

45 ÷ 5 =	48 ÷ 6 =	42 ÷ 6 =
24 ÷ 6 =	36 ÷ 6 =	12 ÷ 6 =
3 ÷ 3 =	42 ÷ 6 =	10 ÷ 5 =
32 ÷ 4 =	24 ÷ 4 =	2 ÷ 1 =
40 ÷ 5 =	3 ÷ 1 =	35 ÷ 5 =
16 ÷ 2 =	18 ÷ 6 =	15 ÷ 3 =
16 ÷ 4 =	4 ÷ 2 =	18 ÷ 2 =
5 ÷ 1 =	27 ÷ 3 =	7 ÷ 1 =
0 ÷ 4 =	15 ÷ 5 =	6 ÷ 2 =
20 ÷ 5 =	30 ÷ 5 =	0 ÷ 6 =
11 ÷ 11 =	7 ÷ 7 =	8 ÷ 4 =
12 ÷ 2 =	0 ÷ 8 =	0 ÷ 9 =
30 ÷ 6 =	21 ÷ 3 =	28 ÷ 4 =
15 ÷ 3 =	54 ÷ 6 =	16 ÷ 2 =
24 ÷ 4 =	27 ÷ 3 =	36 ÷ 6 =
6 ÷ 6 =	25 ÷ 5 =	18 ÷ 6 =
10 ÷ 2 =	8 ÷ 2 =	14 ÷ 2 =
18 ÷ 3 =	20 ÷ 4 =	3 ÷ 1 =
9 ÷ 3 =	36 ÷ 4 =	0 ÷ 5 =
12 ÷ 4 =	5 ÷ 5 =	6 ÷ 1 =

对的题数：_____   完成时间：_____分钟

评价建议：3分钟内全对——大师级；4分钟内全对——优秀；5分钟内全对——达标；超过5分钟完成——要加油。

1—6的除法口算检测题三

24 ÷ 4 =	40 ÷ 5 =	16 ÷ 4 =
12 ÷ 6 =	9 ÷ 3 =	24 ÷ 6 =
42 ÷ 6 =	36 ÷ 4 =	4 ÷ 4 =
10 ÷ 5 =	18 ÷ 2 =	6 ÷ 3 =
27 ÷ 3 =	14 ÷ 2 =	10 ÷ 2 =
20 ÷ 4 =	0 ÷ 6 =	15 ÷ 5 =
12 ÷ 4 =	18 ÷ 3 =	4 ÷ 2 =
21 ÷ 3 =	3 ÷ 3 =	5 ÷ 1 =
8 ÷ 4 =	25 ÷ 5 =	0 ÷ 2 =
30 ÷ 5 =	35 ÷ 5 =	36 ÷ 6 =
12 ÷ 2 =	15 ÷ 3 =	18 ÷ 2 =
15 ÷ 5 =	8 ÷ 1 =	20 ÷ 5 =
30 ÷ 6 =	14 ÷ 2 =	32 ÷ 4 =
12 ÷ 3 =	0 ÷ 1 =	2 ÷ 1 =
20 ÷ 4 =	9 ÷ 3 =	54 ÷ 6 =
6 ÷ 6 =	16 ÷ 2 =	16 ÷ 2 =
6 ÷ 2 =	0 ÷ 4 =	0 ÷ 3 =
24 ÷ 3 =	8 ÷ 4 =	48 ÷ 6 =
24 ÷ 6 =	18 ÷ 6 =	18 ÷ 3 =
28 ÷ 4 =	8 ÷ 2 =	5 ÷ 5 =

对的题数：_____   完成时间：_____分钟

评价建议：3分钟内全对——大师级；4分钟内全对——优秀；5分钟内全对——达标；超过5分钟完成——要加油。

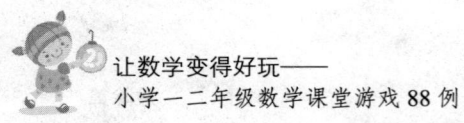

1—7的除法口算检测题一

35 ÷ 5 =	7 ÷ 7 =	27 ÷ 3 =
12 ÷ 6 =	54 ÷ 6 =	36 ÷ 6 =
12 ÷ 4 =	21 ÷ 7 =	24 ÷ 4 =
48 ÷ 6 =	14 ÷ 2 =	35 ÷ 7 =
30 ÷ 5 =	25 ÷ 5 =	10 ÷ 10 =
24 ÷ 6 =	18 ÷ 6 =	18 ÷ 2 =
20 ÷ 4 =	0 ÷ 2 =	42 ÷ 7 =
56 ÷ 7 =	15 ÷ 3 =	0 ÷ 5 =
32 ÷ 4 =	15 ÷ 5 =	20 ÷ 4 =
45 ÷ 5 =	27 ÷ 3 =	28 ÷ 7 =
8 ÷ 4 =	12 ÷ 2 =	7 ÷ 1 =
40 ÷ 5 =	4 ÷ 1 =	49 ÷ 7 =
36 ÷ 6 =	20 ÷ 5 =	14 ÷ 2 =
12 ÷ 3 =	8 ÷ 2 =	12 ÷ 4 =
16 ÷ 4 =	21 ÷ 3 =	0 ÷ 6 =
30 ÷ 6 =	6 ÷ 6 =	54 ÷ 6 =
63 ÷ 7 =	6 ÷ 2 =	9 ÷ 3 =
18 ÷ 3 =	28 ÷ 4 =	14 ÷ 7 =
42 ÷ 6 =	6 ÷ 3 =	10 ÷ 1 =
8 ÷ 2 =	10 ÷ 5 =	10 ÷ 2 =

对的题数：_____   完成时间：_____分钟

评价建议：3分钟内全对——大师级；4分钟内全对——优秀；5分钟内全对——达标；超过5分钟完成——要加油。

1—7的除法口算检测题二

18 ÷ 2 =	8 ÷ 1 =	32 ÷ 4 =
6 ÷ 6 =	40 ÷ 5 =	18 ÷ 6 =
36 ÷ 4 =	0 ÷ 7 =	40 ÷ 5 =
12 ÷ 3 =	63 ÷ 7 =	8 ÷ 2 =
21 ÷ 3 =	24 ÷ 6 =	13 ÷ 1 =
14 ÷ 7 =	12 ÷ 6 =	16 ÷ 2 =
12 ÷ 4 =	24 ÷ 3 =	16 ÷ 4 =
20 ÷ 5 =	0 ÷ 3 =	0 ÷ 20 =
28 ÷ 4 =	25 ÷ 5 =	42 ÷ 6 =
15 ÷ 5 =	16 ÷ 2 =	54 ÷ 6 =
10 ÷ 2 =	27 ÷ 3 =	12 ÷ 1 =
36 ÷ 6 =	8 ÷ 8 =	49 ÷ 7 =
30 ÷ 5 =	56 ÷ 7 =	45 ÷ 5 =
4 ÷ 4 =	28 ÷ 7 =	20 ÷ 4 =
20 ÷ 4 =	9 ÷ 3 =	48 ÷ 6 =
30 ÷ 6 =	14 ÷ 2 =	30 ÷ 6 =
42 ÷ 7 =	0 ÷ 7 =	18 ÷ 3 =
15 ÷ 3 =	36 ÷ 4 =	36 ÷ 6 =
10 ÷ 5 =	12 ÷ 2 =	24 ÷ 4 =
21 ÷ 7 =	8 ÷ 4 =	42 ÷ 6 =

对的题数：_____   完成时间：_____分钟

评价建议：3分钟内全对——大师级；4分钟内全对——优秀；5分钟内全对——达标；超过5分钟完成——要加油。

1—7的除法口算检测题三

25 ÷ 5 =	16 ÷ 4 =	21 ÷ 3 =
0 ÷ 6 =	49 ÷ 7 =	54 ÷ 6 =
28 ÷ 4 =	14 ÷ 7 =	21 ÷ 7 =
20 ÷ 4 =	36 ÷ 6 =	42 ÷ 7 =
24 ÷ 3 =	16 ÷ 2 =	30 ÷ 5 =
28 ÷ 7 =	18 ÷ 6 =	20 ÷ 20 =
24 ÷ 4 =	20 ÷ 5 =	6 ÷ 3 =
24 ÷ 6 =	0 ÷ 3 =	24 ÷ 3 =
8 ÷ 4 =	45 ÷ 5 =	14 ÷ 2 =
15 ÷ 5 =	0 ÷ 7 =	30 ÷ 6 =
0 ÷ 3 =	35 ÷ 7 =	40 ÷ 5 =
27 ÷ 3 =	35 ÷ 5 =	63 ÷ 7 =
12 ÷ 6 =	10 ÷ 5 =	12 ÷ 3 =
4 ÷ 4 =	12 ÷ 2 =	20 ÷ 4 =
12 ÷ 4 =	24 ÷ 3 =	42 ÷ 6 =
42 ÷ 6 =	8 ÷ 2 =	18 ÷ 3 =
56 ÷ 7 =	0 ÷ 8 =	12 ÷ 12 =
9 ÷ 3 =	32 ÷ 4 =	0 ÷ 4 =
36 ÷ 4 =	10 ÷ 2 =	18 ÷ 2 =
8 ÷ 2 =	6 ÷ 6 =	15 ÷ 3 =

对的题数：_____   完成时间：_____分钟

评价建议：3分钟内全对——大师级；4分钟内全对——优秀；5分钟内全对——达标；超过5分钟完成——要加油。

乘除篇

1—8的除法口算检测题一

40 ÷ 5 =	40 ÷ 8 =	8 ÷ 8 =
48 ÷ 6 =	24 ÷ 8 =	16 ÷ 2 =
32 ÷ 4 =	21 ÷ 3 =	14 ÷ 7 =
12 ÷ 2 =	63 ÷ 7 =	56 ÷ 8 =
20 ÷ 5 =	35 ÷ 7 =	18 ÷ 6 =
16 ÷ 8 =	24 ÷ 6 =	35 ÷ 5 =
6 ÷ 2 =	21 ÷ 7 =	0 ÷ 8 =
42 ÷ 6 =	9 ÷ 3 =	45 ÷ 5 =
0 ÷ 4 =	25 ÷ 5 =	54 ÷ 6 =
30 ÷ 5 =	8 ÷ 4 =	0 ÷ 6 =
6 ÷ 3 =	27 ÷ 3 =	36 ÷ 6 =
10 ÷ 2 =	32 ÷ 8 =	49 ÷ 7 =
30 ÷ 6 =	42 ÷ 7 =	12 ÷ 6 =
16 ÷ 4 =	28 ÷ 4 =	12 ÷ 3 =
36 ÷ 4 =	18 ÷ 3 =	6 ÷ 6 =
48 ÷ 6 =	18 ÷ 2 =	14 ÷ 2 =
0 ÷ 7 =	64 ÷ 8 =	24 ÷ 3 =
18 ÷ 3 =	12 ÷ 4 =	28 ÷ 7 =
24 ÷ 4 =	56 ÷ 7 =	8 ÷ 2 =
72 ÷ 8 =	20 ÷ 5 =	15 ÷ 3 =

对的题数：_____   完成时间：_____分钟

评价建议：3分钟内全对——大师级；4分钟内全对——优秀；5分钟内全对——达标；超过5分钟完成——要加油。

1—8的除法口算检测题二

42 ÷ 7 =	40 ÷ 8 =	36 ÷ 6 =
16 ÷ 2 =	14 ÷ 2 =	35 ÷ 5 =
20 ÷ 4 =	14 ÷ 7 =	24 ÷ 6 =
30 ÷ 5 =	25 ÷ 5 =	21 ÷ 3 =
32 ÷ 8 =	18 ÷ 3 =	12 ÷ 2 =
56 ÷ 8 =	28 ÷ 7 =	15 ÷ 5 =
24 ÷ 4 =	12 ÷ 6 =	40 ÷ 5 =
12 ÷ 3 =	15 ÷ 3 =	24 ÷ 3 =
18 ÷ 2 =	10 ÷ 5 =	20 ÷ 5 =
45 ÷ 5 =	24 ÷ 8 =	18 ÷ 6 =
0 ÷ 4 =	28 ÷ 7 =	36 ÷ 4 =
35 ÷ 7 =	16 ÷ 8 =	48 ÷ 8 =
48 ÷ 6 =	32 ÷ 4 =	63 ÷ 7 =
10 ÷ 2 =	56 ÷ 7 =	49 ÷ 7 =
16 ÷ 4 =	21 ÷ 7 =	42 ÷ 6 =
54 ÷ 6 =	54 ÷ 6 =	12 ÷ 3 =
12 ÷ 2 =	72 ÷ 8 =	0 ÷ 3 =
9 ÷ 3 =	20 ÷ 4 =	3 ÷ 1 =
42 ÷ 6 =	18 ÷ 3 =	64 ÷ 8 =
28 ÷ 4 =	12 ÷ 4 =	8 ÷ 2 =

对的题数：_____   完成时间：_____分钟

评价建议：3分钟内全对——大师级；4分钟内全对——优秀；5分钟内全对——达标；超过5分钟完成——要加油。

1—8的除法口算检测题三

63 ÷ 7 =	16 ÷ 8 =	24 ÷ 4 =
16 ÷ 1 =	40 ÷ 8 =	21 ÷ 3 =
12 ÷ 4 =	42 ÷ 7 =	24 ÷ 6 =
56 ÷ 7 =	10 ÷ 2 =	32 ÷ 8 =
27 ÷ 3 =	36 ÷ 4 =	0 ÷ 13 =
56 ÷ 8 =	42 ÷ 6 =	12 ÷ 3 =
18 ÷ 2 =	28 ÷ 4 =	24 ÷ 3 =
49 ÷ 7 =	9 ÷ 3 =	30 ÷ 6 =
14 ÷ 2 =	25 ÷ 5 =	48 ÷ 6 =
45 ÷ 5 =	40 ÷ 5 =	21 ÷ 7 =
15 ÷ 5 =	18 ÷ 3 =	12 ÷ 2 =
72 ÷ 8 =	24 ÷ 8 =	48 ÷ 8 =
18 ÷ 6 =	20 ÷ 4 =	35 ÷ 5 =
4 ÷ 2 =	10 ÷ 2 =	20 ÷ 5 =
30 ÷ 5 =	21 ÷ 3 =	12 ÷ 6 =
12 ÷ 6 =	35 ÷ 7 =	8 ÷ 2 =
7 ÷ 7 =	64 ÷ 8 =	15 ÷ 3 =
10 ÷ 10 =	8 ÷ 4 =	36 ÷ 6 =
14 ÷ 7 =	32 ÷ 4 =	16 ÷ 4 =
10 ÷ 5 =	8 ÷ 8 =	28 ÷ 7 =

对的题数：_____   完成时间：_____分钟

评价建议：3分钟内全对——大师级；4分钟内全对——优秀；5分钟内全对——达标；超过5分钟完成——要加油。

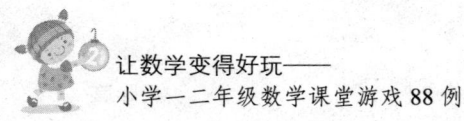

表内除法口算检测题一

20 ÷ 4 =	14 ÷ 7 =	27 ÷ 9 =
18 ÷ 2 =	45 ÷ 9 =	64 ÷ 8 =
25 ÷ 5 =	56 ÷ 8 =	30 ÷ 5 =
16 ÷ 8 =	18 ÷ 6 =	42 ÷ 6 =
36 ÷ 4 =	81 ÷ 9 =	35 ÷ 5 =
24 ÷ 4 =	24 ÷ 3 =	12 ÷ 4 =
21 ÷ 7 =	40 ÷ 5 =	42 ÷ 7 =
12 ÷ 2 =	7 ÷ 7 =	12 ÷ 6 =
54 ÷ 6 =	21 ÷ 3 =	20 ÷ 5 =
16 ÷ 4 =	32 ÷ 8 =	54 ÷ 9 =
32 ÷ 4 =	28 ÷ 7 =	48 ÷ 6 =
18 ÷ 9 =	72 ÷ 9 =	0 ÷ 5 =
16 ÷ 2 =	27 ÷ 3 =	12 ÷ 6 =
10 ÷ 5 =	45 ÷ 5 =	30 ÷ 6 =
49 ÷ 7 =	48 ÷ 8 =	56 ÷ 7 =
36 ÷ 6 =	63 ÷ 7 =	24 ÷ 8 =
40 ÷ 8 =	28 ÷ 4 =	15 ÷ 3 =
12 ÷ 3 =	8 ÷ 8 =	14 ÷ 2 =
30 ÷ 6 =	18 ÷ 3 =	36 ÷ 9 =
63 ÷ 9 =	9 ÷ 9 =	24 ÷ 6 =

对的题数：_____   完成时间：_____分钟

评价建议：3分钟内全对——大师级；4分钟内全对——优秀；5分钟内全对——达标；超过5分钟完成——要加油。

表内除法口算检测题二

36 ÷ 4 =	21 ÷ 7 =	4 ÷ 4 =
8 ÷ 2 =	45 ÷ 5 =	42 ÷ 7 =
54 ÷ 6 =	12 ÷ 2 =	24 ÷ 8 =
40 ÷ 8 =	6 ÷ 6 =	49 ÷ 7 =
16 ÷ 4 =	27 ÷ 9 =	14 ÷ 2 =
24 ÷ 4 =	12 ÷ 3 =	20 ÷ 5 =
18 ÷ 9 =	45 ÷ 5 =	30 ÷ 6 =
30 ÷ 5 =	28 ÷ 4 =	18 ÷ 2 =
36 ÷ 6 =	24 ÷ 3 =	56 ÷ 7 =
25 ÷ 5 =	16 ÷ 8 =	54 ÷ 9 =
42 ÷ 6 =	28 ÷ 7 =	56 ÷ 8 =
45 ÷ 9 =	72 ÷ 9 =	20 ÷ 4 =
12 ÷ 4 =	21 ÷ 3 =	12 ÷ 6 =
24 ÷ 6 =	48 ÷ 6 =	35 ÷ 5 =
63 ÷ 9 =	72 ÷ 8 =	15 ÷ 3 =
27 ÷ 3 =	32 ÷ 4 =	3 ÷ 3 =
18 ÷ 6 =	32 ÷ 8 =	64 ÷ 8 =
48 ÷ 8 =	81 ÷ 9 =	63 ÷ 7 =
35 ÷ 7 =	18 ÷ 3 =	36 ÷ 9 =
10 ÷ 2 =	0 ÷ 7 =	14 ÷ 7 =

对的题数：_____　　　完成时间：_____分钟

评价建议：3分钟内全对——大师级；4分钟内全对——优秀；5分钟内全对——达标；超过5分钟完成——要加油。

表内除法口算检测题三

32 ÷ 4 =	28 ÷ 7 =	0 ÷ 3 =
49 ÷ 7 =	63 ÷ 9 =	36 ÷ 9 =
14 ÷ 2 =	21 ÷ 7 =	9 ÷ 9 =
48 ÷ 8 =	30 ÷ 6 =	20 ÷ 5 =
12 ÷ 4 =	12 ÷ 2 =	42 ÷ 7 =
15 ÷ 3 =	12 ÷ 3 =	20 ÷ 4 =
16 ÷ 8 =	25 ÷ 5 =	64 ÷ 8 =
45 ÷ 5 =	18 ÷ 2 =	20 ÷ 20 =
18 ÷ 9 =	21 ÷ 3 =	16 ÷ 2 =
16 ÷ 4 =	40 ÷ 8 =	54 ÷ 9 =
12 ÷ 6 =	36 ÷ 4 =	45 ÷ 9 =
27 ÷ 3 =	56 ÷ 8 =	72 ÷ 9 =
32 ÷ 4 =	56 ÷ 7 =	24 ÷ 6 =
48 ÷ 6 =	42 ÷ 6 =	24 ÷ 4 =
35 ÷ 7 =	24 ÷ 8 =	9 ÷ 3 =
18 ÷ 3 =	8 ÷ 4 =	72 ÷ 8 =
63 ÷ 7 =	36 ÷ 6 =	30 ÷ 5 =
40 ÷ 5 =	0 ÷ 9 =	54 ÷ 9 =
10 ÷ 2 =	24 ÷ 3 =	15 ÷ 5 =
32 ÷ 8 =	81 ÷ 9 =	14 ÷ 7 =

对的题数：_____   完成时间：_____分钟

评价建议：3分钟内全对——大师级；4分钟内全对——优秀；5分钟内全对——达标；超过5分钟完成——要加油。

表内除法口算检测题（四）

4 ÷ 2 =	48 ÷ 6 =	16 ÷ 2 =
32 ÷ 4 =	8 ÷ 4 =	49 ÷ 7 =
72 ÷ 8 =	54 ÷ 9 =	64 ÷ 8 =
12 ÷ 4 =	15 ÷ 5 =	18 ÷ 9 =
56 ÷ 7 =	6 ÷ 2 =	54 ÷ 6 =
27 ÷ 9 =	12 ÷ 3 =	21 ÷ 3 =
35 ÷ 5 =	24 ÷ 8 =	35 ÷ 7 =
18 ÷ 6 =	81 ÷ 9 =	16 ÷ 4 =
32 ÷ 8 =	63 ÷ 7 =	42 ÷ 6 =
9 ÷ 9 =	27 ÷ 3 =	30 ÷ 5 =
30 ÷ 6 =	56 ÷ 8 =	36 ÷ 9 =
21 ÷ 7 =	10 ÷ 5 =	18 ÷ 3 =
24 ÷ 3 =	20 ÷ 4 =	25 ÷ 5 =
42 ÷ 7 =	72 ÷ 9 =	48 ÷ 8 =
12 ÷ 2 =	24 ÷ 6 =	28 ÷ 7 =
45 ÷ 5 =	15 ÷ 3 =	63 ÷ 9 =
45 ÷ 9 =	36 ÷ 6 =	28 ÷ 4 =
20 ÷ 5 =	14 ÷ 7 =	12 ÷ 6 =
16 ÷ 8 =	24 ÷ 4 =	36 ÷ 4 =
9 ÷ 3 =	40 ÷ 8 =	40 ÷ 5 =

对的题数：_____   完成时间：_____分钟

评价建议：3分钟内全对——大师级；4分钟内全对——优秀；5分钟内全对——达标；超过5分钟完成——要加油。

表内除法口算检测题五

48 ÷ 8 =	30 ÷ 6 =	20 ÷ 4 =
8 ÷ 4 =	28 ÷ 7 =	54 ÷ 9 =
42 ÷ 7 =	9 ÷ 3 =	24 ÷ 3 =
24 ÷ 4 =	40 ÷ 5 =	32 ÷ 8 =
15 ÷ 5 =	21 ÷ 3 =	24 ÷ 6 =
32 ÷ 4 =	63 ÷ 9 =	30 ÷ 5 =
36 ÷ 6 =	56 ÷ 8 =	36 ÷ 9 =
18 ÷ 9 =	36 ÷ 4 =	72 ÷ 8 =
15 ÷ 3 =	14 ÷ 2 =	16 ÷ 2 =
16 ÷ 4 =	12 ÷ 3 =	42 ÷ 6 =
18 ÷ 6 =	63 ÷ 7 =	35 ÷ 5 =
21 ÷ 7 =	16 ÷ 8 =	6 ÷ 3 =
45 ÷ 9 =	12 ÷ 4 =	10 ÷ 5 =
10 ÷ 2 =	35 ÷ 7 =	49 ÷ 7 =
48 ÷ 6 =	27 ÷ 9 =	81 ÷ 9 =
7 ÷ 7 =	18 ÷ 3 =	12 ÷ 6 =
45 ÷ 5 =	72 ÷ 9 =	28 ÷ 4 =
64 ÷ 8 =	14 ÷ 7 =	27 ÷ 3 =
54 ÷ 6 =	24 ÷ 8 =	40 ÷ 8 =
25 ÷ 5 =	20 ÷ 5 =	56 ÷ 7 =

对的题数：_____ 完成时间：_____分钟

评价建议：3分钟内全对——大师级；4分钟内全对——优秀；5分钟内全对——达标；超过5分钟完成——要加油。

四、有余数的除法

"今有一物不知其数，三三数之剩二，五五数之剩三，七七数之剩二，问物几何？"这是出现在南北朝时期数学著作《孙子算经》中的"物不知数"的题目。

明代珠算家程大位用四句诗概括这类问题的解决："三人同行七十稀，五树梅花二十一枝，七子团圆正半月，去百零五便得知。"这首诗就成了解答此类问题的金钥匙，它被称为中国剩余定理或孙子定理，是我国古代数学的一项辉煌成果。

按照今天的话来说，问题就是："一个数除以3余2，除以5余3，除以7余2，求这个数。"用除以3的余数乘70，除以5的余数乘以21，除以7的余数乘以15，三者相加，如果得数大于105就连续减去105，直到得数小于105的为答案；如果得数小于105即为答案，答案为"23"。

学生一开始可能不理解，学好下面这一部分，就能明白其中的奥妙。

游戏53 抢扑克牌（★）

【游戏目的】

让孩子在紧张、快乐的气氛中练习"商是一位数的有余数的除法"的计算。

【游戏用具】

一副扑克牌中的A—9，共36张牌（A当作1使用）。

【游戏人数】

2人。

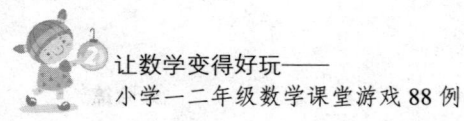

【游戏规则】

（1）学生 A 洗牌，将牌叠成一摞，点数朝下，摆在桌面上。学生 A 负责这一盘的翻牌。

（2）每次翻开三张牌，点数朝上。按"组成一个最小的两位数除以另一个数，用表内乘法口诀来计算"的规则，双方抢说。如翻到 2、5、7，就大声抢说："$25÷7=3$，余 4。"算得又对又快的得牌；同时答对，都不得牌。直到这副扑克牌用完，数数得牌张数，得牌多者获胜。

（3）轮换翻牌，三盘两胜，将每盘的游戏结果记录在表 3.17 中。

表 3.17 "抢扑克牌"游戏记录表

_____年_____月_____日

学　生	第一盘	第二盘	第三盘	输　赢

【使用及评价建议】

（1）二年级学习商是一位数的除法，商是两位数的除法是三年级学习的内容。我们强调在游戏规则中，被除数是从三个数中选取两个数组成的最小两位数，以保证商是一位数。

（2）在课堂上，孩子们明白游戏规则后，可以同桌两人玩，也可以全班一起抢答。

（3）在家里玩这个游戏，有水平相当的两个孩子就可以采用以上规则。在没有同伴的情况下，建议采用计时训练，即家长翻牌，孩子快速计算，家长记录一盘游戏用了多长时间。

游戏 54 长尾巴爬得快（★）

【游戏目的】

通过玩蛇棋游戏，使孩子能够灵活、快速地计算有余数的除法。

【游戏用具】

蛇棋棋盘、2颗不同颜色的棋子；扑克牌A—10及大小王，共42张牌（A当作1使用，10当作0使用）。

【游戏人数】

2人。

【游戏规则】

（1）把扑克牌洗好，整齐地叠成一摞，点数朝下放在桌面上，摆好蛇棋棋盘。

（2）自己翻牌自己计算。学生A翻三张牌，用这三张牌上的三个数字组成一个两位数除以一位数的有余数的除法算式。算出得数，余数是几，就走几步；没有余数，不能走棋。如翻到3、5、10，算"30÷5＝6"，没有余数不可以走棋。

（3）换学生B翻牌，说算式、计算、走棋。先走到终点（100）的学生获胜，一盘游戏结束。洗牌再进行下一盘，三盘两胜，将每一盘的游戏结果记录在表3.18中。

表3.18 "长尾巴爬得快"游戏记录表

_____年_____月_____日

学 生	第一盘	第二盘	第三盘	输 赢

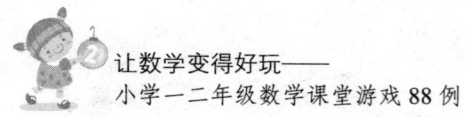

【使用及评价建议】

（1）此游戏翻三张牌组成有余数的除法算式，可以让孩子更熟练地运用乘法口诀计算除法。发散孩子的思维，让孩子学会多方位思考。

（2）教师或家长适时引导孩子组成最佳的算式，让孩子体验到胜利的愉悦，激发孩子对学习数学的兴趣。

（3）此游戏也适用于飞行棋。

游戏 55　谁的尾巴短（★★）

【游戏目的】

"谁的尾巴短"侧重于游戏的机遇性、娱乐性，让孩子在轻松的游戏中熟练掌握有余数的除法计算。

【游戏用具】

一副扑克牌中的 A—9，共 36 张牌（A 当作 1 使用）。

【游戏人数】

2 人。

【游戏规则】

（1）学生各自抽一张牌，点数大的是先手。先手洗牌，然后学生 A 抓 3 张牌，学生 B 也抓 3 张牌。

（2）比一比谁的余数小。两位学生用自己的三张扑克牌上的数字，组成一个最小的两位数，除以另一个数，计算结果。余数小的学生得到这六张扑克牌。如学生 A 抓牌 A、3、7，说"13÷7＝1，余 6"。学生 B 抓牌 2、4、6，说"24÷6＝4，没有余数"。学生 B 得到这一轮的 6 张扑克牌。

（3）继续下一轮，直到扑克牌用完，这一盘游戏结束，得牌多者赢。洗牌再进行下一盘，三盘两胜，将每一盘的游戏结果记录在表 3.19 中。

乘除篇

表 3.19 "谁的尾巴短"游戏记录表

_____年_____月_____日

姓　名		
第一盘		
第二盘		
第三盘		
总　评		

【使用及评价建议】

（1）在二年级的数学学习中，关于除法计算只涉及商是一位数的除法算式，所以这里仍旧强调组合的被除数是最小的两位数。

（2）在游戏中，学生也可以协商制订游戏规则，余数大者得牌，游戏名称就是"谁的尾巴长"了。

（3）这个游戏的机遇性比较强，所以在家里玩这个游戏，如果孩子没有年龄相当的玩伴，家长可以做玩伴，基本做到游戏的公平。

（4）在能熟练进行这个游戏的情况下，建议用本节后面所附的计算检测题来进行检测，看看孩子计算速度能达到什么级别，根据孩子的计算达标情况选择是否继续玩这个游戏。

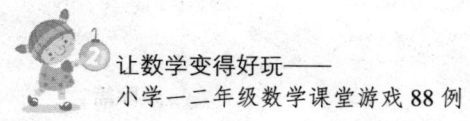

附：阶段性口算检测题（含评价建议）

2—5有余数的除法口算检测题一

15 ÷ 4 =	18 ÷ 5 =	7 ÷ 3 =
28 ÷ 4 =	13 ÷ 2 =	19 ÷ 2 =
13 ÷ 4 =	17 ÷ 5 =	13 ÷ 3 =
16 ÷ 5 =	6 ÷ 4 =	38 ÷ 5 =
23 ÷ 4 =	23 ÷ 3 =	44 ÷ 5 =
14 ÷ 2 =	16 ÷ 3 =	17 ÷ 2 =
2 ÷ 4 =	8 ÷ 5 =	26 ÷ 4 =
11 ÷ 5 =	39 ÷ 4 =	9 ÷ 5 =
1 ÷ 3 =	20 ÷ 3 =	25 ÷ 3 =
36 ÷ 4 =	4 ÷ 5 =	29 ÷ 5 =
25 ÷ 4 =	14 ÷ 2 =	43 ÷ 5 =
4 ÷ 3 =	24 ÷ 5 =	28 ÷ 3 =
30 ÷ 4 =	17 ÷ 3 =	27 ÷ 5 =
23 ÷ 5 =	26 ÷ 5 =	19 ÷ 3 =
6 ÷ 5 =	6 ÷ 5 =	5 ÷ 3 =
18 ÷ 3 =	19 ÷ 4 =	3 ÷ 2 =
5 ÷ 2 =	36 ÷ 5 =	33 ÷ 4 =
18 ÷ 4 =	27 ÷ 4 =	26 ÷ 3 =
12 ÷ 5 =	11 ÷ 3 =	46 ÷ 5 =
38 ÷ 4 =	1 ÷ 5 =	37 ÷ 4 =

对的题数：_____   完成时间：_____分钟

评价建议：4分钟内全对——大师级；5分钟内全对——优秀；7分钟内全对——达标；超过7分钟完成——要加油。

2—5有余数的除法口算检测题二

24 ÷ 4 =	25 ÷ 5 =	5 ÷ 2 =
7 ÷ 2 =	25 ÷ 3 =	17 ÷ 2 =
38 ÷ 5 =	28 ÷ 3 =	19 ÷ 5 =
32 ÷ 5 =	18 ÷ 5 =	23 ÷ 3 =
13 ÷ 4 =	23 ÷ 3 =	26 ÷ 3 =
9 ÷ 2 =	11 ÷ 3 =	27 ÷ 4 =
2 ÷ 4 =	8 ÷ 5 =	39 ÷ 4 =
24 ÷ 5 =	49 ÷ 5 =	28 ÷ 4 =
1 ÷ 4 =	30 ÷ 3 =	21 ÷ 4 =
13 ÷ 2 =	14 ÷ 5 =	26 ÷ 5 =
36 ÷ 5 =	19 ÷ 2 =	22 ÷ 5 =
4 ÷ 5 =	38 ÷ 4 =	3 ÷ 2 =
17 ÷ 4 =	19 ÷ 3 =	29 ÷ 5 =
12 ÷ 4 =	29 ÷ 3 =	14 ÷ 3 =
6 ÷ 5 =	16 ÷ 5 =	5 ÷ 3 =
10 ÷ 3 =	6 ÷ 4 =	3 ÷ 4 =
11 ÷ 2 =	35 ÷ 4 =	33 ÷ 5 =
20 ÷ 3 =	8 ÷ 3 =	32 ÷ 4 =
34 ÷ 4 =	22 ÷ 3 =	12 ÷ 5 =
15 ÷ 2 =	1 ÷ 5 =	24 ÷ 4 =

对的题数：_____ 完成时间：_____分钟

评价建议：4分钟内全对——大师级；5分钟内全对——优秀；7分钟内全对——达标；超过7分钟完成——要加油。

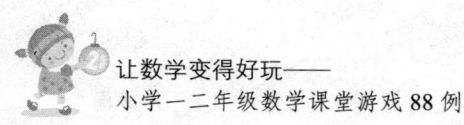

2—5 有余数的除法口算检测题三

14 ÷ 4 =	18 ÷ 5 =	7 ÷ 5 =
11 ÷ 2 =	17 ÷ 2 =	18 ÷ 4 =
34 ÷ 5 =	25 ÷ 4 =	19 ÷ 2 =
23 ÷ 4 =	13 ÷ 5 =	47 ÷ 5 =
13 ÷ 4 =	29 ÷ 5 =	28 ÷ 3 =
15 ÷ 2 =	7 ÷ 3 =	9 ÷ 2 =
2 ÷ 4 =	17 ÷ 5 =	38 ÷ 5 =
32 ÷ 5 =	39 ÷ 4 =	12 ÷ 6 =
1 ÷ 3 =	16 ÷ 3 =	30 ÷ 4 =
17 ÷ 3 =	4 ÷ 5 =	19 ÷ 5 =
14 ÷ 5 =	29 ÷ 4 =	13 ÷ 3 =
34 ÷ 4 =	17 ÷ 4 =	36 ÷ 5 =
21 ÷ 4 =	25 ÷ 3 =	12 ÷ 5 =
33 ÷ 5 =	29 ÷ 4 =	5 ÷ 2 =
6 ÷ 4 =	16 ÷ 4 =	5 ÷ 3 =
23 ÷ 3 =	26 ÷ 4 =	3 ÷ 2 =
22 ÷ 5 =	26 ÷ 3 =	37 ÷ 4 =
27 ÷ 5 =	7 ÷ 2 =	11 ÷ 3 =
13 ÷ 2 =	14 ÷ 3 =	6 ÷ 5 =
24 ÷ 5 =	1 ÷ 4 =	37 ÷ 4 =

对的题数：_____   完成时间：_____分钟

评价建议：4分钟内全对——大师级；5分钟内全对——优秀；7分钟内全对——达标；超过7分钟完成——要加油。

2—5 有余数的除法口算检测题(四)

17 ÷ 3 =	17 ÷ 2 =	29 ÷ 5 =
27 ÷ 5 =	15 ÷ 4 =	14 ÷ 3 =
44 ÷ 5 =	36 ÷ 5 =	32 ÷ 5 =
13 ÷ 4 =	13 ÷ 2 =	15 ÷ 2 =
13 ÷ 5 =	30 ÷ 4 =	9 ÷ 4 =
2 ÷ 4 =	18 ÷ 5 =	26 ÷ 3 =
21 ÷ 5 =	49 ÷ 5 =	37 ÷ 4 =
1 ÷ 4 =	25 ÷ 3 =	7 ÷ 2 =
33 ÷ 4 =	47 ÷ 5 =	33 ÷ 5 =
17 ÷ 5 =	27 ÷ 4 =	12 ÷ 3 =
34 ÷ 4 =	22 ÷ 5 =	19 ÷ 2 =
14 ÷ 4 =	19 ÷ 3 =	12 ÷ 5 =
28 ÷ 5 =	16 ÷ 5 =	3 ÷ 2 =
6 ÷ 5 =	6 ÷ 8 =	5 ÷ 3 =
16 ÷ 3 =	6 ÷ 4 =	3 ÷ 4 =
18 ÷ 4 =	28 ÷ 3 =	29 ÷ 4 =
9 ÷ 2 =	23 ÷ 4 =	11 ÷ 2 =
20 ÷ 3 =	22 ÷ 5 =	6 ÷ 5 =
26 ÷ 4 =	1 ÷ 3 =	42 ÷ 5 =
13 ÷ 3 =	2 ÷ 5 =	27 ÷ 4 =

对的题数：_____ 完成时间：_____分钟

评价建议：4分钟内全对——大师级；5分钟内全对——优秀；7分钟内全对——达标；超过7分钟完成——要加油。

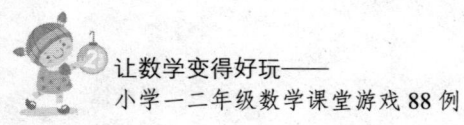

2—5有余数的除法口算检测题五

17 ÷ 3 =	9 ÷ 2 =	38 ÷ 5 =
29 ÷ 5 =	19 ÷ 3 =	26 ÷ 3 =
43 ÷ 5 =	38 ÷ 4 =	42 ÷ 5 =
13 ÷ 4 =	23 ÷ 5 =	44 ÷ 5 =
13 ÷ 5 =	22 ÷ 3 =	9 ÷ 4 =
2 ÷ 4 =	18 ÷ 5 =	14 ÷ 3 =
21 ÷ 5 =	49 ÷ 5 =	37 ÷ 4 =
1 ÷ 4 =	23 ÷ 3 =	13 ÷ 2 =
34 ÷ 4 =	4 ÷ 5 =	46 ÷ 5 =
11 ÷ 5 =	15 ÷ 2 =	29 ÷ 3 =
35 ÷ 4 =	28 ÷ 5 =	17 ÷ 5 =
14 ÷ 3 =	13 ÷ 3 =	22 ÷ 4 =
24 ÷ 5 =	37 ÷ 5 =	3 ÷ 2 =
6 ÷ 4 =	6 ÷ 5 =	5 ÷ 3 =
16 ÷ 3 =	39 ÷ 4 =	23 ÷ 4 =
14 ÷ 5 =	28 ÷ 3 =	29 ÷ 4 =
7 ÷ 2 =	19 ÷ 2 =	32 ÷ 5 =
18 ÷ 4 =	20 ÷ 3 =	26 ÷ 4 =
25 ÷ 3 =	11 ÷ 4 =	39 ÷ 5 =
15 ÷ 4 =	2 ÷ 5 =	21 ÷ 4 =

对的题数：_____   完成时间：_____分钟

评价建议：4分钟内全对——大师级；5分钟内全对——优秀；7分钟内全对——达标；超过7分钟完成——要加油。

2—7 有余数的除法口算检测题一

22 ÷ 3 =	33 ÷ 4 =	58 ÷ 7 =
32 ÷ 5 =	17 ÷ 3 =	13 ÷ 7 =
49 ÷ 6 =	13 ÷ 6 =	49 ÷ 6 =
13 ÷ 4 =	23 ÷ 5 =	44 ÷ 5 =
12 ÷ 5 =	35 ÷ 6 =	14 ÷ 3 =
2 ÷ 4 =	47 ÷ 5 =	5 ÷ 2 =
38 ÷ 5 =	39 ÷ 4 =	8 ÷ 6 =
1 ÷ 3 =	26 ÷ 3 =	65 ÷ 7 =
17 ÷ 3 =	4 ÷ 7 =	14 ÷ 5 =
28 ÷ 6 =	21 ÷ 5 =	27 ÷ 4 =
3 ÷ 2 =	45 ÷ 7 =	41 ÷ 7 =
35 ÷ 4 =	16 ÷ 3 =	11 ÷ 6 =
35 ÷ 6 =	23 ÷ 7 =	50 ÷ 7 =
6 ÷ 7 =	6 ÷ 8 =	5 ÷ 3 =
48 ÷ 7 =	14 ÷ 4 =	3 ÷ 7 =
13 ÷ 2 =	17 ÷ 4 =	24 ÷ 5 =
49 ÷ 5 =	7 ÷ 2 =	17 ÷ 2 =
55 ÷ 7 =	36 ÷ 5 =	6 ÷ 7 =
26 ÷ 5 =	1 ÷ 2 =	15 ÷ 2 =
23 ÷ 4 =	2 ÷ 3 =	40 ÷ 6 =

对的题数：_____　　　完成时间：_____分钟

评价建议：4分钟内全对——大师级；5分钟内全对——优秀；7分钟内全对——达标；超过7分钟完成——要加油。

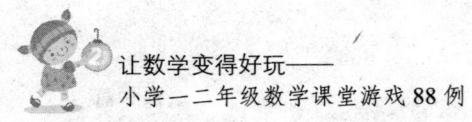

2—7 有余数的除法口算检测题二

50	÷	6 =	29	÷	3 =	30	÷	7 =
18	÷	6 =	35	÷	4 =	13	÷	2 =
27	÷	7 =	20	÷	6 =	27	÷	5 =
13	÷	4 =	23	÷	7 =	44	÷	6 =
5	÷	2 =	20	÷	3 =	33	÷	7 =
2	÷	4 =	32	÷	5 =	64	÷	7 =
28	÷	5 =	49	÷	5 =	33	÷	6 =
1	÷	5 =	23	÷	3 =	21	÷	7 =
31	÷	7 =	44	÷	7 =	28	÷	7 =
22	÷	6 =	24	÷	5 =	15	÷	2 =
4	÷	5 =	17	÷	2 =	43	÷	5 =
18	÷	4 =	19	÷	3 =	27	÷	6 =
32	÷	6 =	58	÷	7 =	22	÷	4 =
6	÷	7 =	16	÷	7 =	5	÷	3 =
26	÷	3 =	27	÷	5 =	13	÷	3 =
17	÷	6 =	10	÷	7 =	45	÷	6 =
36	÷	5 =	7	÷	4 =	11	÷	2 =
11	÷	3 =	25	÷	3 =	66	÷	7 =
57	÷	6 =	1	÷	2 =	47	÷	5 =
38	÷	4 =	2	÷	7 =	45	÷	7 =

对的题数：_____　　　完成时间：_____分钟

评价建议：4分钟内全对——大师级；5分钟内全对——优秀；7分钟内全对——达标；超过7分钟完成——要加油。

2—7 有余数的除法口算检测题三

21 ÷ 6 =	40 ÷ 7 =	28 ÷ 3 =
9 ÷ 2 =	46 ÷ 5 =	13 ÷ 7 =
48 ÷ 7 =	35 ÷ 6 =	30 ÷ 7 =
13 ÷ 4 =	43 ÷ 5 =	44 ÷ 6 =
36 ÷ 5 =	40 ÷ 6 =	19 ÷ 2 =
2 ÷ 4 =	24 ÷ 5 =	46 ÷ 6 =
23 ÷ 5 =	49 ÷ 6 =	32 ÷ 6 =
1 ÷ 5 =	19 ÷ 3 =	25 ÷ 7 =
17 ÷ 2 =	15 ÷ 7 =	32 ÷ 6 =
45 ÷ 6 =	48 ÷ 5 =	62 ÷ 7 =
14 ÷ 4 =	34 ÷ 4 =	33 ÷ 5 =
39 ÷ 4 =	38 ÷ 6 =	15 ÷ 6 =
23 ÷ 6 =	19 ÷ 6 =	22 ÷ 4 =
6 ÷ 7 =	16 ÷ 7 =	5 ÷ 3 =
25 ÷ 3 =	38 ÷ 4 =	23 ÷ 4 =
53 ÷ 7 =	21 ÷ 6 =	7 ÷ 2 =
17 ÷ 3 =	18 ÷ 4 =	37 ÷ 5 =
27 ÷ 5 =	13 ÷ 3 =	6 ÷ 7 =
47 ÷ 6 =	1 ÷ 6 =	27 ÷ 4 =
48 ÷ 7 =	1 ÷ 2 =	69 ÷ 7 =

对的题数：_____   完成时间：_____分钟

评价建议：4分钟内全对——大师级；5分钟内全对——优秀；7分钟内全对——达标；超过7分钟完成——要加油。

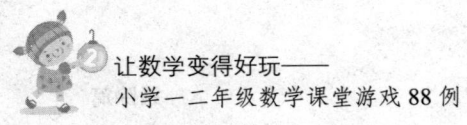

2—7 有余数的除法口算检测题（四）

44 ÷ 5 =	21 ÷ 7 =	11 ÷ 2 =
65 ÷ 7 =	27 ÷ 6 =	13 ÷ 6 =
58 ÷ 6 =	21 ÷ 6 =	13 ÷ 2 =
13 ÷ 4 =	23 ÷ 7 =	46 ÷ 5 =
30 ÷ 7 =	25 ÷ 3 =	25 ÷ 4 =
2 ÷ 4 =	43 ÷ 5 =	49 ÷ 5 =
28 ÷ 5 =	49 ÷ 6 =	52 ÷ 6 =
1 ÷ 2 =	48 ÷ 7 =	57 ÷ 7 =
10 ÷ 3 =	34 ÷ 7 =	30 ÷ 7 =
50 ÷ 6 =	22 ÷ 3 =	29 ÷ 3 =
4 ÷ 7 =	16 ÷ 3 =	53 ÷ 7 =
15 ÷ 4 =	12 ÷ 7 =	27 ÷ 6 =
32 ÷ 6 =	19 ÷ 5 =	23 ÷ 5 =
16 ÷ 7 =	46 ÷ 6 =	5 ÷ 3 =
35 ÷ 4 =	30 ÷ 4 =	3 ÷ 7 =
19 ÷ 2 =	20 ÷ 3 =	55 ÷ 7 =
26 ÷ 3 =	7 ÷ 2 =	34 ÷ 5 =
17 ÷ 5 =	28 ÷ 3 =	46 ÷ 7 =
44 ÷ 6 =	1 ÷ 3 =	24 ÷ 5 =
14 ÷ 3 =	2 ÷ 6 =	6 ÷ 2 =

对的题数：_____   完成时间：_____分钟

评价建议：4分钟内全对——大师级；5分钟内全对——优秀；7分钟内全对——达标；超过7分钟完成——要加油。

2—7 有余数的除法口算检测题五

22 ÷ 3 =	48 ÷ 5 =	12 ÷ 7 =
10 ÷ 7 =	45 ÷ 7 =	13 ÷ 5 =
20 ÷ 6 =	15 ÷ 6 =	33 ÷ 4 =
13 ÷ 4 =	23 ÷ 5 =	44 ÷ 6 =
20 ÷ 7 =	17 ÷ 3 =	36 ÷ 7 =
2 ÷ 4 =	22 ÷ 5 =	47 ÷ 7 =
36 ÷ 5 =	49 ÷ 5 =	28 ÷ 6 =
1 ÷ 2 =	14 ÷ 3 =	37 ÷ 5 =
49 ÷ 6 =	4 ÷ 6 =	35 ÷ 6 =
11 ÷ 6 =	26 ÷ 7 =	10 ÷ 3 =
14 ÷ 4 =	38 ÷ 5 =	17 ÷ 2 =
24 ÷ 7 =	28 ÷ 3 =	58 ÷ 6 =
32 ÷ 6 =	29 ÷ 4 =	14 ÷ 3 =
6 ÷ 7 =	66 ÷ 7 =	5 ÷ 3 =
26 ÷ 3 =	37 ÷ 4 =	3 ÷ 2 =
15 ÷ 7 =	20 ÷ 6 =	27 ÷ 4 =
32 ÷ 5 =	28 ÷ 6 =	33 ÷ 6 =
67 ÷ 7 =	11 ÷ 3 =	53 ÷ 7 =
26 ÷ 4 =	1 ÷ 4 =	27 ÷ 5 =
46 ÷ 7 =	2 ÷ 5 =	13 ÷ 2 =

对的题数：_____　　　　完成时间：_____分钟

评价建议：4分钟内全对——大师级；5分钟内全对——优秀；7分钟内全对——达标；超过7分钟完成——要加油。

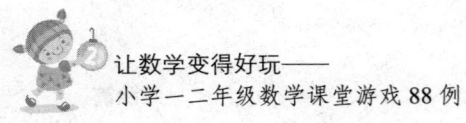

2—9 有余数的除法口算检测题一

58 ÷ 8 =		50 ÷ 7 =		56 ÷ 8 =	
46 ÷ 9 =		35 ÷ 5 =		13 ÷ 4 =	
25 ÷ 8 =		14 ÷ 6 =		46 ÷ 8 =	
13 ÷ 4 =		23 ÷ 6 =		44 ÷ 7 =	
12 ÷ 5 =		16 ÷ 3 =		19 ÷ 2 =	
2 ÷ 4 =		36 ÷ 5 =		66 ÷ 7 =	
14 ÷ 5 =		39 ÷ 4 =		22 ÷ 6 =	
11 ÷ 9 =		30 ÷ 3 =		24 ÷ 5 =	
8 ÷ 5 =		4 ÷ 8 =		49 ÷ 9 =	
20 ÷ 6 =		34 ÷ 6 =		31 ÷ 7 =	
4 ÷ 9 =		16 ÷ 2 =		26 ÷ 4 =	
28 ÷ 6 =		25 ÷ 3 =		32 ÷ 6 =	
24 ÷ 7 =		70 ÷ 9 =		31 ÷ 4 =	
16 ÷ 7 =		26 ÷ 7 =		5 ÷ 3 =	
11 ÷ 3 =		18 ÷ 5 =		3 ÷ 2 =	
10 ÷ 2 =		50 ÷ 8 =		36 ÷ 8 =	
36 ÷ 4 =		8 ÷ 3 =		21 ÷ 4 =	
15 ÷ 2 =		54 ÷ 7 =		26 ÷ 9 =	
52 ÷ 9 =		1 ÷ 9 =		66 ÷ 8 =	
22 ÷ 3 =		2 ÷ 3 =		45 ÷ 7 =	

对的题数：_____   完成时间：_____分钟

评价建议：4分钟内全对——大师级；5分钟内全对——优秀；7分钟内全对——达标；超过7分钟完成——要加油。

2—9 有余数的除法口算检测题二

32 ÷ 9 =	70 ÷ 8 =	27 ÷ 4 =
13 ÷ 3 =	13 ÷ 2 =	13 ÷ 5 =
28 ÷ 8 =	51 ÷ 6 =	25 ÷ 7 =
13 ÷ 4 =	23 ÷ 4 =	43 ÷ 6 =
70 ÷ 9 =	17 ÷ 3 =	58 ÷ 7 =
2 ÷ 4 =	46 ÷ 5 =	16 ÷ 3 =
30 ÷ 7 =	49 ÷ 8 =	45 ÷ 6 =
1 ÷ 3 =	45 ÷ 7 =	47 ÷ 5 =
12 ÷ 9 =	14 ÷ 8 =	41 ÷ 9 =
40 ÷ 6 =	17 ÷ 2 =	33 ÷ 4 =
4 ÷ 8 =	60 ÷ 7 =	42 ÷ 5 =
10 ÷ 4 =	14 ÷ 3 =	35 ÷ 6 =
44 ÷ 6 =	33 ÷ 6 =	21 ÷ 5 =
6 ÷ 7 =	26 ÷ 8 =	5 ÷ 3 =
22 ÷ 3 =	21 ÷ 4 =	3 ÷ 7 =
64 ÷ 9 =	11 ÷ 2 =	57 ÷ 9 =
44 ÷ 9 =	8 ÷ 5 =	36 ÷ 5 =
22 ÷ 6 =	26 ÷ 3 =	16 ÷ 9 =
10 ÷ 2 =	1 ÷ 4 =	24 ÷ 7 =
29 ÷ 7 =	2 ÷ 6 =	51 ÷ 8 =

对的题数：_____　　　完成时间：_____分钟

评价建议：4分钟内全对——大师级；5分钟内全对——优秀；7分钟内全对——达标；超过7分钟完成——要加油。

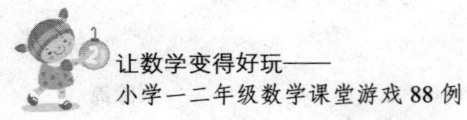

2—9有余数的除法口算检测题三

36 ÷ 7 =	46 ÷ 6 =	75 ÷ 9 =
54 ÷ 8 =	66 ÷ 7 =	24 ÷ 9 =
45 ÷ 8 =	10 ÷ 6 =	38 ÷ 8 =
13 ÷ 4 =	23 ÷ 4 =	44 ÷ 7 =
22 ÷ 3 =	16 ÷ 3 =	35 ÷ 4 =
2 ÷ 4 =	24 ÷ 5 =	15 ÷ 7 =
48 ÷ 5 =	42 ÷ 8 =	49 ÷ 6 =
11 ÷ 5 =	28 ÷ 3 =	44 ÷ 9 =
16 ÷ 2 =	55 ÷ 8 =	20 ÷ 9 =
22 ÷ 6 =	23 ÷ 3 =	31 ÷ 5 =
43 ÷ 9 =	39 ÷ 6 =	18 ÷ 5 =
15 ÷ 4 =	29 ÷ 5 =	13 ÷ 6 =
22 ÷ 6 =	49 ÷ 6 =	16 ÷ 5 =
6 ÷ 7 =	63 ÷ 8 =	5 ÷ 3 =
14 ÷ 3 =	27 ÷ 4 =	33 ÷ 9 =
32 ÷ 8 =	55 ÷ 9 =	37 ÷ 7 =
25 ÷ 6 =	8 ÷ 5 =	56 ÷ 9 =
32 ÷ 7 =	30 ÷ 3 =	62 ÷ 9 =
14 ÷ 5 =	1 ÷ 6 =	17 ÷ 7 =
73 ÷ 9 =	32 ÷ 4 =	29 ÷ 4 =

对的题数：_____   完成时间：_____分钟

评价建议：4分钟内全对——大师级；5分钟内全对——优秀；7分钟内全对——达标；超过7分钟完成——要加油。

2—9 有余数的除法口算检测题 (四)

21 ÷ 4 =	39 ÷ 5 =	21 ÷ 6 =
34 ÷ 7 =	41 ÷ 6 =	17 ÷ 7 =
20 ÷ 8 =	22 ÷ 7 =	18 ÷ 7 =
13 ÷ 4 =	23 ÷ 9 =	15 ÷ 2 =
70 ÷ 8 =	19 ÷ 3 =	53 ÷ 9 =
22 ÷ 4 =	36 ÷ 5 =	27 ÷ 5 =
21 ÷ 5 =	49 ÷ 9 =	11 ÷ 6 =
1 ÷ 4 =	29 ÷ 3 =	9 ÷ 2 =
13 ÷ 3 =	14 ÷ 8 =	8 ÷ 9 =
8 ÷ 6 =	33 ÷ 8 =	10 ÷ 4 =
5 ÷ 2 =	60 ÷ 9 =	46 ÷ 8 =
35 ÷ 4 =	20 ÷ 3 =	26 ÷ 6 =
53 ÷ 6 =	50 ÷ 7 =	28 ÷ 5 =
15 ÷ 7 =	26 ÷ 3 =	5 ÷ 3 =
23 ÷ 3 =	11 ÷ 4 =	33 ÷ 7 =
32 ÷ 9 =	8 ÷ 3 =	31 ÷ 9 =
40 ÷ 9 =	8 ÷ 6 =	41 ÷ 8 =
43 ÷ 7 =	11 ÷ 3 =	6 ÷ 9 =
44 ÷ 6 =	1 ÷ 5 =	14 ÷ 5 =
10 ÷ 3 =	12 ÷ 9 =	30 ÷ 8 =

对的题数：_____   完成时间：_____分钟

评价建议：4分钟内全对——大师级；5分钟内全对——优秀；7分钟内全对——达标；超过7分钟完成——要加油。

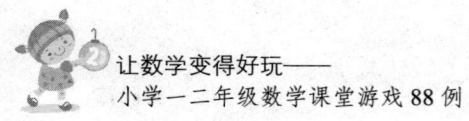

2—9 有余数的除法口算检测题五

25 ÷ 3 =	32 ÷ 4 =	49 ÷ 8 =
49 ÷ 9 =	72 ÷ 9 =	13 ÷ 7 =
10 ÷ 8 =	34 ÷ 6 =	26 ÷ 4 =
13 ÷ 4 =	23 ÷ 8 =	34 ÷ 4 =
37 ÷ 9 =	26 ÷ 3 =	15 ÷ 9 =
22 ÷ 8 =	24 ÷ 5 =	23 ÷ 5 =
44 ÷ 5 =	49 ÷ 6 =	28 ÷ 6 =
1 ÷ 3 =	35 ÷ 9 =	12 ÷ 3 =
28 ÷ 7 =	34 ÷ 8 =	42 ÷ 9 =
45 ÷ 6 =	21 ÷ 5 =	27 ÷ 4 =
14 ÷ 8 =	12 ÷ 8 =	48 ÷ 9 =
15 ÷ 4 =	16 ÷ 3 =	43 ÷ 6 =
32 ÷ 6 =	56 ÷ 8 =	31 ÷ 5 =
16 ÷ 7 =	26 ÷ 8 =	15 ÷ 7 =
14 ÷ 3 =	23 ÷ 4 =	13 ÷ 9 =
15 ÷ 9 =	31 ÷ 6 =	36 ÷ 6 =
22 ÷ 3 =	5 ÷ 4 =	20 ÷ 7 =
24 ÷ 7 =	17 ÷ 3 =	6 ÷ 9 =
52 ÷ 7 =	10 ÷ 9 =	50 ÷ 7 =
30 ÷ 6 =	2 ÷ 8 =	37 ÷ 5 =

对的题数：_____   完成时间：_____分钟

评价建议：4分钟内全对——大师级；5分钟内全对——优秀；7分钟内全对——达标；超过7分钟完成——要加油。

五、乘法与加减法

在这一节的游戏中,我们练习的是乘法与加减法的综合运算。游戏考验着孩子们分析问题的能力以及随机应变能力。

游戏 56 大鱼吃小鱼(★★)

【游戏目的】

让孩子在玩乐中熟练乘法和加法的混合计算,提高孩子计算的正确率。

【游戏用具】

一副扑克牌中的 A—9,共 36 张牌(A 当作 1 使用)。

【游戏人数】

2 人。

【游戏规则】

(1)洗牌,把牌整齐地叠成一摞,点数朝下放在桌面上。

(2)学生轮流各抓三张牌。运用"先乘法后加法"的规则计算,对三张牌上的数进行运算,使得数最大。计算对且得数大的学生得到这六张扑克牌。如学生 A 抓牌 4、5、8,算"$5×8+4=44$"。学生 B 抓牌 2、7、5,算"$5×7+2=37$"。$44>37$,学生 A 赢得这一轮的 6 张牌。

双方都算对了,并且得数相等,得到自己的三张牌;一方算错了,不得牌,算对的一方得六张牌;双方都算错了,这六张牌做废牌。

(3)进行下一轮,再抓牌比大小,直到这一副扑克牌用完,这一盘游戏结束。三盘两胜,将每盘得牌张数记录在表 3.20 中。

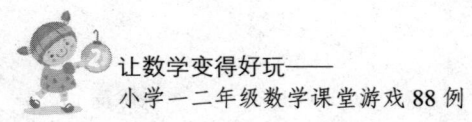

表 3.20 "大鱼吃小鱼"游戏记录表

_____年_____月_____日

学生姓名	第一盘	第二盘	第三盘	总　评

【使用及评价建议】

（1）刚刚玩这个游戏，部分孩子不知道如何运算才能使得结果最大。教师或家长不必提醒，多玩几盘，孩子自己就悟出来了。

（2）上述游戏规则是"比大"的，其实学生也可以修改游戏规则，约定"比小"，谁的结果小，谁就得牌。

游戏 57　凑点（★★）

【游戏目的】

凑点游戏的灵活度很大，体现了计算的多样性，可进一步培养孩子的发散思维，并激起孩子对数学游戏的浓厚兴趣。

【游戏用具】

一副扑克牌中的 A—9，共 36 张牌（A 当作 1 使用）。

【游戏人数】

2 人。

【游戏规则】

（1）把扑克牌洗好，整齐地叠成一摞，点数朝下放在桌面上。自行决定玩的顺序，两人轮流抓牌，把这副扑克牌抓完，握在手中，摆成扇形。

（2）学生 A 出两张牌，叫牌，边叫这两张牌的积（只使用两张扑克牌）边出牌。学生 B 跟牌，用乘法、加法、减法运算（每次计算都必须有乘法），凑出跟学生甲相同的得数，可以跟两张牌或者三张牌。如学生A叫牌5、6，说"5×6＝30"；学生B跟牌3、7、9，说"3×7＋9＝30"。学生A继续跟牌，如果手中的牌无法凑到"30"，喊"不跟"。直到双方都无法凑到"30"，由最后一次跟牌者重新叫牌。这两张牌的乘积是几可以由叫牌者决定。

（3）重复上述游戏规则，继续玩，直到一方手里没有牌或者只剩下一张牌，这一盘游戏结束。谁手里的牌少谁就赢，在表中画"√"。三盘两胜，将每一盘的游戏结果记录在表3.21中。

表3.21 "凑点"游戏记录表

_____年_____月_____日

学生姓名	第一盘	第二盘	第三盘	总　评

【使用及评价建议】

（1）在玩这个游戏时，会出现多种不同的运算方法。例如：叫牌"四六二十四"（4×6＝24），可跟牌：

① 个数相乘或者三个数连乘：3×8＝24，2×2×6＝24。

② 先乘再加：3×7＋3＝24，出牌3、7、3。

③ 先加再乘：（6＋2）×3＝24，出牌6、2、3。

④ 先乘再减：4×7－4＝24，出牌4、7、4。

⑤ 先减再乘：（9－6）×8＝24，出牌9、6、8。

（2）上述游戏规则设计的是每位学生一次最多跟牌3张。等玩一段时间后，可以增加难度，每次可以最多跟牌4张。

（3）如果是四位学生来玩这个游戏，建议使用两副扑克牌。

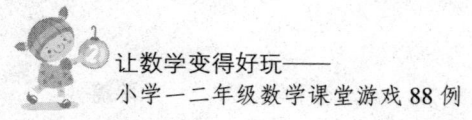

游戏 58　天天酷奔（★★）

【游戏目的】

理解运用"要牌"规则，根据自己的需要"要牌"，选择运用乘法、加法或减法以达到游戏获胜的目的。此游戏可培养孩子思维的灵活性、深刻性、发散性。

【游戏用具】

蛇棋棋盘、2颗不同颜色的棋子；扑克牌 A—9 及大小王，共 38 张牌（A 当作 1 使用）。

【游戏人数】

2 人。

【游戏规则】

（1）把扑克牌洗好，整齐地叠成一摞，点数朝下放在桌面上，摆好蛇棋棋盘。

（2）学生 A 翻两张扑克牌，把这两张牌的数相乘，得数个位上的数字就是要走的步数。如果对算的结果不满意，可选择"要牌"。把这三张牌上的数运用加、减、乘重新组合算式，算式中一定要有乘法。按新的计算结果，得数的个位是几，就走几步。要了第三张牌就一定要用。

如翻牌 3、7，就大声说"$3 \times 7 = 21$"，个位上是 1，就走 1 步。这时，如果不满意，可以选择要牌，再翻一张牌，重新组合。如果再翻牌 9，算"$9 - 2 = 7, 7 \times 7 = 49$"，走 9 步；也可以算"$9 - 3 = 6, 6 \times 7 = 42$"，走 2 步；还可以算"$7 \times 9 = 63, 63 + 3 = 66$"，走 6 步。

（3）换学生 B 翻牌、计算、走棋，两人轮流进行。先到达终点（100）者获胜。三盘两胜，将每一盘的游戏结果记在表 3.22 中。

表 3.22 "天天酷奔"游戏记录表

_____年_____月_____日

学　生	第一盘	第二盘	第三盘	输　赢

【使用及评价建议】

（1）"要牌"规则是一个有趣的、充满变数的规则。教师在课堂上要先讲清规则，然后举例子，如学生摸到2、5，要牌是9，给学生充分的时间思考、讨论：可能会出现哪些情况？对自己最有利的是哪种？以达到理解并恰当使用"要牌"规则的目的。

（2）这个游戏能很好地培养孩子的发散思维，家长应陪同和指导孩子认真玩。

（3）此游戏也适用于飞行棋游戏。

游戏 59　黑暗之光（★★★）

【游戏目的】

在游戏中提高乘、加（减）的计算能力。

【游戏用具】

（1）一副扑克牌中的A—9和大小王，共38张牌（A当作1使用）。

（2）目标牌8张（与扑克牌同样大小），在牌面上用彩笔写上阿拉伯数字：10、20、30、40、50、60、70、80。

【游戏人数】

2人。

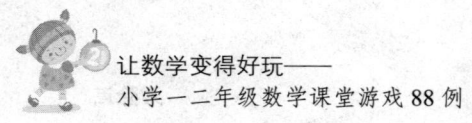

【游戏规则】

（1）把扑克牌洗好，整齐地叠成一摞，点数朝下放在桌面上。两位学生各抽一张牌，点数大的是先手。先手随机抽取一张目标牌，确定目标数。

（2）从先手开始，两位学生各拿两张牌，握在自己手中，不要给对方看到自己牌上的点数。

（3）两人各自将两张牌上的点数相乘，如果计算结果接近目标数，就不要牌了；如果计算结果跟目标数相差很多，可选择要一张牌，重新组合算式，使运算结果尽可能接近目标数，重新组合的算式中一定要用到乘法。最接近目标数的学生得到这一轮所有的扑克牌。

如目标牌是"40"。学生 A 抓牌 5、8，就不要牌，说"5×8＝40"，出牌；学生 B 抓牌 4、6，说"4×6＝24"，再要牌；抓到"9"，说"4×9＋6＝42"，出牌。学生 A 得到这五张牌。

（4）双方计算结果相同，都不得牌，这几张牌可当作废牌放在桌面一角。

（5）继续游戏直到牌用完或者不够一轮用，这盘游戏结束，得牌多者获胜。三盘两胜，将每一盘的游戏结果记在表 3.23 中。

表 3.23 "黑暗之光"游戏记录表

_____年_____月_____日

学生姓名		
第一盘		
第二盘		
第三盘		
总　评		

【使用及评价建议】

（1）在以往的游戏中，每个孩子抓到的扑克牌的张数是限定的，在这个游戏里则是自己做主，想要牌就要牌。游戏形式变化多样，孩子乐在其中。

乘除篇

（2）在这个游戏中，要赢取对方，必须要开动脑筋，通过运算的组合，使计算的结果尽量接近目标数。这样既训练了孩子的计算能力，又培养了孩子灵活的思维。游戏的难度虽大，但可以激起孩子们挑战的欲望。建议家长多陪孩子玩，您会发现孩子会越来越聪明。

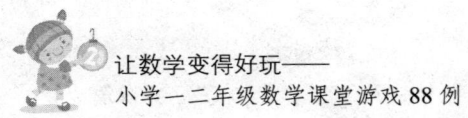

附：阶段性口算检测题（含评价建议）

乘法混加减法口算检测题一

96	−	7 =	40	−	8 =	7	×	3 =
5	×	6 =	3	×	6 =	81	+	8 =
5	×	4 =	82	+	9 =	9	×	7 =
88	−	50 =	4	×	7 =	43	−	5 =
2	×	8 =	68	+	4 =	3	×	9 =
3	×	8 =	82	−	60 =	7	×	8 =
13	−	4 =	23	+	8 =	44	+	9 =
2	×	6 =	5	×	3 =	27	−	4 =
56	+	4 =	77	−	5 =	4	×	4 =
54	−	5 =	49	−	2 =	9	×	6 =
61	+	3 =	6	×	3 =	5	×	2 =
8	×	6 =	4	×	8 =	47	+	9 =
45	+	6 =	33	−	8 =	37	−	10 =
42	−	3 =	37	−	6 =	8	×	4 =
81	−	4 =	36	+	5 =	47	−	2 =
4	×	6 =	62	+	9 =	9	×	6 =
6	+	17 =	6	×	8 =	51	−	3 =
5	×	7 =	70	−	4 =	3	×	4 =
68	−	30 =	86	+	9 =	21	+	20 =
24	+	9 =	8	×	7 =	81	+	9 =

对的题数：_____　　完成时间：_____分钟

评价建议：3分钟内全对——大师级；4分钟内全对——优秀；5分钟内全对——达标；超过5分钟完成——要加油。

乘法混加减法口算检测题二

49 + 7 =	4 × 6 =	4 × 7 =
6 × 6 =	73 − 20 =	7 × 6 =
54 + 40 =	57 + 7 =	9 × 8 =
86 − 9 =	5 × 7 =	41 + 8 =
8 × 6 =	7 × 7 =	3 × 9 =
25 − 8 =	19 + 60 =	9 × 4 =
3 × 4 =	23 − 7 =	44 + 30 =
6 × 2 =	5 × 3 =	2 × 3 =
22 − 4 =	79 + 5 =	54 + 20 =
83 − 50 =	9 × 6 =	60 − 6 =
1 × 9 =	87 − 3 =	7 × 5 =
84 − 9 =	4 × 8 =	2 × 9 =
98 − 30 =	30 + 2 =	10 + 8 =
4 × 9 =	9 × 9 =	99 =
56 − 4 =	82 − 3 =	6 × 6 =
9 × 5 =	82 − 5 =	73 − 20 =
6 × 7 =	66 + 8 =	5 × 3 =
42 − 30 =	27 − 40 =	3 × 4 =
7 × 8 =	9 × 7 =	17 + 2 =
71 − 4 =	8 × 5 =	3 × 2 =

对的题数：_____   完成时间：_____分钟

评价建议：3分钟内全对——大师级；4分钟内全对——优秀；5分钟内全对——达标；超过5分钟完成——要加油。

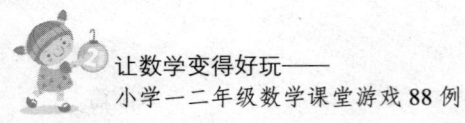

乘法混加减法口算检测题三

7	×	7 =	40	−	8 =	5	×	3 =
9	×	6 =	7	×	8 =	84	−	5 =
6	×	4 =	3	×	7 =	41	−	7 =
58	+	7 =	46	−	20 =	6	×	4 =
9	×	2 =	22	+	8 =	13	+	8 =
3	×	8 =	7	×	6 =	82	+	4 =
13	+	40 =	23	+	50 =	4	×	8 =
7	×	2 =	89	+	3 =	23	−	2 =
2	×	4 =	5	×	5 =	4	×	3 =
28	−	5 =	9	×	7 =	26	+	6 =
51	+	7 =	9	×	9 =	8	×	8 =
46	+	30 =	64	+	8 =	78	−	9 =
35	+	60 =	39	+	6 =	71	−	5 =
44	−	9 =				4	×	7 =
10	+	46 =	60	−	3 =	2	×	6 =
60	+	6 =	6	×	3 =	8	×	6 =
66	−	7 =	16	+	8 =	59	+	3 =
5	×	3 =	69	+	4 =	3	×	4 =
48	−	40 =	8	×	9 =	56	−	6 =
6	×	5 =	80	−	6 =	5	×	8 =

对的题数：_____   完成时间：_____分钟

评价建议：3分钟内全对——大师级；4分钟内全对——优秀；5分钟内全对——达标；超过5分钟完成——要加油。

乘法混加减法口算检测题（四）

98 − 70 =	9 × 8 =	89 − 20 =
3 × 6 =	89 + 4 =	13 + 2 =
51 − 4 =	3 × 7 =	54 + 7 =
4 × 3 =	7 × 4 =	53 − 3 =
30 − 9 =	62 − 5 =	4 × 6 =
79 + 8 =	61 + 6 =	73 − 5 =
13 − 4 =	2 × 9 =	4 × 2 =
25 − 6 =	6 × 2 =	47 − 9 =
2 × 4 =	35 + 5 =	7 × 5 =
60 + 8 =	49 + 50 =	71 − 6 =
56 − 6 =	6 × 6 =	5 × 6 =
9 × 7 =	4 × 8 =	3 × 9 =
83 − 60 =	75 − 60 =	67 + 4 =
40 + 7 =	9 × 2 =	8 × 7 =
41 + 4 =	70 + 30 =	83 − 60 =
6 × 6 =	44 − 8 =	84 + 5 =
6 × 7 =	6 × 8 =	5 × 3 =
75 − 30 =	50 + 4 =	9 × 6 =
8 × 5 =	7 × 7 =	5 × 5 =
74 + 9 =	8 × 2 =	24 − 5 =

对的题数：_____   完成时间：_____分钟

评价建议：3分钟内全对——大师级；4分钟内全对——优秀；5分钟内全对——达标；超过5分钟完成——要加油。

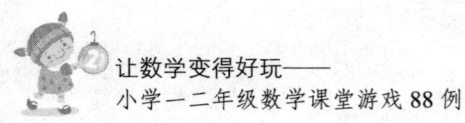

乘法混加减法口算检测题五

9 × 8 =	4 + 28 =	43 + 9 =
4 × 6 =	8 × 4 =	5 × 2 =
44 + 5 =	6 × 7 =	17 + 50 =
49 − 40 =	57 − 8 =	24 + 6 =
39 − 6 =	5 × 7 =	52 − 8 =
66 + 7 =	6 × 8 =	50 − 3 =
8 × 3 =	67 + 4 =	3 × 2 =
64 − 3 =	7 × 3 =	9 × 4 =
37 − 8 =	8 × 6 =	86 − 6 =
4 × 7 =	47 + 3 =	6 × 9 =
19 + 40 =	21 − 3 =	16 + 5 =
6 × 3 =	92 − 70 =	66 + 5 =
63 + 30 =	6 × 2 =	5 × 9 =
43 + 9 =	7 × 7 =	40 − 9 =
6 × 4 =	85 − 30 =	11 + 2 =
3 × 4 =	88 + 4 =	6 × 9 =
51 − 8 =	7 × 8 =	56 − 40 =
2 × 7 =	51 − 4 =	45 − 7 =
7 × 9 =	3 × 6 =	8 × 8 =
92 − 5 =	29 + 4 =	29 + 6 =

对的题数：_____   完成时间：_____分钟

评价建议：3分钟内全对——大师级；4分钟内全对——优秀；5分钟内全对——达标；超过5分钟完成——要加油。

乘除篇

六、除法与加减法

懂得选择和组合不同的算式，会在"除法与加减法"游戏中从容不迫、游刃有余、运用自如。

梁实秋的散文《下棋》中有这么一段话："有一种人，我最不喜欢和他下棋，那便是太有涵养的人。杀死他一大块，或是抽了他一个车，他神色自若，不动火，不生气，好像是无关痛痒，使你觉得索然寡味……种种现象，不一而足，这时节你'行有余力'便可以点起一支烟，或啜一碗茶，静静地欣赏对方的苦闷的象征。"

梁先生写的是下棋的乐趣。希望我们的数学游戏也能带给孩子们尽情享受游戏的快乐。

游戏 60　炒鱿鱼（★★）

【游戏目的】

学生利用手上的扑克牌组成没有余数的除法算式，感受游戏的乐趣。

【游戏用具】

一副扑克牌（其中 A = 1，J = 11、Q = 12、K = 13，大小王是万能牌）。

【游戏人数】

3 人。

【游戏规则】

（1）学生自行决定玩的顺序，先手洗牌，三位学生轮流抓牌，把这一副扑克牌抓完，将牌握在手中。

（2）从先手开始出牌，每人一次可以出两张牌或者三张牌（最多三张牌）。

两张牌的一定要组成除法算式，三张牌的先加减再除，只要计算结果没有余数，就可以把这几张牌炒鱿鱼——丢掉。例如：

① 学生 A 出牌 2、10，说"10÷2＝5"。

② 学生 B 出牌 2、10、3，说"（2＋10）÷3＝4"。也可以分步说"2＋10＝12，12÷3＝4。"

③ 学生 C 出牌 A、9、K，说"（13－9）÷1＝4"。

（3）如果手里的牌找不到没有余数的组合，就喊"过"，不能出牌。

（4）三位学生轮流出牌，先出完牌或剩余牌的张数最少者为这一盘的赢家。三盘两胜，将每一盘的游戏结果记录在表 3.24 中。

表 3.24 "炒鱿鱼"游戏记录表

_____年_____月_____日

学生姓名			
第一盘			
第二盘			
第三盘			
输 赢			

【使用及评价建议】

（1）这个游戏的算式组合灵活度大，挑战孩子随机应变的能力，机智的孩子会在每一次出牌时丢掉 3 张。

（2）这个游戏几个回合下来，会思考的孩子会发现其中的奥秘：尽量组成 12、18、24 等作被除数；尽量留下 2 作除数；尽量用相邻数相减得到的 1 作除数……

游戏61 聪明过人（★★★）

【游戏目的】

运用加法、减法和除法灵活组合算式，培养孩子的综合计算能力。

【游戏用具】

蛇棋棋盘、2颗不同颜色的棋子；扑克牌A—10及大小王，共38张牌（A当作1使用，10当作0使用）。

【游戏人数】

2人。

【游戏规则】

（1）把扑克牌洗好，整齐地叠成一摞，点数朝下放在桌面上，摆好蛇棋棋盘。

（2）学生A翻四张牌，用这四张牌上的数字组成一个"两位数加（减）一位数再除以一位数"的没有余数的除法。得数是几就走几步。如翻到3、4、2、6，说"$34+2=36, 36÷6=6$"，走6步。如果不能组成没有余数的除法，可申请换牌。学生A走完棋后，换学生B继续。

（3）两人轮流进行，先走到终点（100）者获胜。继续下一盘游戏，三盘两胜，将每一盘的游戏结果记录在表3.25中。

表3.25 "聪明过人"游戏记录表

_____年_____月_____日

学　生	第一盘	第二盘	第三盘	输　赢

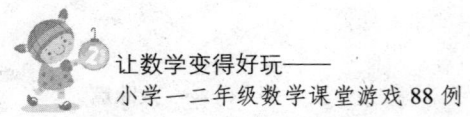

【使用及评价建议】

（1）最初玩此游戏时，孩子可能会算得比较慢，老师、家长不要着急，多玩几天速度就会快了。

（2）此游戏四张牌的加减乘除组合算法有很多，但哪一种比较适合自己，还需要进行比较、推理，既训练了孩子的计算能力，又培养了孩子思维的策略性。

游戏 62　凑点（★★★★）

【游戏目的】

凑点游戏体现了计算的多样性，进一步培养了孩子的发散思维，并激发孩子对数学游戏的浓厚兴趣。

【游戏用具】

一副扑克牌，共 54 张。

【游戏人数】

2 人或 3 人。

【游戏规则】

（1）洗牌，把牌叠成一摞，点数朝下放在桌面上。自行决定玩的顺序，学生轮流抓牌，把这副扑克牌抓完，握在手中，摆成扇形。

（2）学生 A 用两张牌组成一个没有余数的算式。叫牌，边叫这两张牌的商边出牌。学生 B 跟牌两张或者三张，通过运用加、减、除，算出与学生 A 相同的商（运算的最后一步必须是除法）。如学生 A 叫牌 6、2，说"6÷2＝3"；学生 B 跟牌 3、9、4，说"（3＋9）÷4＝3"。

如果学生手中的牌无法凑到得数为 3 的算式，就喊"不跟"；如果还能凑出得数是 3 的算式，继续出牌；直到双方都无法凑到 3，由最后一次跟牌者"叫牌"，这两张牌的商是几由叫牌者决定。

（3）继续玩，最先出完牌者获胜；双方剩下的牌无法再"叫牌"，手里的

牌少者获胜。三盘两胜，将每一盘的游戏结果记录在表3.26中。

表3.26 "凑点"游戏记录表

_____年_____月_____日

学生姓名	第一盘	第二盘	第三盘	输　赢

【使用及评价建议】

（1）孩子们在玩这个游戏时，会使用不同的运算方法，运用加、减、除使运算结果相同，可大大提高孩子思维的灵活性和计算能力。

（2）上述游戏规则设计的是每位学生一次最多跟牌3张。等玩一段时间后，可以增加难度，每次随意跟几张牌都可以。

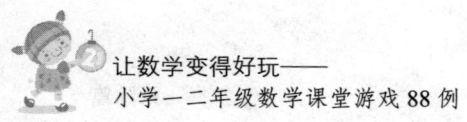

附：阶段性口算检测题（含评价建议）

除法混加减法口算检测题一

21 ÷ 7 =	40 ÷ 8 =	32 ÷ 8 =
65 − 6 =	14 ÷ 2 =	20 − 2 =
16 ÷ 4 =	71 − 7 =	4 ÷ 9 =
63 ÷ 9 =	75 + 2 =	25 − 7 =
65 − 40 =	63 ÷ 7 =	13 + 30 =
46 + 8 =	49 − 6 =	67 + 5 =
13 ÷ 4 =	23 − 7 =	44 − 30 =
24 ÷ 3 =	19 ÷ 3 =	95 ÷ 9 =
52 − 4 =	14 ÷ 5 =	40 ÷ 6 =
26 ÷ 5 =	49 ÷ 9 =	16 ÷ 6 =
41 − 8 =	63 ÷ 7 =	35 ÷ 5 =
56 ÷ 7 =	44 ÷ 8 =	72 ÷ 9 =
35 ÷ 6 =	21 ÷ 3 =	30 − 8 =
42 ÷ 6 =	22 ÷ 7 =	48 ÷ 6 =
35 ÷ 4 =	45 + 30 =	21 ÷ 6 =
29 + 6 =	49 ÷ 7 =	28 ÷ 4 =
26 + 7 =	56 ÷ 8 =	25 ÷ 3 =
69 − 3 =	24 ÷ 4 =	3 ÷ 8 =
40 ÷ 5 =	40 + 2 =	56 ÷ 7 =
82 + 6 =	8 ÷ 2 =	22 + 6 =

对的题数：_____   完成时间：_____分钟

评价建议：3分钟内全对——大师级；4分钟内全对——优秀；5分钟内全对——达标；超过5分钟完成——要加油。

除法混加减法口算检测题二

78 + 8 =	86 + 6 =	56 ÷ 7 =
13 + 40 =	23 − 3 =	44 + 6 =
72 ÷ 9 =	60 + 30 =	40 ÷ 5 =
2 + 49 =	42 ÷ 8 =	82 + 8 =
16 ÷ 5 =	87 − 40 =	97 + 6 =
1 ÷ 5 =	14 ÷ 3 =	21 ÷ 3 =
55 + 6 =	4 ÷ 8 =	32 ÷ 9 =
64 − 60 =	49 ÷ 7 =	54 ÷ 9 =
40 − 3 =	75 + 6 =	72 + 7 =
49 ÷ 9 =	56 ÷ 8 =	57 − 6 =
82 − 60 =	16 ÷ 4 =	24 ÷ 3 =
36 − 7 =	26 + 8 =	5 ÷ 3 =
28 ÷ 3 =	32 ÷ 4 =	3 ÷ 2 =
61 + 7 =	42 ÷ 6 =	28 ÷ 7 =
28 ÷ 4 =	8 − 8 =	35 ÷ 5 =
51 − 30 =	11 + 3 =	6 ÷ 9 =
63 ÷ 9 =	30 ÷ 5 =	38 + 5 =
32 − 5 =	22 − 5 =	36 ÷ 9 =
21 − 9 =	99 − 20 =	48 ÷ 6 =
72 ÷ 8 =	90 − 9 =	47 − 9 =

对的题数：_____   完成时间：_____分钟

评价建议：3分钟内全对——大师级；4分钟内全对——优秀；5分钟内全对——达标；超过5分钟完成——要加油。

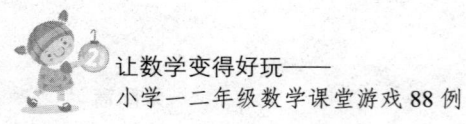

除法混加减法口算检测题三

93	−	60	=	24	÷	3	=	77 − 6 =
4	÷	8	=	27	−	9	=	44 − 5 =
24	÷	4	=	24	÷	3	=	45 ÷ 6 =
16	+	6	=	74	+	3	=	56 ÷ 8 =
6	÷	7	=	36	−	8	=	43 − 30 =
63	÷	8	=	54	−	40	=	36 + 4 =
79	+	3	=	65	+	2	=	18 ÷ 3 =
14	÷	2	=	81	÷	9	=	42 ÷ 7 =
66	+	5	=	42	÷	6	=	20 − 8 =
5	÷	3	=	19	+	2	=	76 + 7 =
23	÷	7	=	63	÷	9	=	48 ÷ 6 =
23	+	50	=	49	÷	7	=	56 ÷ 7 =
35	÷	5	=	79	+	9	=	42 ÷ 9 =
39	+	4	=	19	÷	3	=	64 ÷ 8 =
57	−	40	=	65	−	30	=	56 ÷ 9 =
64	÷	9	=	48	÷	8	=	28 ÷ 4 =
28	−	8	=	72	÷	4	=	32 − 7 =
79	+	3	=	13	÷	6	=	78 + 5 =
56	÷	7	=	16	÷	4	=	22 + 4 =
49	+	6	=	9	÷	7	=	77 − 8 =

对的题数：_____　　　完成时间：_____分钟

评价建议：3分钟内全对——大师级；4分钟内全对——优秀；5分钟内全对——达标；超过5分钟完成——要加油。

除法混加减法口算检测题(11)

32 ÷ 6 =	63 ÷ 9 =	27 ÷ 3 =
14 ÷ 3 =	25 ÷ 5 =	74 + 4 =
88 − 40 =	67 + 3 =	42 ÷ 6 =
49 ÷ 6 =	24 ÷ 3 =	83 − 50 =
6 + 70 =	56 ÷ 8 =	5 ÷ 3 =
72 − 3 =	35 ÷ 4 =	23 ÷ 6 =
15 ÷ 5 =	16 ÷ 2 =	28 ÷ 4 =
21 ÷ 7 =	8 ÷ 2 =	59 + 2 =
78 − 50 =	53 + 3 =	26 − 9 =
40 ÷ 5 =	51 ÷ 3 =	16 ÷ 9 =
32 ÷ 4 =	2 ÷ 2 =	56 ÷ 7 =
26 + 30 =	64 ÷ 8 =	81 − 70 =
42 ÷ 5 =	44 + 6 =	28 ÷ 9 =
77 ÷ 3 =	21 ÷ 2 =	34 − 7 =
58 − 4 =	47 + 9 =	24 ÷ 8 =
56 + 40 =	49 ÷ 8 =	59 + 9 =
20 ÷ 5 =	45 − 4 =	42 ÷ 7 =
7 ÷ 3 =	30 ÷ 6 =	24 ÷ 6 =
43 + 40 =	67 − 9 =	37 − 8 =
49 ÷ 7 =	19 − 2 =	12 ÷ 4 =

对的题数：_____　　　完成时间：_____分钟

评价建议：3分钟内全对——大师级；4分钟内全对——优秀；5分钟内全对——达标；超过5分钟完成——要加油。

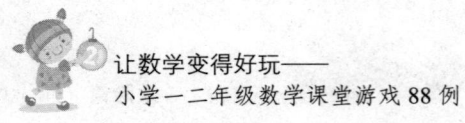

除法混加减法口算检测题五

28 ÷ 4 =	50 − 2 =	95 − 20 =
44 + 7 =	16 ÷ 4 =	13 − 9 =
45 + 8 =	24 ÷ 6 =	37 + 8 =
13 ÷ 4 =	23 − 9 =	44 ÷ 7 =
28 ÷ 7 =	21 − 3 =	84 − 9 =
22 ÷ 4 =	78 + 5 =	98 − 30 =
90 − 5 =	21 ÷ 7 =	16 ÷ 6 =
18 + 30 =	19 ÷ 3 =	48 ÷ 6 =
28 ÷ 5 =	40 ÷ 8 =	56 ÷ 9 =
85 − 60 =	19 + 2 =	89 + 3 =
4 ÷ 3 =	64 − 40 =	39 − 5 =
33 ÷ 4 =	66 + 3 =	72 ÷ 9 =
35 ÷ 6 =	16 ÷ 2 =	64 + 4 =
60 + 7 =	16 + 2 =	50 ÷ 3 =
35 ÷ 5 =	50 ÷ 4 =	13 ÷ 9 =
89 + 7 =	28 ÷ 4 =	41 + 9 =
75 + 20 =	82 + 3 =	12 ÷ 2 =
72 ÷ 9 =	79 − 30 =	6 ÷ 9 =
21 ÷ 6 =	11 − 6 =	37 + 8 =
63 ÷ 9 =	20 ÷ 4 =	47 + 20 =

对的题数：_____ 完成时间：_____分钟

评价建议：3分钟内全对——大师级；4分钟内全对——优秀；5分钟内全对——达标；超过5分钟完成——要加油。

七、加减乘除综合运算

小朋友们都很熟悉"孙悟空七十二变"。孙悟空法力高深,是因为他有快速的反应能力,还有忍耐力和坚韧力。在游戏中,也要有百折不挠的斗志,逐步突破难关,下面是难度较高的24点游戏,你有信心挑战吗?

游戏63 24点(★★★★★)

【游戏目的】

在游戏中创造自主探索的机会,培养孩子的创造性思维。

【游戏用具】

一副扑克牌,去掉大小王,共52张牌(A = 1、J = 11、Q = 12、K = 13)。

【游戏人数】

3人(1人裁判、2人游戏,裁判轮流当)。

【游戏规则】

学生用四张扑克牌,巧妙组合进行加减乘除的计算,使结果是24。

(1)洗牌,把牌叠成一摞,点数朝下放在桌面上。裁判翻牌,一次翻开四张牌。每次翻牌前喊"预备"后,迅速把4张牌点数朝上放在桌面上,两个学生通过加减乘除运算(可用括号)凑成24,这4张牌必须用且只能用一次。如翻牌3、8、8、9,那么大声说"(9 − 8)×8×3 = 24",也可以分步说"9 − 8 = 1,1×8×3 = 24";也可以算"3×8÷(9 − 8)= 24"等。算得又快又对的学生得到这4张扑克牌。

(2)直到一副扑克牌用完,得到的牌多者为赢家。三盘两胜,将每一盘

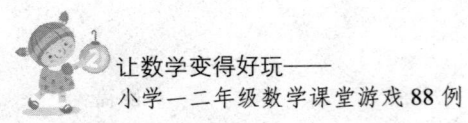

的结果记录在表 3.27 中。

（3）换裁判，继续游戏。

表 3.27 "24 点"游戏记录表

_____ 年 _____ 月 _____ 日

裁判姓名			
学生姓名			
第一盘			
第二盘			
第三盘			
胜　负			

【使用及评价建议】

（1）24 点游戏为孩子创造了独立思考的平台，探索和发现数与运算的规律，有利于数感的发展。

（2）24 点游戏体现了口算的个性化、多样化，尝试从各种角度去解决问题，可以提高学生的解题能力，也可以训练学生的快速反应能力。

（3）通过"巧算 24 点"可提高学生的口算能力，但这并不是一朝一夕之功，需要长久地坚持才能取得实效。学生很喜欢玩这种游戏。

（4）24 点的计算技巧：

技巧一：利用 $3\times8=24$、$4\times6=24$、$2\times12=24$ 求解。把牌面上的四个数想办法凑成 3 和 8、4 和 6、2 和 12，再相乘求解。

如 3、4、8、10 可组成 $(10-8\div4)\times3=24$ 或 $(10-3-4)\times8=24$ 等。又如 2、3、7、1 可组成 $(7+2-1)\times3=24$ 等。实践证明，这种方法是命中率最高的一种方法。

技巧二：利用 0、11 的运算特性求解。如 3、4、4、8 可组成 $3\times8+4-4=24$ 等；又如 7、8、J、K 可组成 $11\times(8-7)+13=24$ 等。

技巧三：在有解的牌组中，用得最为广泛的是以下七种模型（我们用a、b、c、d表示牌面上的4个数）。游戏时不妨试一试。

模型一 $(a-b)\times(c+d)$	如 $(10-4)\times(2+2)=24$ 等
模型二 $(a+b)\div c\times d$	如 $(9+3)\div 2\times 4=24$ 等
模型三 $(a-b\div c)\times d$	如 $(3-2\div 2)\times 12=24$ 等
模型四 $(a+b-c)\times d$	如 $(9+5-2)\times 2=24$ 等
模型五 $a\times b+c-d$	如 $11\times 3+2-11=24$ 等
模型六 $(a-b)\times c+d$	如 $(9-4)\times 3+9=24$ 等
模型七 $a\times c-b\times d$	如 $5\times 8-2\times 8=24$ 等

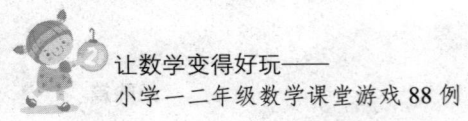

附：阶段性口算检测题（含评价建议）

四则运算口算检测题一

57 + 8 =	40 ÷ 6 =	27 ÷ 3 =
13 - 4 =	23 - 9 =	44 + 8 =
63 ÷ 7 =	6 × 3 =	21 ÷ 3 =
2 × 4 =	82 + 5 =	8 × 3 =
32 ÷ 5 =	49 ÷ 7 =	56 - 6 =
19 + 7 =	48 ÷ 6 =	5 × 5 =
2 × 2 =	46 - 8 =	9 × 9 =
18 + 6 =	3 × 9 =	42 ÷ 7 =
41 - 9 =	69 + 9 =	16 ÷ 2 =
50 + 4 =	37 + 30 =	50 - 6 =
9 × 6 =	14 ÷ 2 =	70 + 20 =
6 × 7 =	6 ÷ 8 =	5 × 3 =
69 - 30 =	9 × 4 =	3 ÷ 5 =
58 - 9 =	66 + 7 =	63 + 8 =
7 × 2 =	85 - 6 =	64 ÷ 8 =
72 ÷ 9 =	24 ÷ 3 =	6 × 9 =
80 - 40 =	17 + 5 =	87 - 7 =
46 + 8 =	2 ÷ 3 =	59 - 30 =
56 ÷ 7 =	39 ÷ 9 =	42 ÷ 6 =
47 - 5 =	63 ÷ 9 =	24 ÷ 8 =

对的题数：_____ 完成时间：_____ 分钟

评价建议：3分钟内全对——大师级；4分钟内全对——优秀；5分钟内全对——达标；超过5分钟完成——要加油。

四则运算口算检测题二

44 + 8 =	7 × 6 =	63 − 4 =
13 − 4 =	2 × 8 =	44 + 40 =
47 − 30 =	40 − 8 =	30 ÷ 7 =
29 + 4 =	4 × 5 =	55 − 5 =
16 ÷ 5 =	49 ÷ 6 =	43 ÷ 6 =
41 − 5 =	6 × 8 =	38 + 7 =
62 + 20 =	5 × 3 =	72 ÷ 9 =
9 × 6 =	68 − 20 =	85 − 4 =
4 ÷ 9 =	40 ÷ 5 =	4 × 7 =
16 + 8 =	34 − 3 =	83 + 6 =
99 − 50 =	41 − 40 =	59 + 6 =
6 ÷ 7 =	6 + 8 =	9 × 3 =
4 × 3 =	24 ÷ 4 =	3 ÷ 3 =
56 ÷ 8 =	69 − 40 =	28 ÷ 4 =
34 − 8 =	86 + 9 =	5 × 7 =
39 + 50 =	63 ÷ 9 =	4 × 9 =
21 ÷ 4 =	71 − 6 =	49 + 8 =
5 × 6 =	2 + 38 =	48 ÷ 6 =
6 × 9 =	79 − 8 =	59 − 3 =
47 − 5 =	7 × 8 =	42 + 4 =

对的题数：_____   完成时间：_____分钟

评价建议：3分钟内全对——大师级；4分钟内全对——优秀；5分钟内全对——达标；超过5分钟完成——要加油。

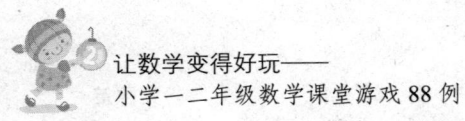

四则运算口算检测题三

37	+	9	=	27	−	4	=	21	÷	3	=
28	÷	4	=	63	÷	7	=	13	−	7	=
8	×	8	=	2	×	6	=	6	×	9	=
13	÷	4	=	23	÷	8	=	44	−	6	=
56	÷	7	=	65	÷	3	=	48	+	20	=
20	−	4	=	4	×	6	=	63	÷	9	=
5	×	5	=	49	+	5	=	36	+	60	=
1	÷	6	=	38	−	3	=	55	−	5	=
21	−	4	=	4	÷	8	=	88	÷	9	=
7	×	6	=	35	÷	5	=	86	+	8	=
40	+	5	=	46	−	7	=	8	×	2	=
26	−	4	=	11	+	30	=	37	−	6	=
21	÷	6	=	5	×	3	=	76	+	5	=
6	×	7	=	60	−	8	=	5	×	9	=
86	−	30	=	49	÷	8	=	3	÷	7	=
14	÷	2	=	6	×	8	=	7	×	3	=
5	×	8	=	80	−	3	=	49	−	7	=
68	+	30	=	56	÷	9	=	6	÷	9	=
9	×	2	=	78	+	6	=	29	+	3	=
43	+	20	=	2	×	4	=	22	+	2	=

对的题数：_____   完成时间：_____分钟

评价建议：3分钟内全对——大师级；4分钟内全对——优秀；5分钟内全对——达标；超过5分钟完成——要加油。

四则运算口算检测题（四）

6 × 8 =	35 ÷ 5 =	72 ÷ 9 =
28 ÷ 4 =	16 ÷ 4 =	13 + 80 =
7 × 8 =	89 − 60 =	85 + 4 =
13 − 4 =	23 + 6 =	44 ÷ 9 =
39 + 20 =	18 ÷ 3 =	27 − 6 =
2 × 4 =	2 × 5 =	49 ÷ 7 =
4 + 69 =	29 ÷ 4 =	74 − 60 =
29 ÷ 6 =	20 + 62 =	3 × 8 =
58 + 4 =	48 ÷ 8 =	5 × 9 =
52 − 6 =	36 + 30 =	58 − 20 =
4 × 5 =	9 × 9 =	74 + 3 =
58 − 40 =	14 ÷ 3 =	24 ÷ 6 =
19 ÷ 3 =	63 + 4 =	4 × 8 =
62 − 7 =	36 − 8 =	5 ÷ 3 =
7 × 3 =	3 × 4 =	29 + 40 =
37 + 6 =	42 − 40 =	77 + 8 =
16 ÷ 2 =	8 × 5 =	9 × 8 =
22 − 3 =	16 ÷ 3 =	6 ÷ 9 =
3 × 3 =	17 + 9 =	64 ÷ 8 =
56 ÷ 7 =	2 × 2 =	85 − 8 =

对的题数：_____　　　完成时间：_____分钟

评价建议：3分钟内全对——大师级；4分钟内全对——优秀；5分钟内全对——达标；超过5分钟完成——要加油。

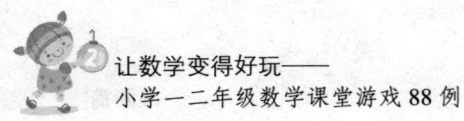

四则运算口算检测题五

33 − 6 =	37 − 6 =	4 × 7 =
35 + 30 =	51 + 40 =	13 + 8 =
8 × 8 =	6 × 8 =	56 ÷ 8 =
13 ÷ 4 =	1 ÷ 7 =	44 + 20 =
88 + 3 =	39 + 3 =	14 ÷ 2 =
5 × 4 =	88 − 5 =	21 ÷ 3 =
21 ÷ 5 =	4 × 9 =	68 + 6 =
18 − 6 =	81 − 3 =	74 − 60 =
9 × 6 =	4 ÷ 8 =	7 × 9 =
21 ÷ 6 =	61 + 6 =	71 − 20 =
4 + 88 =	49 ÷ 7 =	6 × 7 =
14 ÷ 4 =	69 − 30 =	84 + 6 =
92 − 60 =	6 × 4 =	28 ÷ 4 =
66 − 7 =	70 + 8 =	5 × 3 =
72 ÷ 8 =	54 + 5 =	3 ÷ 8 =
5 × 8 =	80 − 8 =	66 − 5 =
88 + 6 =	8 × 7 =	79 + 4 =
6 × 2 =	52 ÷ 6 =	6 + 9 =
35 ÷ 5 =	33 + 9 =	23 − 9 =
27 − 6 =	22 ÷ 9 =	5 × 6 =

对的题数：_____   完成时间：_____分钟

评价建议：3分钟内全对——大师级；4分钟内全对——优秀；5分钟内全对——达标；超过5分钟完成——要加油。

益智篇

　　爱玩是孩子的天性,为了使刚进校门的孩子远离网络游戏,又满足孩子玩的天性,我们收集和开发了25个桌面益智游戏。益智游戏以游戏的形式锻炼脑、眼、手,可以使学生在游戏中获得逻辑思维能力,并使思维更加敏捷。

　　这里的游戏有的需要学生静静思考,战胜自己;有的是两军对垒,有胜有败;也有的在群战中找到自我。无论以何种方式呈现,我们都希望师生、亲子能在游戏中感受到愉悦。高尔基说过:"游戏是小儿认识世界和改造世界的途径。"我们期待孩子们在变幻莫测的游戏中主宰大局、扭转乾坤。

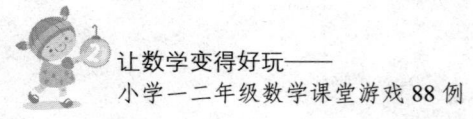

一年级益智游戏

刚入学的孩子活泼好动，好奇心强，喜欢模仿，注意力和自控力相对较差。为了使孩子们尽快适应课堂学习，我们设计和收集了12个桌面益智游戏，有助于孩子们积极、自主地畅游在数学乐园里。舒尔特方格游戏能集中孩子的注意力，孩子的注意力集中时间可达到15～20分钟；七个摆拼类游戏：T字板、智力方块、游戏棒、平面智慧珠、角斗士、七巧板、智能方块密码，能锻炼手脑协调能力，提高视觉记忆力；玩转聪明格游戏可初步培养孩子的逻辑推理能力；"一线生机"和"降落四子棋"游戏能让孩子学会策略性地智取。

调查显示，经常玩游戏的学生思维活跃、善于表达、情绪乐观，解决问题时会更加灵活。

游戏64 快乐摆拼——T字板（四巧板）

【游戏介绍】

"T字板"起源于中国，流传甚广，是一种古老的智力游戏。"T字板"又称为"四巧板"，由四块形状各异的木块组成。这四块木板中有大小不同的直角梯形各一块、等腰三角形一块、凹五边形一块，几个多边形的内角除了直角外，还有45°、135°和270°角。

可别小看这简单的四块板，以为用它拼图形是很容易的事。其中的"T"形是最让人费脑筋的一种拼法，所以这个游戏也称"T字之谜"。

100%的人不相信这四块小木板会难倒自己，但是，98%的人都不能轻易地拼出来。不信就试试看！多拼多玩，智力与思维会不知不觉地得到

提高。

【游戏目的】

T字板的拼摆能巩固一年级学生对简单图形的认识，提高拼图、平面图形的分割和补充等动手能力，对以后学习几何知识能起到辅助作用。

【游戏用具】

木质T字板（见彩图4.1）。

【游戏人数】

1人或多人。

【游戏规则】

玩法一：按图拼，用四块板努力拼出所有图形，花的时间越少越好。

玩法二：设计出漂亮的有创意的图形，如房子、字母、符号等。

【游戏攻略】

（1）游戏前，先让孩子认识这4块板的特征，量一量每块板边的长短，通过比对找出四巧板尺寸的对应关系（如图4.2）。

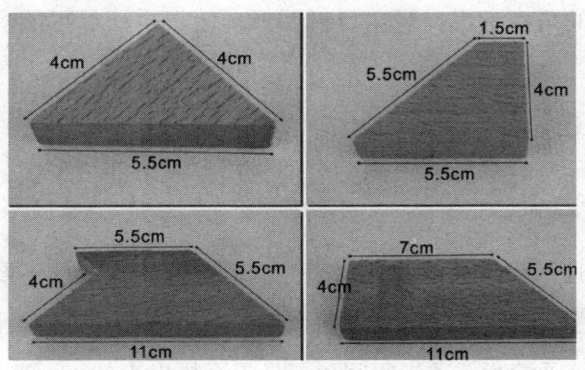

图4.2　认识每块板

（2）把一个不规则的图形分割成几个规则图形，如图4.3。

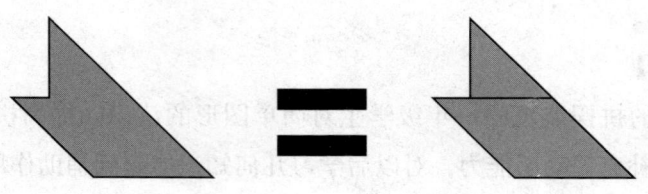

图 4.3　分割图形

（3）找出面积相等的图形，并想明白为什么相等，如图 4.4。

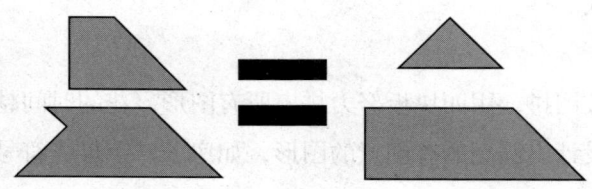

图 4.4　找出面积相等的图形

（4）从图形的结构中寻找思路，如相同形状的组合。

（5）从角的角度考虑，观察目标图形，使得拼摆尽可能多直角或尽可能没直角。

【使用及评价建议】

（1）购买玩具时选择有不同颜色的板块，以帮助孩子区分这四块板，也便于指导。

（2）游戏时，按照下面的评价表，从低级开始，建议不要越级，以免挫伤孩子的积极性。在学校，可以三四个人一组比赛，看谁拼得快；在家里，家长当观众，看孩子游戏，适当问问孩子是怎么拼出来的。

（3）评价表 4.1 中的智力水平是鼓励孩子的一种方式，孩子每拼出一个图形时，家长和老师就要表扬孩子达到什么水平了，以增强孩子的自信心。

表 4.1 "四巧板"游戏评价表

级 别	智力水平	拼图时间（分）	图 形
1	三岁	2—3	石条
2	幼儿园	20	单人旁 角铁 木马 斧头
3	初小	20	雁阵 路标 帆船 异形石
4	高小	20	钩 1字 喜鹊 菱形
5	初中	20	三节棍 闪电 卜字 7字
6	高中	20	鸭子 斑石 订书机 房子
7	大专	20	桥 火箭 阶梯 狗头
8	大学	20	火山 箭头 T字
9	博士	10	手风琴

我们希望孩子能打破常规，转换思维，展开想象，拼出更有创意的图形。

游戏 65 舒尔特方格

【游戏介绍】

舒尔特方格游戏是最简单、最有效也最科学的训练注意力的方法，可用来测量儿童注意力的稳定性。

在寻找目标数字时，需要注意力高度集中。这种短暂的、高强度的集中精力过程使大脑集中注意力功能不断得到加强、提高，使得注意力水平越来越高。随着练习的深入，眼球的末梢视觉能力提高，初学者可以有效地拓展视幅，加快阅读节奏，眼睛快速认读；进入提高阶段之后，可同时拓展纵横视幅，达到一目十行。

如果孩子注意力难以集中或者注意力集中时间少于 10 分钟，可尝试这个游戏。

【游戏目的】

有效提高孩子的注意力，包括注意的稳定性、转移速度和广度。

【游戏用具】

舒尔特方格是在一张正方形卡片上画上 1cm×1cm 的 25 个方格（注意：方格一定是这个尺寸的），格子内任意填写上阿拉伯数字 1—25 共 25 个数字（如图 4.5）。

17	12	11	24	10
25	13	1	15	6
20	2	18	4	9
3	7	21	14	22
8	5	19	16	23

图 4.5　舒尔特方格

【游戏人数】

1 人或多人。

【游戏规则】

训练时要求学生按 1—25 的顺序，用手指一边点数，一边读出声，用秒表记录所用时间。数完 25 个数字所用时间越短，注意力水平越高。

【游戏攻略】

（1）眼睛距离表格30～35厘米，视点自然放在表的中心。

（2）在所有字符全部清晰入目的前提下，按顺序找出所有数字，注意不要顾此失彼，找一个数字而对其他数字视而不见；要像下棋一样，说1时就要看到2、3的位置。

【使用及评价建议】

（1）建议一年级学生从3×3方格玩起，达到9秒完成就可以玩4×4方格；4×4方格达到16秒完成就是优秀了。视野较宽、注意力参数较高的孩子可以从25格开始练习。如果有兴趣继续提高练习的难度，还可以自己制作36格、49格、64格、81格的表。

（2）练习开始时，达不到标准是非常正常的，切莫急躁。用时较长、寻找数字较慢的可以从9格开始训练，能轻松达到要求之后再逐渐增加难度。千万不要急于求成，挫伤孩子的积极性。

（3）按照表中数字的顺序，迅速找全所有的数字，平均1个数字用1秒钟，孩子的学习成绩应是名列前茅，即9格用9秒、16格用16秒、25格用25秒；如果找1个数字用时接近2秒，则孩子考试可能会不及格。

（4）家长可以自制几套卡片，绘制表格，任意填上数字。练习时避免记忆因素，建议每天看2～3个表。眼睛要稍做休息，不要过度疲劳，以免影响视力。

游戏66　一线生机

【游戏介绍】

这是抢点游戏——抢"15"的升级版，用数形结合的方式展示，把15颗棋子（可以是硬币、糖果、小石子等小东西）摆成三角形状（如图4.6），两人轮流按一定的规则取棋子，谁取到最后一颗棋子谁赢。这个游戏可以锻炼孩子的推算能力、应变能力，也可以增加到21颗子、28颗子。

图 4.6 摆放示意图

【游戏目的】

锻炼孩子的推算能力、应变能力。

【游戏用具】

一张三角形图、15 粒圆形棋子或硬币等小物品。

【游戏人数】

2 人。

【游戏规则】

（1）学生用石头、剪刀、布决定先后顺序。

（2）轮流进行游戏，轮到时，一定要取棋子，可以取 1 颗，最多可以取 2 颗。取 2 颗子时，一定要取相邻位置上的棋子，没有相邻的棋子时只能拿 1 颗子（如图 4.7 所示的情形）。

图 4.7 玩法示意图

（3）谁先抢到最后一颗子，谁就获胜。

【游戏攻略】

（1）要想赢取对方，在决定顺序时，争取让对方先拿。拿棋子时，采用的策略是：对方取1颗子，自己拿2颗子；对方取2颗子，自己拿1颗子。使每一轮对方取的棋子和自己取的合起来是3颗子，就是抢3、6、9、12、15。从位置上，尽量使棋子聚拢。反过来，如果自己先取棋子，就要想办法阻碍对方抢3、6、9、12、15，争取让自己抢到这些"点"，在没抢到这些"点"前，尽量把棋子弄散，使对方不能一次取2颗子。

（2）最后剩5～7个棋子时，就要考虑数量与位置，用倒推法来确定取什么位置的棋子、取几颗，这是制胜的法宝。

【使用及评价建议】

（1）游戏用具简单，规则也很简单。只要有一张纸、一支笔，画出一个如图4.6一样的三角形图，有15个小圆片、小硬币甚至15粒瓜子就可以玩起来。

（2）游戏开始时，放手让孩子玩，不要教给孩子任何攻略。在学校，可在孩子玩一两周后，让孩子表演、交流，教师点拨，让孩子充分自主探究。在家里玩时，家长不要过于急躁，等孩子玩到一定程度时，才可适当渗透一些技巧。尽量让孩子自己规划，以智取胜。

（3）有兴趣的、敢于挑战的孩子可以玩21颗子或28颗子。

游戏67 降落四子棋

【游戏介绍】

降落四子棋是历史悠久的益智游戏，它是类似于五子棋的益智棋类，棋盘是竖起来的，棋子竖直放置，增加了游戏的趣味性，是一款有趣、有挑战性的双人棋类游戏，棋盘有6×7和7×9两种，每副棋有两种颜色的棋子，很适合幼儿园和一、二年级的学生玩。

四子棋易学难精，需要用棋子做铺垫把其他的棋子放到关键的位置，在游戏中学生要充分发挥聪明才智，才能让自己的棋子尽快连成一线，赢取对方。

【游戏目的】

锻炼孩子的观察能力，让孩子学会布局、设计路线，培养孩子的推理能力。

【游戏用具】

塑料棋一盒（如图 4.8）。

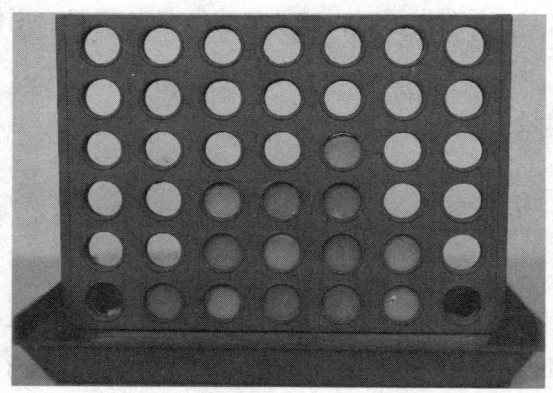

图 4.8　降落四子棋

【游戏人数】

2 人。

【游戏规则】

两个学生各执一种颜色的棋子，轮流在棋盘顶部放置一枚棋子，棋子会滑落到底部。任何一方无论横、竖或斜线，以四枚棋子连成一条线就可获胜。假如棋盘已摆满棋子，都没有一方的四子连线，就算平局。

【游戏攻略】

（1）注意用棋子做铺垫，不管是对方的棋子还是自己的棋子，都可以把棋子垫起来。

（2）尽量布局斜线路线，让对方不容易发现自己的路线，对方稍微疏忽你就赢了。

（3）尽量占据重要点位（见彩图4.9中的红点位），因为这些点位可以形成横、竖、双斜四条线路。

【使用及评价建议】

（1）在商场花几块钱就可以买到降落四子棋。此游戏用具轻便易带，游戏规则简单易懂。孩子们拿到降落四子棋后，不用教就会迫不及待地在课间玩起来。

（2）一年级的孩子执行力、控制力都较差，表现在课堂上多为很难集中注意力，很难控制自己的行为。实践证明，玩这个游戏能有效增强孩子的执行力和控制力，使他们很快适应学校的课堂学习。

游戏68　玩转《聪明格·入门篇》《聪明格·基础篇》

【游戏介绍】

《聪明格·入门篇》《聪明格·基础篇》设计了儿童喜欢的、有趣的多种游戏，让孩子拿起铅笔在纸上来回移动，体验成功的快感。从第1页的"对对碰"开始，由易到难，循序渐进。第一次玩的孩子能一口气完成十多道题，真正体验"用数字思考的快乐"。本书的作者一再强调"千万不要教孩子"，要让孩子"在快乐中锻炼思维，在思维中品尝快乐"。

《聪明格·入门篇》设计了以下游戏：

① 对对碰：把相同的数字用线连起来，连线只能在方格中间穿过。

② 排排序：把数字按从小到大的顺序用线连起来，连线只能在方格中间穿过。

③ 点点通：从起点到终点把数字按从小到大的顺序用虚线连接。

④ 走迷宫：从起点到终点，避开禁行标记，直行走遍所有格子。

⑤ 划区域：在行、列、粗框围成区域内填上1—4的数字。

⑥ 填数字：在n×n的方格中，每一行、每一列都分别填入1—n的数，

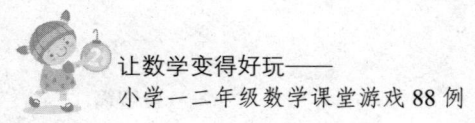

并且每个粗框中必须包含 1—n。

《聪明格·基础篇》设计了以下游戏：

① **切方块**：把大方格分割成若干个四边形，小四边形中的数字表示方格数。

② **画折线**：画折线主要是看那些数字，只要从开始走到结束满足上边数字写的要求就可以，不是所有的格子都走遍。数字表示它所在的行列里被路线经过的格子数。

③ **藏宝物**：根据大方格边上的数字（方格数）把"隐藏的宝物"藏在大方格内，且两个宝物互不相邻。

④ **挖宝物**：类似于扫雷游戏，数字是几，就表示周围有几个宝物，数字所在方格没有宝物。在方格周围的八个方向上有宝物的格画圈。注意题目的下面有宝物的总数量，游戏时所画圈的个数与宝物总数要一致。

⑤ **看大楼**：每个方格表示一幢大楼，大楼层数为每行（列）格数（1—3），在所有的方格里，填上大楼的层数，粗方框外的箭头和数字表示从那个方向能看到几幢楼，同行同列不能出现相同的数字。

⑥ **围环线**：将点用直线连接围成环，数字表示它周围线段的条数。

每个聪明格都是一个圈套、一次发现、一个故事，而思维触角的每一次延伸都会开辟一个新的天地。

【游戏目的】

这些游戏可以让孩子着迷，孩子会在不知不觉中变得既聪明，又会思考。

【游戏用具】

《聪明格·入门篇》《聪明格·基础篇》。

【游戏人数】

1人或多人。

【游戏规则】

（1）每一种游戏都有特定的游戏规则。

（2）游戏比赛时，在相同时间完成同样的聪明格，谁做得多、做得快，谁就最聪明。

【游戏攻略】

（1）玩游戏时，要心灵、眼快，手脑并用，有数字的题目要把极数（最大的数或最小的数）作为突破口，尝试，修正，再尝试，再修正，这样思维会越来越敏捷。

（2）有些类型的游戏要用倒推法或前后夹攻法，如下图的箭头走法。

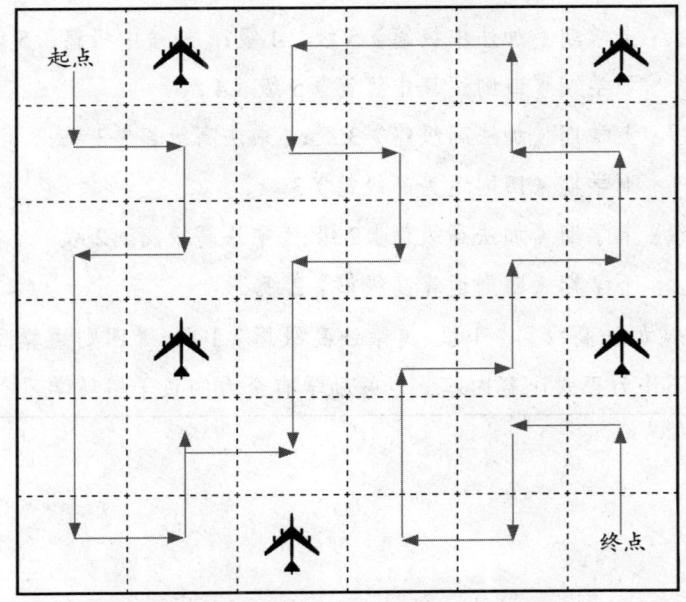

1. 从起点到终点，把所有的方格用线连起来。
2. 有 ✈ 标记的方格，禁止通过。

【使用及评价建议】

（1）《聪明格·入门篇》和《聪明格·基础篇》是孩子们的游戏大餐，虽然要动笔，但只要孩子明白了规则，就会不停地在纸上画。一年级的孩子识字不多，需要教师、家长帮忙读规则，并稍作解释。

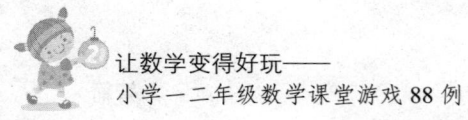

（2）不同的游戏有不同的策略，孩子们会去尝试，有些游戏有点难度，可让孩子反复练习，用铅笔写、画，擦掉，再写、再画，孩子会很有成就感。这是笔者所在学校制定的《聪明格》各年级训练内容，仅供参考。

一年级：上学期《入门篇》
　　　　下学期《基础篇》《加法初级篇》(10～8级)
二年级：上学期《乘法初级篇》(10～8级)
　　　　下学期《四则运算初级篇》(10～8级)
三年级：上学期《加法中级篇》7级、6级；《乘法中级篇》7级、6级
　　　　下学期《四则运算中级篇》7级、6级
四年级：上学期《加法中级篇》5级、4级；《乘法中级篇》5级、4级
　　　　下学期《四则运算中级篇》5级、4级
五年级：上学期《加法高级篇》3级；《乘法高级篇》3级
　　　　下学期《四则运算高级篇》3级
六年级：上学期《加法高级篇》2级；《乘法高级篇》2级
　　　　下学期《四则运算高级篇》2级
说明：《加法高级篇》1级、《乘法高级篇》1级、《四则运算高级篇》1级的内容不作为正式比赛内容，但鼓励学有余力的孩子拓展学习。

一年级《聪明格·入门篇》决赛题

班级_____　姓名_____

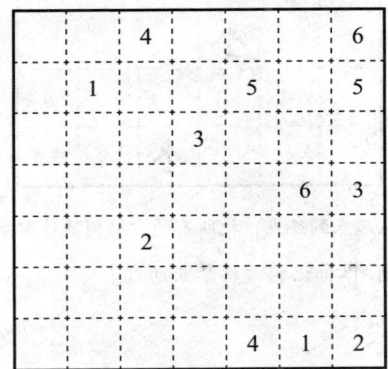

对对碰

排排序

1. 请将相同的数字用线连接起来。
2. 线只能在方格的中间经过一次。

1. 请把1—10的数字按顺序用线连接起来。
2. 线只能在方格的中间经过一次。

填数字

		4	
	3		
			1
2			

划区域

1	2	4	1	3
1	3	2	2	2
2	3	1	1	2
4	4	3	3	4

1. 请在行和列的方格中分别填入1—4的数字。
2. 每个粗框中必须包含1—4的数字。

1. 请将方格分成5个区域。
2. 每个区域的方格中必须包含1—4的数字。

点点通

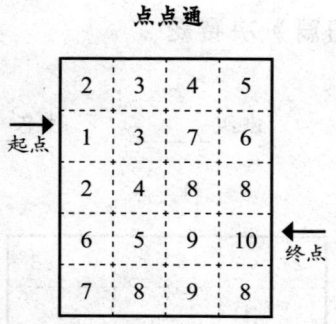

请从起点到终点，把1—10的数字按顺序用虚线连通。

走迷宫

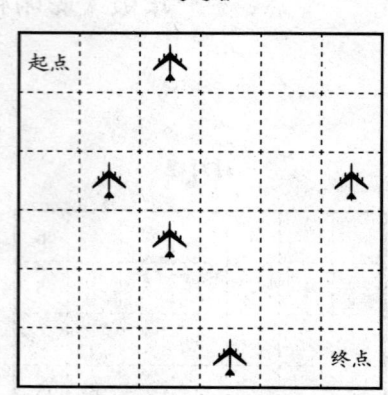

1. 从起点到终点，把所有的方格用线连起来。
2. 有✈标记的方格禁止通过。

一年级《聪明格·基础篇》决赛题

班级_____ 姓名_____

切方块

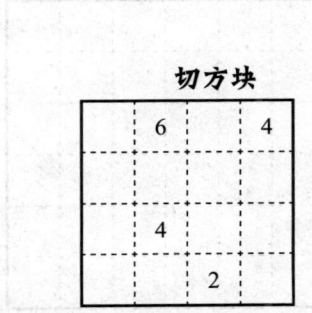

1. 请把大框里的方格分割成若干个四边形。
2. 数字表示四边形围起来的方格数。

看大楼

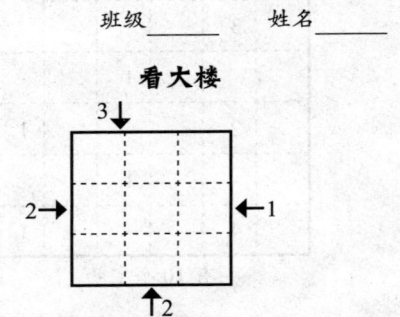

1. 每个方格表示一幢大楼，高1～3层。
2. 请在所有的方格里填上表示大楼层数的数字1—3，粗方框外的箭头和数字表示从那个方向能看到几幢楼，同行同列不能出现相同的数字。

围环线

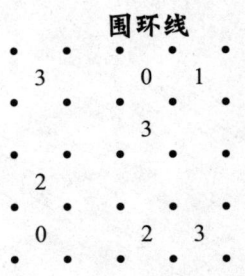

1. 请将图中的一些点连接，形成一个环。点点相连时只能用横线或竖线。
2. 数字表示其周围的线段数，线不能重叠，环线不能重复通过某点。

隐藏的宝物

藏宝物

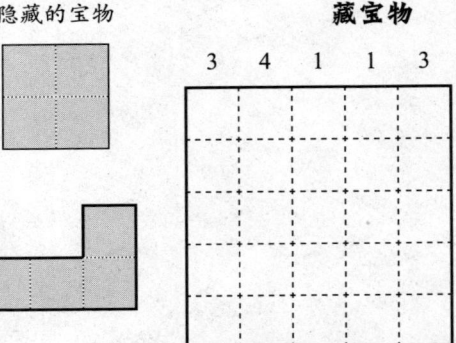

1. 请在相应的方格处涂上"隐藏的宝物"。
2. "隐藏的宝物"互不相邻。
3. 数字表示宝物在此行（列）隐藏的方格数。

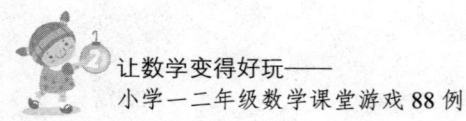

挖宝物

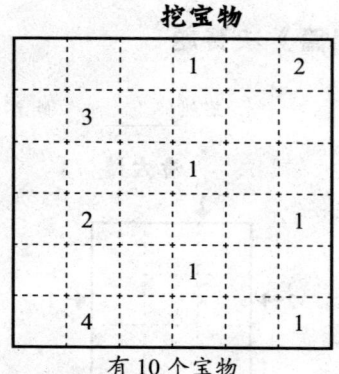

有 10 个宝物

1. 请在宝物隐藏的方格中画圈。
2. 数字表示该方格的周围隐藏的宝物数，数字所在的方格中没有宝物。

划折线

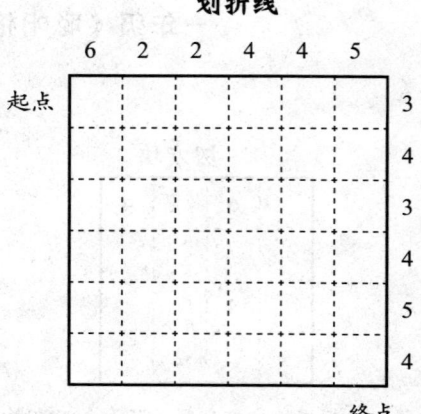

1. 请画出从起点到终点的线路，同一个方格不能经过两次。
2. 数字表示路线在此行（列）经过的方格数。

益智篇

游戏 69　智力方块

【游戏介绍】

这是德国幼儿专家设计的风靡全球的益智游戏。它是一种单人纸牌游戏，曾在港澳台风行一时，获得了英国 2005 年"博士的胜利者"玩具奖。

智力方块由 14 块大小不等的直边方块（8 块蓝色和 6 块绿色）组成。根据题目的要求，组合成规定的图案。共有 60 张题目卡片，卡片背面有答案。游戏一共有六种难度，分别是：菜鸟级、普通级、专家级、大师级、恐怖级和未知级，每级都有 10 个图。

根据题目的要求组合成规定的图形。有些图形看上去很简单，其实里面隐藏着各种不同的变化和组合方式。在有限的平面空间内，抓住其中关键的一块作为突破口，问题就可以解决了，但有时形成了思维定式，就很难成功。

【游戏目的】

在智力方块游戏中建立平面几何概念，增强全局观的思维能力，锻炼学生在短时间内抓住问题的关键，解决问题的能力，重点培养独立思考的习惯。

【游戏用具】

塑料玩具一盒和 60 张卡图（见彩图 4.10）。

【游戏人数】

1 人或多人。

【游戏规则】

（1）把方块从拼图盒里倒出来，选择一张游戏卡，然后拼出游戏卡上显示的图案。所有方块都可以翻转使用，但必须全部平放于拼图盒内。

（2）熟练后，可 1 人玩，用时越少越好；多人玩时，在规定时间内，先完成者获胜。

243

【游戏攻略】

（1）按最小的小方格分成格块。

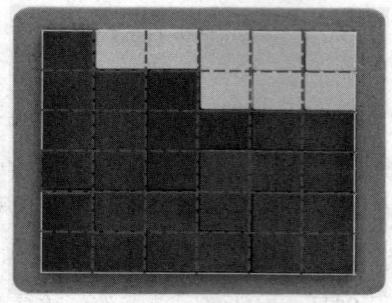

这样，把 14 块板就分成了以下几类：

1 个方格的有 4 块（都是黄色的）。

2 个方格的有 3 块（2 黄 1 蓝）。

3 个方格的有 2 块（都是蓝色的）。

4 个方格的有 5 块（都是蓝色的）。

（2）摆拼时，先拼出黄色的图案，再拼蓝色的。先用大块（5个方格）的、不规则的拼，如先摆拼小鸭子形的那块。注意利用板的大小，多尝试，错了不要紧，多摆拼几次就会成功。

（3）此游戏玩法虽然很简单，但是相当费脑筋，需要决定先放哪个方块，再放入哪个位置，否则摆好了大部分的方块，但是最后一个却找不到对应的形状填进去。

【使用及评价建议】

（1）此游戏属摆拼类游戏，建议从低级玩起，一级一级地进行挑战，尽量不要看答案。从难度较低的第一幅图开始拼，每天拼2~3个图，可在卡片上记录完成时间。

（2）玩一周游戏后，在学校，老师可用课后活动时间或下课前5分钟，选人选图进行比赛，以激发孩子的兴趣，胜利者可获"小巧手""拼图王"等称号；在家里，爸爸妈妈可以和孩子比赛，看谁用的时间少。

游戏 70 游戏棒

【游戏介绍】

米卡多游戏棒，也叫撒棒和挑棍，是一种益智益脑的双人或多人提取棒的游戏，适合儿童玩耍。

操作规则：这些一根一根的竹棒，长短一致，粗细均匀，五颜六色。将它们一把抓在手中，在桌面上磕整齐，手突然放开，游戏棒有的平躺着，有的几根叠放着，最理想的是使竹棒形成"太阳光"形状。

游戏开始，用手拿取游戏棒，一只手指轻轻按下游戏棒一端的尖细部位，使另一端微微翘起，轻轻取走游戏棒，不"惊动"周围的"邻居"。如果触动其他棒就算失败，由下一位玩伴抓取。依次抓取后，比谁最后得到的棒多。

游戏棒的具体分值设定（可以根据需要改变计分方式）：

游戏棒	米卡多	两边蓝	红两节蓝	红黄蓝三色	红蓝两色
支数	1	5	5	10	10
分值	20	10	5	3	2

【游戏目的】

培养脑力与动作协调能力，训练加法计算。

【游戏用具】

游戏工具是 31 根不同颜色的竹签（见彩图 4.11）。

【游戏人数】

2 人或 3 人。

【游戏规则】

（1）其中一个学生把盒里的 31 根游戏棒拿在手中，竖直放在桌面上，然后突然撒手，游戏棒将散落在桌上，如果不满意游戏棒所成的形状，可以重复再扔。

（2）游戏棒撒开后，学生自行商定先手，一根一根地挑起来，不能触动别的小棒。如果触动其他的游戏棒，就算失败，轮到对手继续挑游戏棒。直至把游戏棒挑完，这轮游戏结束。

（3）把已提取的游戏棒的分值相加，每支小棒的分值不一样，按计分说明计分，谁的分数高，谁就是赢家。

【游戏攻略】

（1）游戏时，学生要保持冷静的头脑，集中注意力。当对方挑棒时，要看清楚，判断对方挑棒时有没有触动其他棒，为自己寻找机会，赢取对方。

（2）选择把握大的游戏棒，有些棒虽然和其他棒重叠，但如果是凌空的，就可以下手了。挑棒时也有一定的技巧，要眼疾手快，也可以用指尖慢慢轻按棒尖，让棒的另一端翘起，另一只手小心翼翼地拿。

【使用及评价建议】

（1）玩此游戏时，孩子们专注的程度不亚于看动画片，有时候为了寻找要挑选的棒，会从多角度去观察。

（2）计分时，如果孩子觉得有难度，可以自行调整计分标准。对于有畏难情绪的孩子，这样做能达到更好的效果。

游戏 71　平面智慧珠

【游戏介绍】

智慧珠游戏拼盘（又名智慧金字塔、智慧魔珠）是由日本专家研究设计的超级智力游戏，由一个 55 个小洞的正三角形游戏盘和 12 组不同形状的珠体组成，使用全部珠体填满拼盘，即完成整个游戏。

游戏共有 19887 种平面组合方式，涉及数数、识别数字、认识图形、区分图形、配对、视觉辨析、辨别颜色等内容。随着固定的珠体数量逐渐减少，游戏的难度会逐渐增加，有些布局可能有几种答案。所有珠体均可进行 360°的旋转和翻转，以适应不同的拼盘布局。

此游戏是开启儿童智慧大门的钥匙，能增强其判断事物的速度与能力，提高记忆力，既可增长智慧，又可带来无穷的乐趣。

【游戏目的】

通过摆拼平面图形，提升孩子的观察能力、逻辑推理能力、分析能力、视觉辨析能力、手眼协调能力。

【游戏用具】

1 个游戏盒、1 副游戏珠子，配套册子第一、二、三册（见彩图 4.12）。

【游戏人数】

1 人或多人。

【游戏规则】

（1）游戏规则一：补全图形。由易到难，按照配套小册子中的题目将图摆好,再独立把其余的珠体拼到拼盘上,用时越少越好。

(2)游戏规则二:摆回棋盘。将智慧珠倒出,把所有的珠体以最快的速度摆满拼盘。

【游戏攻略】

(1)建议游戏前,教师或家长先阅读小册子上的说明,让孩子明白游戏规则。一开始可由教师或家长帮助摆好挑战题,再让孩子独立尝试,把余下的珠体放回拼盘。

(2)建议从第1题开始,由浅入深,千万别挫伤孩子的信心和积极性,先让孩子觉得好玩,一关一关地闯,会很有成就感。

(3)熟记各珠体的珠子数、形状和颜色,这样会得心应手。

3颗珠子的有一串:

4颗珠子的有三串:

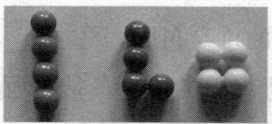

5颗珠子的有八串:

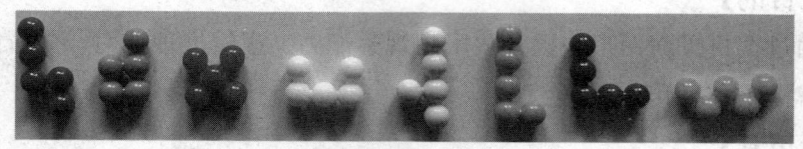

(4)注意手中珠体的形状与挑战题中摆拼的形状,从珠体的数量和形状去判断、思考、旋转、翻转,熟能生巧。

【使用及评价建议】

(1)6岁左右的小学生分析能力较差,但记忆力超强。此时非常适合玩第一册中的游戏。游戏时可鼓励学生以最快的速度将棋局摆好。这时学生不仅

要在众多的珠子中找出自己需要的那一串,而且要凭记忆把它放到正确的位置。记忆力较差的学生放好一个可能要看几遍,记忆力好的学生可能看一遍就可以摆好几串。

(2)将剩余的智慧珠摆满。第一册对成人来讲可能很容易,但对孩子来讲却是对形状的认识、记忆和简单的分析以及推理的开始。

(3)循序渐进,在第一册的基础上,凭借布局、摆放组合的经验,对第二、三册进行高难度的挑战。别忘了,孩子的记忆力超好,如果和他一起玩,小心会输给他哦。

(4)建议:一年级上学期玩第一、二册(平面),下学期玩第三册(平面)。各阶段玩法的难易程度分析见表4.2。

表4.2 "平面智慧珠"玩法难易分析表

第几册	游戏阶段	难度	题号	难易评价
第一册	1	低	1~36	容易到连幼儿园小朋友都会玩。
	2	低	37~72	连爷爷、奶奶都觉得很好玩。
	3	低	73~114	新新人类这么说:新奇好玩,不易也不难。
第二册	4	中	115~154	最适合全家一起比赛的级数。
	5	中	155~194	好玩的程度,连教父、修女也为之疯狂。
	6	中	195~242	过了本级数,即可向高难度挑战。
第三册	7	高	243~274	名侦探柯南也只能玩到本级而已。
	8	高	275~322	不是猛龙不过江,自认不够聪明的人到此难度即可。
	9	高	323~370	高难度题目,大约只有两万分之一的机会通过,但请相信自己的能力,试试吧!

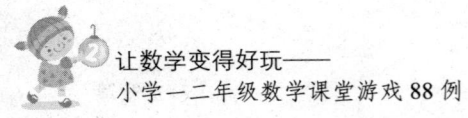

游戏 72　玩转《聪明格·加法篇初级》

【游戏介绍】

聪明格游戏诞生于日本，是一种数字和计算相结合的游戏。它把数独规则与加减乘除四则运算相结合，使小学生在一个个小迷宫里来回穿梭，感受成功的快乐。

《聪明格·加法篇初级》收录的数字游戏的规则都非常简单。只要看清楚规则，就不会发生思维混乱。然后就是不断"转动脑子"，仔细地解题。当遇到怎么也解不开的问题时，暂且放一放，过几天再来挑战。不知不觉中就会发现，脑子已经"进化"了，因此绝对不要急着去看答案。

在宫本算数教室里，学生按规则每完成《聪明格》1个方格，就得1分。分数达到250分，就可进一级，并授予《段位认定书》。这个证书是孩子成长的证明，它对增强孩子的学习积极性非常有帮助。《聪明格·加法篇初级》分为10级、9级、8级三个等级，各级别结束后都附有《段位认定书》。各级别的题目都解开了，在证书上写上孩子的名字和完成日期，对孩子进行表彰。

日本著名宫本算数教室创办人——宫本哲也发明了聪明格。他把聪明格作为宫本算数教室的教材。使用这个教材、从这个教室毕业的学生80%以上进入了东京最好的学校。多数学生数学成绩大大提高，对数学的兴趣也浓厚了。聪明格通过口口相传，很快风靡日本。现在美、英、法等国的报纸均有专栏刊登，由于它趣味性强，又能发展智力、训练脑力、提高成绩，受到各年龄层、各行业人士的追捧。

广东省深圳市南山区第二实验学校引进聪明格游戏已有三年多的时间，也出现了很多聪明格迷。很多孩子拿起笔一口气做十多道题都不厌烦，聪明格就像动画片一样吸引着孩子。

【游戏目的】

聪明格如同数独游戏一样，可锻炼逻辑思维能力，训练数学运算能力。

不仅考验学生的观察和推理能力,更考验加减法计算能力。

【游戏用具】

《聪明格·加法篇初级》。

【游戏人数】

1人或多人。

【游戏规则】

(1)在方格中分别填入1—3或1—4的数字。

(2)每一行、每一列都分别填入1—3或1—4的数字。

(3)左上角的数字表示粗框内所填的数字总和。

【游戏攻略】

(1)聪明格的基本解法思路分为两类:一类为唯一法,另一类为排除法,更复杂的解法,最终也会归结到这两大类中。

解题方法主要有:极数法、唯一解法、排除法、待定法、行列法等。

① 极数法:以表格中最大的数或最小的数为突破口,行(列)观察、比对,先将确定位置上的数定下来。

② 唯一解法:当某行(列)已填数字格达到2个或3个,那么该行(列)剩余宫格能填的数字,就只剩下那个还没出现过的数字了。

③ 排除法:这个方法是解决问题的关键,易被忽略。观察各行列或粗方框,若有一个位置其他数字都不能填,就填那个数字。

④ 待定法:此方法不常用却很有效。暂时确定某个数字在某个区域,再利用其来进行排除。

⑤ 行列法:此方法用于收官阶段,先从行列突破来提高解题效率。

(2)先从单格入手,寻找突破口。用每行、每列只有1—3或1—4的数字来检验、推敲、思考。寻找突破口,一般选择极数(最大的数或最小的数),例如:

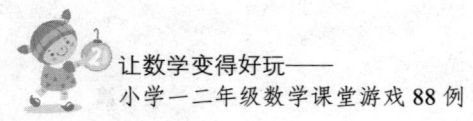

	第1列	第2列	第3列	第4列
第1行	9+	6+		
第2行		3+	5+	
第3行			9+	
第4行	8+			

从最大的数9寻找突破口。第1列第1行是9+，想9＝4+3+2，所以第1列第4行的格就填1。第4行第1列的8+，想8＝1+3+4，所以第4行第4列的格就填2。再从最小的数3+，想3＝1+2，所以，第2列第4行的格就填4，因为第1行第2列为6+，想6＝1+2+3……这样来回穿梭，问题就解决了。

【使用及评价建议】

（1）玩《聪明格·加法篇初级》，开始时安排一节课理解游戏规则，指导孩子寻找突破口，注意：所填数字的范围和每行每列的数字不能重复，粗框内所填的数字总和等于粗框左上角上的数字。

（2）建议孩子每天做1～2题。完成一个等级后，可由家长或老师填写证书，认定孩子达到的等级。

（3）游戏不仅可以帮助一年级的孩子熟练加法计算，还能使孩子的思维更加灵活。

（4）玩一段时间后，可进行班级、年级的比赛，获奖的学生会很自豪。还可以设定聪明过关测试，让人人都达到聪明的级别，以增强孩子的自信心。

一年级《聪明格·加法篇初级》决赛题

班级_____ 姓名_____

1. 在方格中分别填入1—3或1—4的数字。
2. 每一行、每一列都要分别填入1—3或1—4的数字。
3. 左上角的数字表示粗框内所填的数字总和。

游戏 73　角斗士

【游戏介绍】

角斗士是由法国科学家发明的一款益智类棋盘游戏。凭借精巧的设计和创意，角斗士游戏已在全世界获得 28 项大奖。它的游戏规则很简单，且有很强的趣味性，可让学生发挥无穷的潜力。

角斗士有两种不同颜色的棋子，每种颜色共有 21 块不同形状的棋子：1 块一方格棋子、1 块二方格棋子、2 块三方格棋子、5 块四方格棋子、12 块五方格棋子（如表 4.3）。

表 4.3　角斗士棋子示意表

类型	块数	图形
一方格	1	
二方格	1	
三方格	2	
四方格	5	

续表

类型	块数	图形
五方格	12	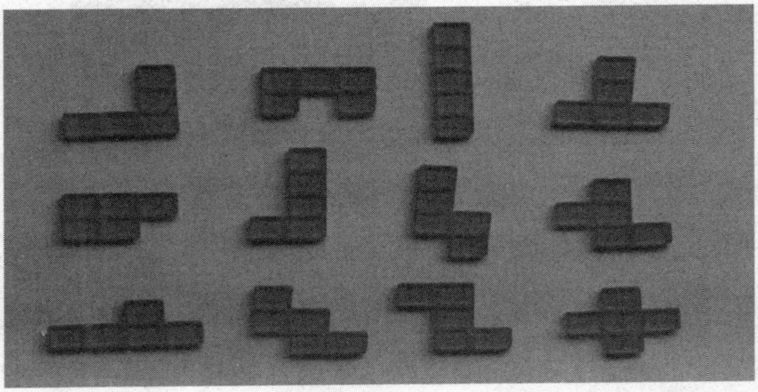

游戏时,要注意每一步棋,一步下错,就会让对方占据有利棋势,让对方扩大版图。

【游戏目的】

锻炼孩子的逻辑思维能力,培养孩子的机智性、策略性。

【游戏用具】

一个共有196方格的棋盘;42块分为两种颜色的棋子;一份游戏规则说明书(见彩图4.13)。

【游戏人数】

2人。

【游戏规则】

(1)学生各选一种颜色的棋子,以"石头、剪刀、布"决定由谁开始,双方第一轮的棋子必须放在起步点。棋盘上有2个圆点,为起步点,如下图。

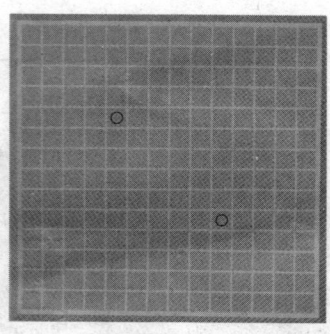

（2）轮流下棋，每次放入新棋子时，每块棋子只能与同色棋子的棋角相连（如图 4.14 打"√"的地方），不允许与棋子的边平排相连（如图 4.15 打"×"的地方）。不同颜色的棋子则不限制相连方式（如图 4.16 中打"√"的地方）。一旦棋子放入棋盘内，就不得变更位置。

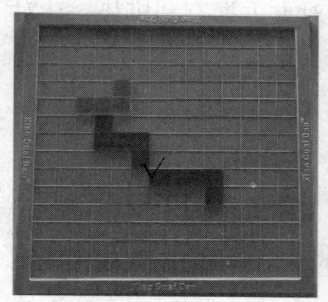  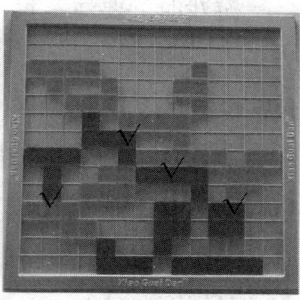

图 4.14 示意图　　　图 4.15 示意图　　　图 4.16 示意图

（3）当学生 A 无法下棋而学生 B 还可以下棋时，学生 B 可以连续下棋。直至双方均无法下棋，游戏结束。

（4）统计学生双方没有下的方格数，少的获胜。

【游戏攻略】

（1）游戏开始时，先尽量放置大块的、多角的棋子，尽量扩张自己的版图。

（2）游戏进行中，避免被对手的棋子围堵，应预留多个出口位置。

（3）熟悉每块棋子的形状特性、大小，必须了解所剩棋子与棋盘图形间的关系，尽量多放置大块棋子，还必须要阻止对方放置。

（4）游戏过程中，不仅要了解自己所剩的棋子的大小和形状，而且要洞察对方所剩的棋子，做到知己知彼，以赢得游戏的胜利。

（5）游戏所采用的战略需要因势而为。

【使用及评价建议】

（1）这是一款充满智慧的游戏，如果开局布得不好，则会越下越沮丧。仔细观察对方的策略，深思熟虑后调整自己的策略，多下几局，就会领悟窍门。

（2）家长们可以陪孩子多玩玩，一方面可了解孩子的思维状态，另一方面可以对孩子进行一对一的指导，使孩子掌握解决问题的策略。

游戏 74 七巧板

【游戏介绍】

七巧板又称智慧板，是我们祖先的一项发明。19 世纪初流传到西方，引起人们的广泛兴趣，并传播开去，被誉为"东方模板"。七巧板设计科学，构思巧妙，可活跃形象思维，特别是能启发儿童智慧，因此深受人们的喜爱。七巧板经过长期的发展，到了清代嘉庆年间，养拙居士写成《七巧图》一书，其形制成为定式，即大三角形两块、小三角形两块、中三角形和正方形、菱形各一块，共七块，可合成一个正方形或一个长宽二比一的长方形。

神奇的七巧板可以拼出很多有趣的图形，没有人说得出它有几种拼法，但你可以随意想象一种图形，动手去拼出你所想象的样子，如拼成各种人物、动物、桥、房子、塔等，还可以编出故事来，如守株待兔。

【游戏目的】

七巧板可以培养孩子的图形概念，锻炼孩子手眼协调、视觉分辨的能力，开发孩子的智力，启迪孩子的灵性，丰富孩子的想象力，有益于发展孩子的空间感和发散思维能力。

【游戏用具】

木质七巧板玩具（见彩图 4.17）。

【游戏人数】

1人或多人。

【游戏规则】

（1）规则一：把七巧板中的 7 块板从盒子里倒出来，分散摆放在桌面上，不重叠，以最快的速度将 7 块板摆回盒子里。

（2）规则二：依照下面的图样拼图，拼每一个图形必须将 7 块板都用上，而且在拼图时，7 块板都必须在一个平面放置，不能将板竖起来，也不能将一块板叠在另一块板上，用时越短越好。

钓鱼翁	鸡妈妈	起飞
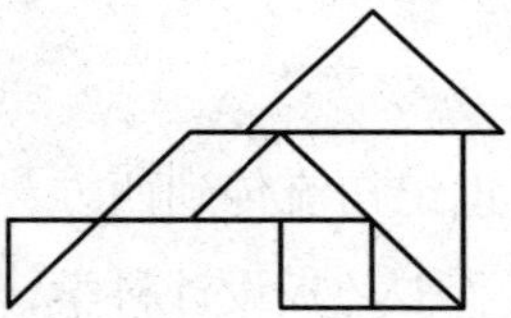		
快乐的人	企鹅	鸭子起步
		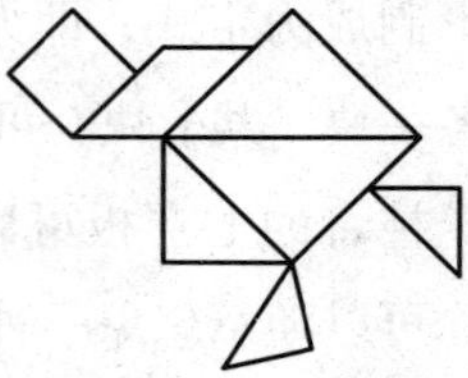
群山	杯子	蝴蝶花
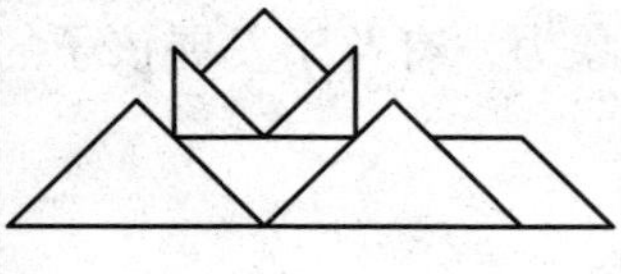	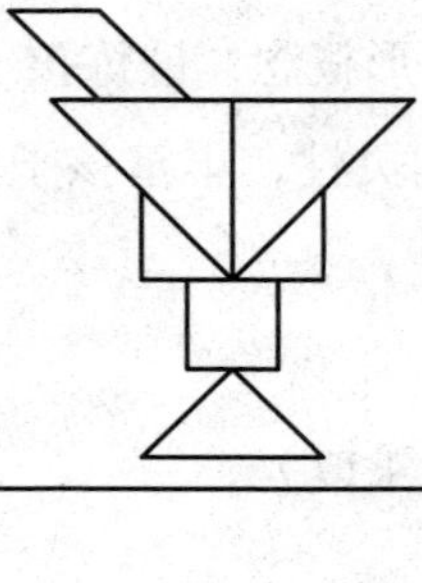	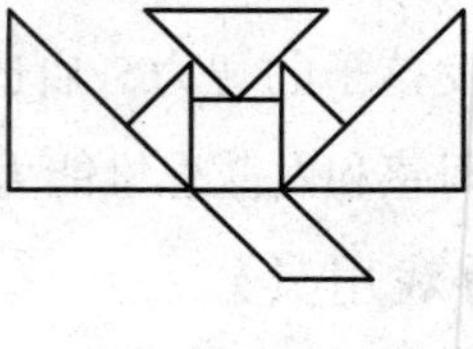

（3）规则三：随意想象，拼出最有创意的、最漂亮的图形（见彩图4.18）。

【游戏攻略】

（1）注意每块板的边长，找出七巧板的长短对应关系。

（2）先以大三角形可以摆的位置作为突破口，再根据目标图形逐一摆拼。

（3）熟识一图多种拼凑的方式，如三角形的四种拼图方法（见彩图4.19）[①]。

【使用及评价建议】

（1）此游戏是一年级下册学习七巧板后拓展的游戏。在拼图过程中只有细心观察、动手实践，才能发现构成这些图形的方法。这种充分观察、反复实践的活动，不仅可培养孩子的思维能力，还可培养其分析、判断等综合能力。

（2）七巧板拼图不仅对平面几何的学习入门有帮助，同时对绘画、机械制图等的学习，乃至对将来所学专业的选择等，都有一定的帮助。拼这些图形，还能丰富孩子的想象力。

（3）教师可以组织创意比赛，为孩子搭建展示想象力的舞台。

游戏75　智能方块密码

【游戏介绍】

智能方块密码挑战游戏是按照从最易到最难来设计的。它有8个水平和228个挑战游戏。每位选手都能找到最适合自己游戏水平的游戏。最好从挑战水平1开始，从低到高一步一步走。

每一水平的挑战都配有智商等级——IQ，完成了这一水平的挑战，就达到了一定的IQ水平。IQ在90—110属正常智力范围，IQ在120—140为聪明人，IQ在140以上的是天才。

【游戏目的】

根据不同的积木造型，进行类比归纳训练，可提升左脑逻辑及推理能力，

[①] 七巧板的更多拼法参考《七巧板智力拼图1700例》一书。

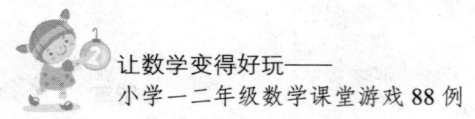

培养孩子多方位思考操作能力；12种颜色的设计有助于视觉系统的发展，能强化视觉智能，有助于提升脑部智能空间，培养孩子的专注力。

【游戏用具】

　　智能方块密码一盒，含3本说明书，共有864道题目（见彩图4.20）。

【游戏人数】

　　1人或多人。

【游戏规则】

　　（1）一共12块积木，按照游戏手册提示，游戏过程中只需要11个拼块，所以每道游戏题目总有一个拼块需要提前放入波浪形收纳盒内。刚开始时的1号题目，固定9块积木，留2块拼；逐步增加要拼的积木，最后是固定2块，自己组合9块，把11块积木全部拼好为过关。

　　（2）拼摆用时越少越好，游戏成功后，选择一种自己喜欢的记录方式，记录在手册上，题目旁即有对应的智商水平。

【游戏攻略】

　　（1）学生首先要了解积木与拼盘间的关联意义，利用旋转及组合工具自己完成闯关。

　　（2）配合眼睛的观察、手的操作，判断组合后的图像是否可以顺利、合理地解决问题。

　　（3）熟悉各块积木的构造和颜色能帮助你快速完成游戏，同时必须理解每一个图形所提供的线索和剩下的积木构造，多进行尝试。一般先拼大的、不太规则的积木。

【使用及评价建议】

　　（1）题目设计由简单到困难，孩子必须要有耐心而且专注地面对挑战，寻找解决方案，才能得到游戏带来的快乐与满足。

　　（2）孩子除了可以单独尝试较简单的题目外，也可以和朋友、父母一同挑战难度较高的题目。

　　（3）每完成一个挑战，请在小册子上用符号或颜色记录所用的积木，留下提升IQ的印记。

二年级益智游戏

经过一年级的游戏活动，孩子们已经玩了不少的游戏，掌握了一些玩游戏的技巧和策略。本节设计了十三个桌面益智游戏，人气指数都较高，但难度比一年级稍大些，更具挑战性，其中增加了棋类游戏，一共设计了五个棋类游戏，包括单身贵族棋、立体四子棋、跳棋、五子棋和黑白棋。棋类游戏要求孩子做出一系列的决策，每一步棋都会帮助孩子学会未雨绸缪，权衡利弊，能提高孩子的视觉记忆力、注意广度和空间推理能力。

同时我们结合二年级已学的除法知识，设计了两个抢数游戏：火柴棒抢点游戏是通过实物操作完成的，具体形象；经典"抢 30"游戏比较抽象，通过发现数的奥秘和规律取胜，锻炼孩子的敏捷性。索玛方块（3D 建筑方块）和立体智慧珠是三维空间的摆拼游戏，目的是发展孩子的空间观念。还有聪明格、汉诺塔等游戏，让孩子在游戏的过程中充满成就感，孩子将从中学会尊重自己，也学会尊重别人，并培养意志力和承受挫折的能力。

游戏 76　单身贵族棋

【游戏介绍】

单身贵族棋，也叫孔明棋、独立钻石棋，源于 18 世纪法国的宫廷，它和中国的华容道、匈牙利人的魔方一起被称为世界"益智游戏界的三大不可思议"。

【游戏目的】

训练孩子的左右脑，培养孩子对图形进行分区域处理的能力。

【游戏用具】

木制的单身贵族棋（如图 4.21）。

图 4.21 单身贵族棋

【游戏人数】

1 人。

【游戏规则】

（1）游戏开始时将棋子摆满棋盘，只留下中心一子空白。

（2）游戏玩法如跳棋中的相邻跳规则，从任选一个棋子开始，如果相邻位置上有一个棋子，该位置直线方向上下一个位置是空的，竖向或横向（不可斜跳）跳过这一个棋子落在空位置上，被越过的棋子即可被吃掉，但不可以连续进行。

（3）棋子不能走动，只能隔一个棋子跳动。最后，剩下一个小棋子在棋盘的中心就是最佳成绩。

（4）同样的结果，用的时间越短越好。

【游戏攻略】

把棋子分成上下左右四板块（如下图），上有 9 颗，左有 6 颗，右有 6 颗，下有 11 颗。按照上、左、右、下的顺序，一块一块地消灭。

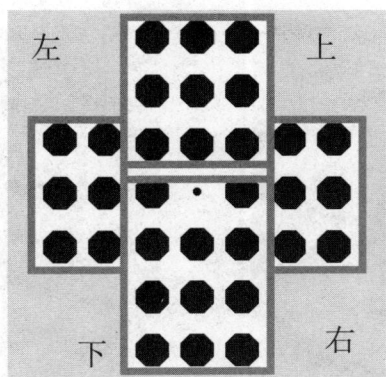

消灭每一板块时,尽量动用本板块的棋子,使棋子不太分散,但可以借邻近板块的 1 颗子。消灭每一板块,最后剩 3 颗子时,这 3 颗子与旁边板块的 1 颗子,一定要形成"L"形。再从较短一边的 1 颗子跳起,最后就剩 1 颗子了,接着用同样的思路消灭下一板块(如下图)。

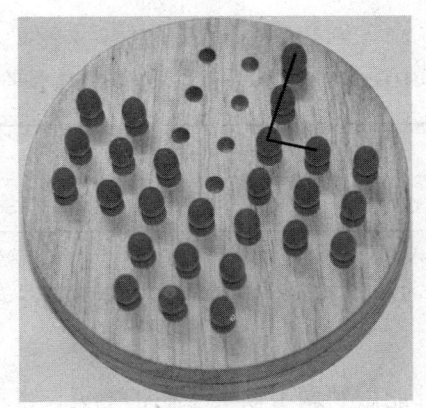

消灭板块"上"剩的"L"形

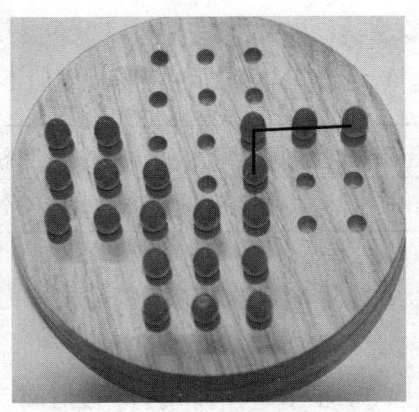

消灭板块"右"剩的"L"形

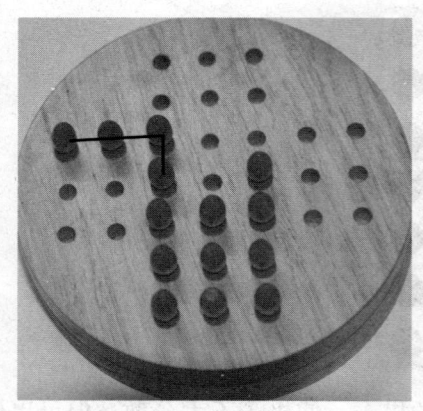
消灭板块"左"剩的"L"形

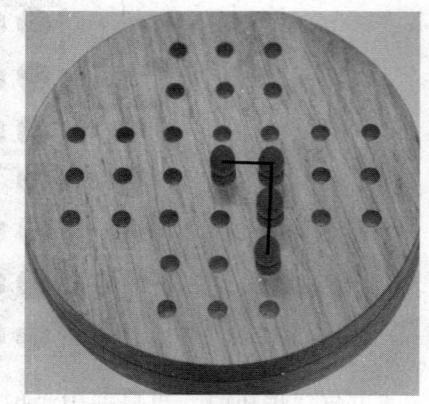
消灭板块"下"剩的"L"形

【使用及评价建议】

在单身贵族棋中,剩下的棋子越少,说明玩家的智商越高。有以下三种情况:

(1)第一次玩,在懂得规则但不懂其中诀窍的情况下,可测试智力水平。

智力水平	一般	较好	很好	聪明	尖子	大师	天才
剩下棋子	6个或以上	5个	4个	3个	2个	1个	1个在中央

(2)经过几次拼杀后达到的智力水平为:中等智力,剩5~7颗棋子;上等智力,剩2~4颗棋子。

(3)小学生在训练了一段时间后,都能做到剩1颗棋子在正中央,也可以在IPad上玩一盘,计算所用时间,达到的智力水平是:

智力水平	大师级	优秀	良好
所用时间(秒)	30~40	40~60	70~90

游戏77 火柴棒抢点游戏

【游戏介绍】

　　一根根的火柴棒（没有火柴棒，可用牙签、小棋子等物品代替）唤起儿时的童真，充满着乐趣、智慧。两人一起玩，先置若干根火柴在桌上，两人轮流取，每次所取的数目可先进行一些限制，取走最后一根火柴者获胜。如桌面上有15根火柴，限制每次所取的火柴数目最少1根，最多2根，甲、乙两人轮流取，甲先取，甲能保证赢吗？甲应如何取才能获胜呢？

【游戏目的】

　　培养孩子的应变能力，以及发现规律、应用规律的能力。

【游戏用具】

　　火柴棒、小珠子或牙签等小物品。

【游戏人数】

　　2人。

【游戏规则】

　　（1）规则一：15根火柴棒，限制每次所取的数目为1～2根，即每次可以取1或2根，不能不取，也不能多取，取得最后一根者为胜。

　　（2）规则二：30根火柴棒，限制每次所取的数目为1～3根，即每次可以取1、2或3根，不能不取，也不能多取，取到最后一根者为胜。

　　（3）规则三：30根火柴棒，限制每次所取的数目不是连续的数，如每次可以取1、3或7根，不能不取，也不能多取，取到最后一根者为胜。

【游戏攻略】

　　按照上述三个规则，对应有三种不同的游戏攻略。

　　（1）攻略一：甲保证抢到3、6、9、12、15就赢定了。

　　为了要取得最后一根，甲最后不能留下火柴给乙，故在取最后一轮之前，甲不能留下1根或2根，否则乙就可以全部取走而获胜。如果留下3根，则

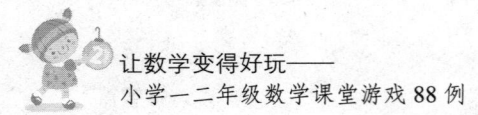

乙不能全取，而不管乙取几根（1根或2根），甲必能取得所有剩下的火柴。所以甲必须取得第12根，也要取得第9根。依此类推，必须取得第6根、第3根，要想取得第3根，必须让乙先取，乙取1根，甲就取2根；乙取2根，甲就取1根，后面每一轮都要遵循合起来一共取3根的规律。这样甲就一定能取胜。

当然，规则也是可以改变的，火柴棒的总根数可以随意设定。建议从较小的数开始，玩一段时间发现规律后可以改变总数，变着花样玩，也可以改变每次所取的根数。随着数的增大，难度也会增大，思维也会越来越灵活。

（2）攻略二：也可以用游戏攻略1倒推的方法推算出，要抢的第一个点2。其实隐藏着一个"秘密"，通过计算得出要抢的点：30÷（1＋3）＝7余2，所以关键是抢到第一个点2，对方拿1根，自己就拿3根；对方拿2根，自己就拿2根；对方拿3根，自己就拿1根，每一轮总数和为4。保证抢到2、6、10、14、18、22、26，就赢定了。

（3）攻略三：同理，若桌上留有8根火柴让乙去取，无论乙如何取，甲都可以获胜。因为如果乙取7根，甲取1根就赢了；如果乙取1根，甲就取3根，剩4根；如果乙取3根，甲就取1根，同样留下4根火柴，最后也一定是甲获胜。

由上面分析可知，甲只要使得桌面上的火柴数为4、8、12、16等，就稳操胜券了。因此若原先桌面上的火柴数为30，30除以4，余数为2则甲应取2根，剩下28根。假如原先桌面上的火柴数为20，20除以4，余数为0，那就谁先取谁就会输。

【使用及评价建议】

（1）游戏遵循先易后难的原则进行，可让有畏难情绪的孩子玩数字小的，每次取最简单的1根或2根；敢于挑战的孩子可变换规则，挑战更难的游戏。

（2）游戏进行一两周后，可利用下课前5分钟让孩子们展示，以增强孩子的自信心。

游戏 78　立体四子棋

【游戏介绍】

　　立体四子棋，又称真爱四子棋。传说一千多年前，罗当为了寻找"真爱"，拯救村民和自己心爱的姑娘，独闯七神塔。当他到达最后一扇门的时候，发现这扇门非常奇怪，门上有7×6共42个小圆孔，门框上有七个大洞和21个小红球。经过一番激烈的较量，罗当成功地打开了这扇门，这时门后面走出一位老者，他将"真爱之泉"放在罗当的手中，并对他说："你拥有一颗仁爱、勇敢和智慧的心，神会保佑你和所有你爱的人。"当地的人们为了纪念罗当，这个游戏一直流传至今。在雅典，它还被称作"罗当四子棋"。因为其立体结构，又称之为"立体四子棋"。

　　立体四子棋和中国的五子棋有点相似，都是让几颗子连成一条线，区别在于它是立体的，更锻炼空间想象能力。所有玩过的人都会被它深深吸引，输的人不服输，赢的人觉得自己很有智慧。

　　游戏时，要求双方在一个4×4×4的空间，尽量遏止对方，同时使自己的4颗棋子连成一条直线，横、竖、斜三个方向上均可，斜向的连线较为隐蔽，赢的机会更大。本游戏的特点是视角立体化，能考验学生的视觉感和空间感，极具挑战性。

【游戏目的】

　　培养孩子的空间观念，锻炼孩子思维的敏捷性和意志力。

【游戏用具】

　　木质的立体四子棋（见彩图4.22）。

【游戏人数】

　　2人。

【游戏规则】

　　（1）猜拳选择棋子的颜色，并决定谁先下棋。

（2）轮流进行，每次把自己颜色的1颗棋子放进棋盘的木柱上。一方同色4颗棋子连成一线，即可获胜，横、竖、斜向均可。但4颗棋子连成一线的学生需要声明，如未声明或未发现则视为无效。谁先声明4颗棋子连成一线，谁就获胜。如果棋子全部下完，双方都没有4颗子连成一线，则算平局。

【游戏攻略】

（1）在棋盘的四个角上都是同色棋子，有助于制胜。

（2）同样，在棋盘中心的四个点上都是同色棋子，获胜概率也很大。

【使用及评价建议】

（1）这种游戏尽量不要教，放手让孩子去玩。让孩子时刻专注下棋过程中的棋局变化，及时做出调整。同时要有耐心，仔细观察对方是否已有三子连线，及时截断对方的路线。

（2）玩一段时间后，可以改变游戏规则，挑战更高难度的棋局。如双方可以把所有棋子下满，然后数一数，谁的棋子四子连成一线的多，谁就获胜。

游戏79 经典"抢30"游戏

【游戏介绍】

在这个游戏中,两个人从"1"开始依次轮流报数。每人每次可报一个或两个数(不能多报或不报),且后报者的数必须要接着前者报,不能跳着报,也不能重复报。谁先报到30谁就获胜。

【游戏目的】

培养数感,锻炼孩子思维的敏捷性。

【游戏人数】

2人。

【游戏规则】

(1)猜拳决定谁先报数。

(2)每人每次报一个数或两个数(不能多报或不报),且后者报的数必须要接着前者报,从1开始,谁最先报到30谁就获胜。如甲先报1,乙必须报2,或2、3,不能跳着报3或3、4。

【游戏攻略】

(1)争取让对方先报数。

(2)每次报到3的倍数会必胜,即争取报3、6、9、12、15、18、21、24、27。且一定要遵守对方报一个数,自己必须报两个数;对方报两个数,自己必须报一个数的原则。

因为要抢到30,那就必须得抢到27,这样无论对方叫"28"或"29",你都获胜。为了抢到27,就必须先抢到24。依此类推,为了抢到24,必须要抢到21、18、15、12、9、6、3,所以关键是要先抢到3。

所以,游戏的关键是后报数,并且每次报的数和对方合起来是三个数字,即对方报一个数,自己必须报两个数;对方报两个数,自己必须报一个数。

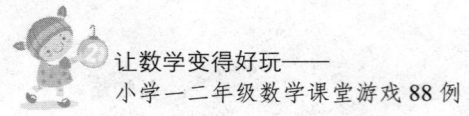

【使用及评价建议】

（1）家长和教师可以根据孩子的情况，随时调整要抢的数，建议一开始可以从"抢6""抢9"等简单的数入手，让孩子发现游戏获胜的奥秘，养成思考的习惯。

（2）这个游戏可以衍生出很多新形式：如"抢15""抢21"，抢的数可变，规则也可以变。抢任何数都可以，也可以变化为每人一次可报一个、两个数或三个数（不能多报或不报），这样会增大游戏的难度，更能锻炼孩子思维的敏捷性、注意力的集中性。

（3）本游戏是周期问题的应用，隐含着有余数除法的计算，如抢"30"，计算 $30 \div (1+2) = 10$，没有余数，就抢3的倍数；如抢"20"，计算 $20 \div (1+2) = 6 \cdots\cdots 2$，就抢3的倍数多2的数。

游戏 80　立体智慧珠——金字塔

【游戏介绍】

荣获1981年度的诺贝尔医学生理学奖的生理学家斯佩里通过研究显示，人的左脑主要从事逻辑思维，可被称作"意识脑""学术脑""语言脑"；右脑主要从事形象思维，被称为"本能脑""潜意识脑""创造脑""音乐脑""艺术脑"。开发左右脑的最佳方式是给大脑以更多的刺激和锻炼，使左右脑达到最佳平衡，从而有效提高智力水平。

立体智慧珠——金字塔属于立体拼，它的难度会比平面拼图大，更需要耐力，它有2582种立体组合方式。在智慧珠游戏盒的背面，有四层金字塔和五层金字塔的拼盘。从四层金字塔开始，逐级过关，晋升到五层金字塔，直至用完所有的珠子。

这是一款可提升孩子观察能力、逻辑推理能力、空间想象能力、分析能力、手眼协调能力的实用智力玩具，学生在挑战的过程中可享受晋级的成就感。

益智篇

【游戏目的】

（1）培养孩子的空间概念，训练逻辑思考能力。

（2）培养孩子的专注力与耐力。

（3）长期游戏可以活动左右脑，孩子会更聪明。

【游戏用具】

1个游戏盒、1副游戏珠子，配套册子第四、五、六册（见彩图4.23）。

【游戏人数】

1人或多人。

【游戏规则】

游戏前，根据题目册上的设定，先在底座上设定若干个珠体，再将剩下的珠体堆叠成四层或五层金字塔，所用时间越少越好。

【游戏攻略】

（1）先读懂手册上的题目图，从底层搭起，注意珠体的长度，长的珠体尽量搭在底层，或者底层留空位斜着搭，形成上小下大的金字塔。

（2）在堆叠过程中，注意珠体与珠体之间的90°角，可以互相嵌入，如下面的组合。由易到难，一级一级地玩，逐渐深入了解金字塔构造的奥秘，这是游戏成功的秘诀。

组合1	组合2	组合3	组合4	组合5	组合6

续表

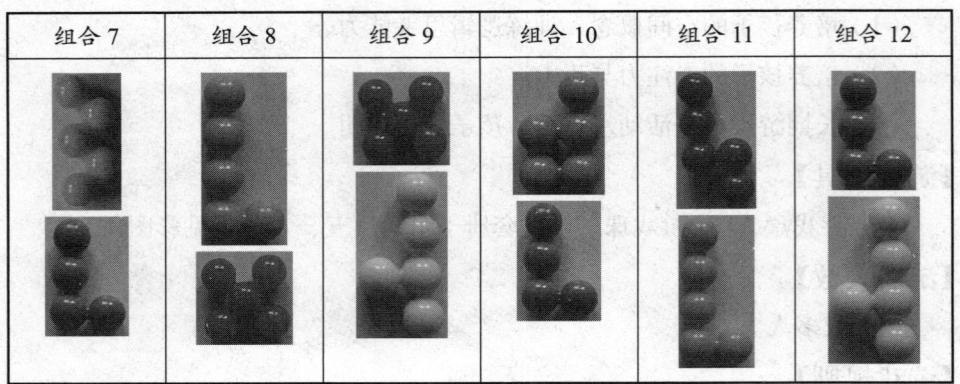

【使用及评价建议】

（1）在堆叠金字塔时，题目上有颜色的部分是已经设定的固定点，不能更改，白色部分是需要开动脑筋去堆叠的。请在配套册子题目上记录所用的珠体，可以用颜色记录，也可以用字母表示。

（2）该游戏是一种多变的拼图玩具，同一个题目可能有一个答案，也可能有多个答案，多想想还有没有其他答案，可以养成寻求一题多解的好习惯，等到中学学习几何知识时，自然会形成寻找多种解法的习惯了。

（3）最好两个人一起玩，家长和孩子也可以一起玩，采取比赛的方式更能激发孩子的兴趣，孩子每做出一题，家长要及时鼓励。每次连续玩不要超过30分钟。

（4）建议二年级上学期玩第四、五册（立体），下学期玩第六册（立体）。

（5）各个阶段玩法的难易程度分析见表4.4。

表4.4 各个阶段玩法难易程度分析表

第几册	游戏阶段	难度	题号	难易评价
第四册	10	基础篇	371～406	唯有进入金字塔，才知道金字塔的奥妙所在。
第五册	11	晋级篇	407～442	设计者真厉害，看看你能不能挑战成功！
第六册	12	天才篇	443～478	请挑战者做好心理准备，这是一个非常容易让人失去自信心，并且开始怀疑自己智商的游戏。

益智篇

游戏 81 跳棋

【游戏介绍】

跳棋源于维多利亚时期的英国，英文名称为 Halma（希腊文"跳跃"的意思）。最初的棋盘是正方形的，共有 256 格，棋子分布在四个角落，以最快跳到对角为目标，规则和现在的中国跳棋类似。后来有人将棋盘改成星形，由一家德国公司取得专利，称为 Stern-Halma，20 世纪 30 年代起在美国开始流行，并改名为 Chinese Checkers（中国跳棋），实际上跳棋并非起源于中国。当这种棋传到中国时，称为波子棋。

关于跳棋的第一本书早在 1531 年就已经在威尼斯出版。目前在跳棋基础上发展起来的国际跳棋在许多国家受到欢迎，国际跳棋联合会已经有五十多个会员国。在中国，很多人都下过跳棋。跳棋一玩就会，简单易学。

【游戏目的】

训练孩子的观察能力、推理能力和计算能力，帮助孩子理解图形的对称性。

【游戏用具】

玻璃棋或网络游戏。

【游戏人数】

2 人、3 人、4 人、6 人。

【游戏规则】

（1）准备：由学生自行选择棋子的颜色，以抛硬币等的方式决定先后顺序，检查棋盘和棋子。

营区：游戏开始前，10 颗棋子的放置在一个正三角形内。

目标：10 颗棋子可挪可跳，完全占领正对面的目标营区（见彩图 4.24）。

（2）走子（也称挪子）：只能一步走棋子，可向六个方向走动，每步只能走到相邻的空位上。

（3）跳子：隔一个棋子跳，也可以连续相隔一子跳。隔子跳又分"相邻跳"和"等距跳"两种：

①"相邻跳"：棋子的移动可以一步步在直线连接的相邻的六个方向进行，如果相邻位置上有任何一方的一个棋子，该位置直线方向下一个位置是空的，则可以直接跳到该空位上，只要条件相同就可以连续跳。

②"等距跳"：棋子的跳动可以一步步在直线连接的相邻的六个方向进行，像跷跷板一样，一个棋子（无论是什么颜色）在中间，两旁有相等的空位，就可以直接跳到对称位置上，只要条件相同就可以连续跳。

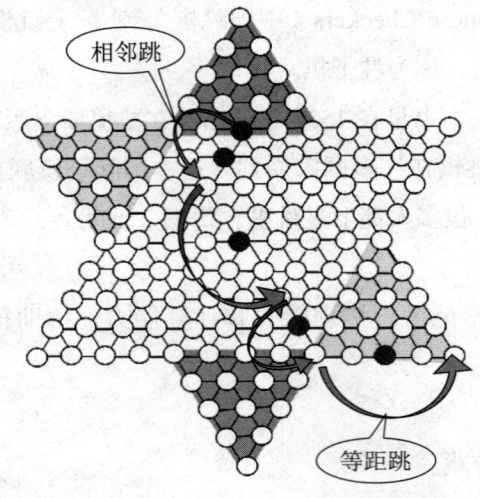

（4）谁最先把对方的阵地全部占领，谁就取胜。

【游戏攻略】

（1）开局：以快速出子为目标，先手尤其要制定自己的进攻路线，贯彻下去以保持先机。中盘交锋前，尽量让对方先为自己搭桥，如无法实现，在阻拦对方的同时，务必也为自己搭桥。

（2）中盘：注重攻、守平衡，整体推进，最忌被对手以少量兵力占据要津，甚至分割棋势。先手注意快攻压制；后手注意防守，寻找机会。

跳棋制胜策略在于堵，那么如何堵呢？大致有这样几种情形：

第一种是放弃前进，横走或后退以阻挡对方。这种方法在比赛中用的次数越少越好，适用于阻挡对方占据有利位置，比如不让对方占据营地的中心点。

第二种是按兵不动。应用于既阻挡对方前进又阻挡对方最佳落点。此法凶险，因为这样的棋子一定落在队伍的后边，容易掉队，要寻找时机化解危机。判断时机是否适宜的办法是分析对方最后一子的位置，要做到敌我平衡。

有些情形是不必堵的。比如对方在一条通道已经过去2～3个子，而这些子并没有进入目标营区，那么就让对方拥有这条路；又如对方能跳4下，自己只能跳2下，对方后续无子，自己却可为后方让路或搭桥。

再比如，横行后退的堵法浪费行动力，不如利用另一棋子的前进去拆对方的桥，或者为自己搭一条更好的路，逼对方去堵。

（3）收官：

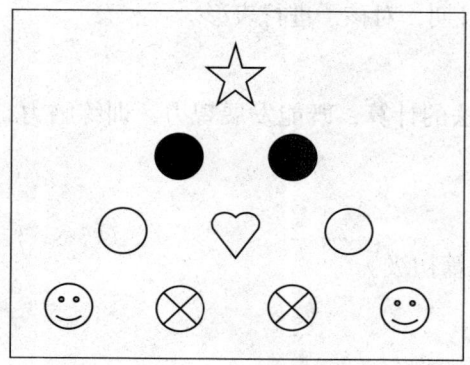

目标营地如上图，进家门的第一子最好在营地的中心点♡。如不能实现，依次是☆、⊗、●、○、☺。如果第一子落在☺点，可以说输了一半了，要找机会调整到⊗或○，使损失减少。收官决战，注意不要因急于入营，而忘记为后续棋子搭桥助跳。

入营的最佳顺序为：♡、●、○、⊗、☺、☆、○、⊗、●、☺。

【使用及评价建议】

（1）此游戏很有趣，可以锻炼孩子多方位的观察力。在学会规划自己进攻路线的同时，还能培养孩子逻辑思考的能力。

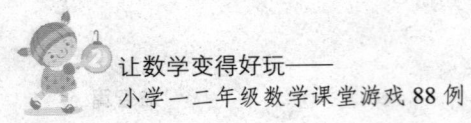

（2）此游戏的规则和攻略看起来有点复杂，但结合玩具理解，玩一两次就会明白。

游戏82　玩转《聪明格·乘法篇初级》

【游戏介绍】

本册聪明格犹如"平面数字魔方"，让数字与乘、除等运算法则在3×3或4×4的方块内不停地翻滚，使复杂的数学运算变得简单，让学生在寻找乐趣、探寻奥秘的基础上爱上数学并陶醉其中。

《聪明格·乘法篇初级》分为10级、9级、8级三个等级，各等级结束后都附有《段位认定书》。各等级的题目都完成后并且全部正确，在证书上写上孩子的名字和完成日期，对孩子进行表彰。

【游戏目的】

熟练表内乘除法的计算，既能发展智力，训练脑力，提高成绩，又能消遣减压。

【游戏用具】

《聪明格·乘法篇初级》。

【游戏人数】

1人。

【游戏规则】

（1）在方格中分别填入1—3或1—4的数字。

（2）每一行、每一列都要分别填入1—3或1—4的数字。

（3）左上角的数字表示粗框内所填的数字之积。

【游戏攻略】

先从单格入手寻找突破口。经常用每行、每列只有1—3或1—4四个数字来检验、填写。寻找突破口一般选择极数（最大的数或最小的数），例如：

	第1列	第2列	第3列	第4列
第一行	4	2×	12×	6×
第二行	2×			
第三行		3		4×
第四行	24×			

先填好单格中的4和3，从最小的数2寻找突破口，先从第1列第2行的2想：1×2，所以第1列第4行的格就填3；同样，从第2列第1行的2想：1×2，第2列第4行的格就填4，第3列第4行的格就填2。粗框是 $24 = 3 \times 4 \times 2$，这道题便迎刃而解。

【使用及评价建议】

（1）放手让孩子自己玩，如果孩子有什么地方不理解或没有找到解题的突破口，可稍作指导。

（2）可以玩两人或三人的同题比赛，看谁做得快，输的可以在额头上贴纸片，以增加游戏的娱乐性。

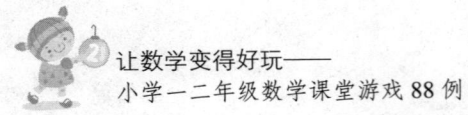

二年级《聪明格·乘法篇初级》决赛题

班级_____ 姓名_____

游戏 83　汉诺塔

【游戏介绍】

汉诺塔（又称河内塔）是一个源于印度古老传说的益智玩具。在印度，有这么一个传说：大梵天创造世界的时候，做了三根金刚石柱子。其中一根柱子上，从下往上按照大小顺序摆着 64 片黄金圆盘。大梵天命令婆罗门从下面开始，将圆盘按大小顺序重新摆放在另一根柱子上，并且规定在小圆盘上不能放大圆盘，在三根柱子之间一次只能移动一个圆盘。

不论白天黑夜，总有一个僧侣按照下面的法则移动这些金片：一次只移动一片，不管在哪根柱子上，小片必须在大片上面。僧侣们预言，当所有的金片都从梵天穿好的那根柱子上移动到另外一根柱子上时，世界就将在一声霹雳中消灭，而梵塔、庙宇和众生也都将同归于尽。

【游戏目的】

培养学生分析问题的能力，提高学习算法的兴趣，促进手脑结合和专注力。

【游戏用具】

木质汉诺塔玩具或游戏软件（见彩图 4.25）。

【游戏人数】

1 人。

【游戏规则】

（1）有 A、B、C 三根柱子，把组成"金塔"的 8 块圆片按照下大上小依次放在柱子 A 上。

（2）在移动过程中，每次只能移动一个圆片，大圆片不能压在小圆片上面。

（3）每次移动的圆片，只能放在 A、B、C 三根柱子上。

（4）按上述规则将整座"金塔"移动到柱子 B 上即为胜利。

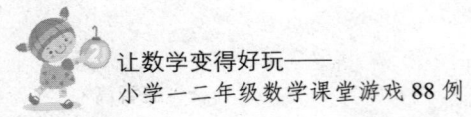

（5）以用时多少定胜负，时间少者获胜；时间相同时，步数少者获胜。

【游戏攻略】

柱子 A 上有 8 个圆片，要将 A 上的 8 个圆片按照要求移动到 B 上。可以想道：先将上面的 7 个圆片移动到 C 上，就可以将 A 上最大的圆片移动到 B 上，然后将 C 上所有的圆片逐一移动到 B 上，直到把 A 上的所有圆片移动到 B 上。

所以，最重要的一件事情就是把最底下的一个圆片从 A 移动到 B。移动的过程可分解为三个步骤：

第一步：把 A 上的 7 个圆片分几轮移到 C 上（最底下的一个最大的圆片不能移到 C）。

第二步：把最大的一个圆片从 A 移到 B 上。

第三步：再把 C 上的 7 个圆片又分几轮移到 B 上。

层数与移动最少步数列表如下：

层数	1	2	3	4	5	6	7	8
最少步数	1	3	7	15	31	63	127	255

【使用及评价建议】

（1）只要掌握规律，玩汉诺塔游戏无论多少层都是一样的玩法，其中第一步和第三步类同。关键是第一块放在哪儿，单数层的汉诺塔第一个圆片一定先移动到目标位置，双数层的第一个圆片不能移动到目标位置。例如：移六层的汉诺塔，第一个圆不能放在目标位置，将五块都移到非目标位置，最后一块（大的）移到目标位置上，再如前法将上面四块都移到非目标位置，就可以了。

移动时，编成顺口溜帮助孩子操作：层数数清再动手，单双层数分开走，单层直奔目标位，双层需要拐着走。

（2）建议游戏时注意让孩子自己去发现规律。要求孩子从层数较少的二

层开始玩,玩时注意数清楚完成的步数,探究走最少步数的规律。接着用同样的方法玩三层、四层。多玩几盘,就会发现最少步数的规律。逐步增加层数并发现规律,运用规律取胜。

游戏84 五子棋

【游戏介绍】

五子棋是一种两人对弈的纯策略型棋类游戏,它的规则十分简单,容易上手。五子棋起源于古代中国,南北朝时,五子棋随围棋一起先后传入朝鲜、日本,后来风靡于欧洲。在中国古代,五子棋的棋具与围棋相同,纵横各十七道,对于它与围棋的关系有两种说法,一说早于围棋,早在"尧造围棋"之前,民间就已有五子棋游戏;一说源于围棋,是围棋发展的一个分支。

学习五子棋,可以从用五子棋摆图形开始。当然五子棋里最简单的图形就是直线了,斜线有点隐蔽。很多孩子玩了一段时间后,没有技巧,停留在只会下棋、不会设计路线的水平上,很难再上一个台阶。这时候就要教给孩子一些技巧,如"双活三""双卡四""活三卡四""冲四活三""活卡五活三"等。当然还有更高的层次,学生可量力而为。

与对手下棋,棋势变化无常,有时候还要使用逆向思维,在下棋中会有很多假设,要特别注重逻辑思维,要预先想好下棋的路线。五子棋不仅能引导孩子多角度观察,锻炼思维能力,提高智力,而且富含哲理,有助于孩子修身养性,学会沉思。

【游戏目的】

五子棋游戏能增强思维能力,提高注意力,培养孩子独立解决问题的能力和静心思考的好习惯。

【游戏用具】

玻璃棋子或木质棋子、棋盘。

【游戏人数】

2人。

【游戏规则】

（1）行棋顺序。黑子先行，棋盘正中一点为"天元"，从此开始，轮流落子（小学生可以玩最简单的——无禁手。无禁手是指没有特殊的规定，只要求轮流下棋）。

（2）判断胜负。先在棋盘横向、竖向、斜向形成连续的相同色五个棋子的一方为胜，并且要向对方声明。如果棋子下完了都分不出胜负，则定为平局。

【游戏攻略】

（1）开局：在这里推荐三种开局定式。

第一种：寒星局。

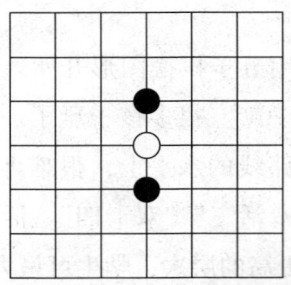

此开局是最基本的布局，可形成双菱形，制造出33绝杀。杀伤力：强；成功率：80%；人气指数：高。

第二种：溪月局。

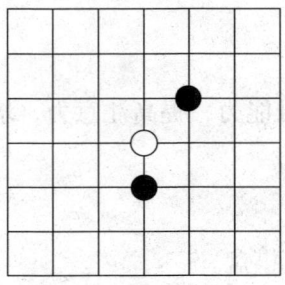

此开局是经典的布局,适合大众使用,还可用于八卦,制造出先守后攻的局势。杀伤力:强;成功率:85%;人气指数:高。

第三种:花月局。

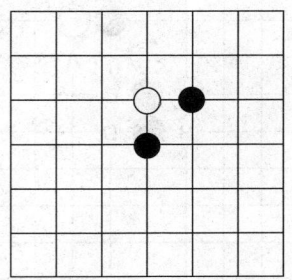

此开局一开始就会让白方处于劣势,好好把握的话,成功率会很高,适合初学者和一般高手。杀伤力:高;成功率:80%;人气指数:高。

(2)攻防技巧。

安东是世界上公认的五子棋棋力最强的棋手,他有一套成熟的五子棋技巧理论,我们可以学习和借鉴。下面就简单介绍他的一些进攻和防守的技巧。

① 技巧一:多形成活二。

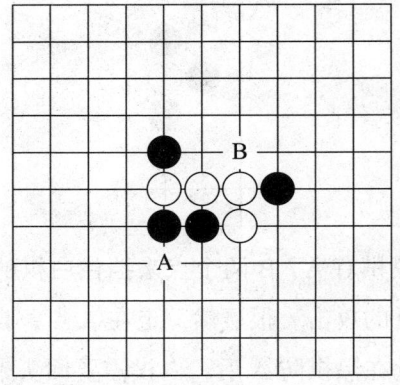

上图中,黑棋有不同的选择。黑棋若走在A点,虽然产生了两个二,但都不是活二,在进攻中毫无威力;而走在B点会产生两个"活二",为后续攻击打下了基础。显然B点比A点更有威力。总之,把握一个原则:一子落下,形成的"活二"越多越好。

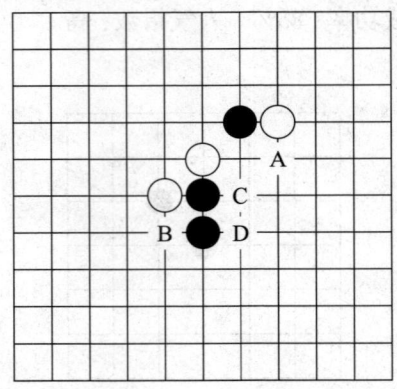

上图中,黑棋有四种选择(A、B、C、D)来构筑进攻,但D是最佳攻击点,因为它同时产生了3个"活二",一子三通点往往是好点。

② 技巧二:必须防守时,可以选择一个最有利于自己进攻的防守点。

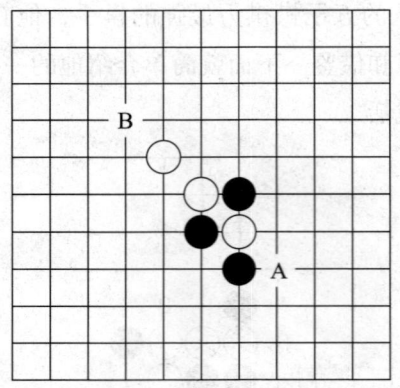

上图中白活三,黑棋有A、B两个点来挡住白棋的活三。由此需要判断哪个防点更有利于自己的攻击。很显然,走在A点,自己会形成连接,而白棋并无后续手段,由此在黑棋防A后,白棋需要回头来防守黑棋,这样白棋就失掉先手。所以,黑棋防在A点比B点更有利。

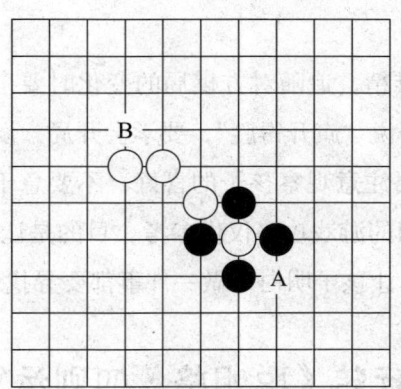

上图的情况则不同，黑棋防在 A 点虽然对自己将来的进攻有利，但黑棋仍然必须防在 B 点，因为白棋在上面可以连续攻击而获胜。这里要判断哪个防守点更有利，就必须考虑防守以后对手和自己的后续攻击，而后才能选择出正确的防点。

③ 技巧三：对于旗鼓相当的棋手，战线越长，黑棋的形势越不妙，而白棋则胜算越大。

因此，持黑棋方应该尽早解决战斗，否则，一旦失去主动，很难再扭转局势。因此可得出结论：黑棋在棋局的前半盘占有优势，如果黑棋仍未取胜，则白棋在后半盘会占有优势。

④ 技巧四：斜线比直线更有威力，因而要尽可能发展斜线。

下面的左图是典型的斜线攻击手段，在走出斜 3、斜 4 后，黑 9 形成两个活二，白棋无从防守。同样的攻击手段通常在直线是不奏效的。下面的右图中，黑 5、黑 7 是直线的攻击，黑 7 一子双二，白棋在 A 点即可防住。

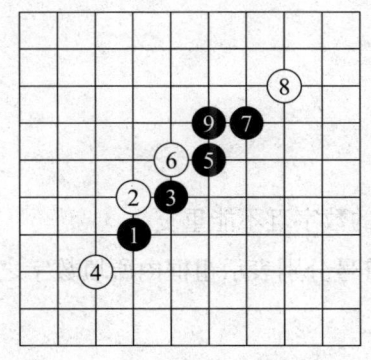 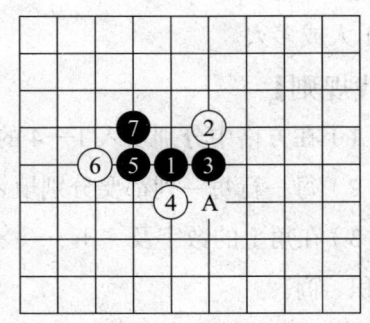

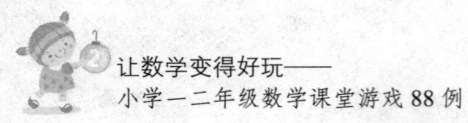

【使用及评价建议】

（1）五子棋易学难精，追随对方棋局的变化时要全神贯注，稍不留神可能就会输掉一局。俗语说"旗开得胜"，要学会开局，设计自己的进攻路线。

（2）家长和老师要注意观察孩子的喜好，不要急于教给孩子捷径，可适当进行点拨。这里介绍的游戏攻略仅供参考，目的是让孩子养成思考的习惯。这有助于孩子的学习，让孩子明白每做一件事都要寻找最佳途径。

游戏 85　玩转《聪明格·四则运算篇初级》

【游戏介绍】

《聪明格·四则运算初级篇》要求学生在 4×4 的空白方格内填上 1—4 的数字，每一行或列的数字均不得重复。每个粗框的左上方有数字和运算符号（＋、－、×、÷ 其中一种），粗框内左上方的数字表示通过这种运算算得的结果。例如"8＋"即框内数字相加和为 8，"6×"即框内数字相乘的积为 6。通过玩数字游戏，体验"用数字思考的快乐"，让孩子在快乐中体会艰辛，在艰辛中品尝快乐，渐渐变得聪明起来。

【游戏目的】

应用加减乘除的运算，训练孩子的观察能力、推理能力、计算能力。

【游戏用具】

《聪明格·四则运算篇初级》。

【游戏人数】

1 人或多人。

【游戏规则】

（1）在方格中分别填入 1—4 的数字。

（2）每一行每一列都要分别填入 1—4 的数字且不能重复。

（3）在角上的数字及"＋、－、×、÷"符号分别表示粗框内所填数字之和、差、积、商。

【游戏攻略】

从单格入手,如果没有单格,就从极数(最大的数或最小的数)入手。一般来说从乘法入手,如下题。

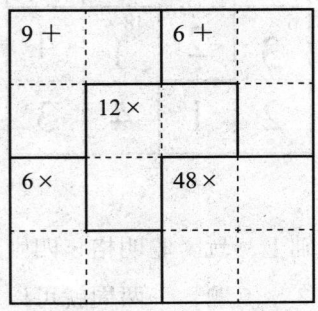

(1)从大的数入手。从48×开始想,粗框中有4个格,48=2×3×2×4或48=1×3×4×4,不能确定。再从12×去想,粗框中有3个格,12=2×2×3或12=1×3×4,也不能确定。从大数入手失败。

(2)从小的数入手。想6+,粗框中有3个格,6=1+2+3,没有4,再想6×,6=1×2×3,也没有4,所以9+就必须9=1+4+4,这样就确定了。

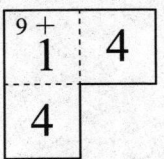

随之,以下方格内的数就相继确定了。

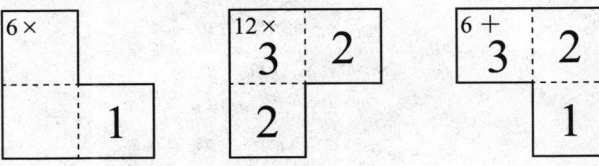

剩下的答案也就出来了。

287

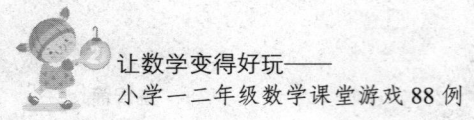

⁹⁺ 1	4	⁶⁺ 3	2
4	¹²× 3	2	1
⁶× 3	2	⁴⁸× 1	4
2	1	4	3

【使用及评价建议】

（1）在前面游戏的基础上，玩《聪明格·四则运算篇初级》不用进行任何指导，只要安排每天做 3～5 题，一两周就可以完成所有的游戏。速度快的学生两三天就可以完成所有的游戏。

（2）游戏可以帮助二年级的孩子熟练乘法计算，还能训练孩子的逆向思维，对以后学习数的分解很有帮助。

（3）玩一段时间后，可进行班级、年级的比赛，设定聪明过关测试试题（见本游戏后所附的决赛题）。

二年级《聪明格·四则运算》（10—8级）决赛题

班级_____ 姓名_____

1. 在方格中分别填入1—4的数字。
2. 每一行、每一列都要分别填入1—4的数字。
3. 左上角的数字和＋、－、×、÷符号分别表示粗框内所填数字之和、差、积、商。
4. 左上角只有1个数字（无运算符号）时，就将该数字填入此方格中。

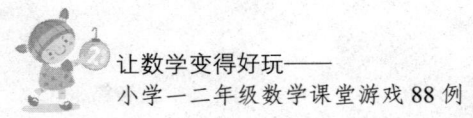

游戏 86　黑白棋

【游戏介绍】

黑白棋，又叫反棋（Reversi）、奥赛罗（Othello）、苹果棋、翻转棋，是19世纪末英国人发明的。直到20世纪70年代日本人将其发展，借用莎士比亚剧名《奥赛罗》（*Othello*）为这个游戏重新命名。为何借用莎士比亚剧名呢？是因为奥赛罗是黑人，他妻子是白人，因受小人挑拨，奥赛罗怀疑妻子不忠，最终亲手把妻子杀死。后来真相大白，奥赛罗懊悔不已，自杀而死。于是黑白棋便用这个故事命名。

黑白棋在西方和日本很流行，在中国还处在起步阶段。游戏通过翻转对方的棋子，最后以棋盘上棋子的多少来判断胜负。它的游戏规则很简单，很容易上手，但变化形式较多。有一种说法：学会它只需要几分钟，精通它却需要一生的时间。

【游戏目的】

有利于孩子集中注意力，独立解决棋盘上的纷争，能有效培养孩子独立思考和独立解决问题的能力。

【游戏用具】

塑料棋或游戏软件。

【游戏人数】

2人。

【游戏规则】

（1）开局：棋盘正中央的4格，先放置黑白相隔的4枚棋子，如下图。

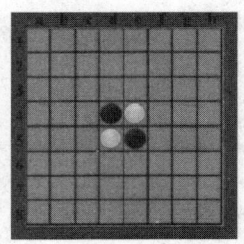

（2）通常黑子先下，双方轮流落子。落子的位置要和棋盘上任一枚自己的棋子在一条线上（横、直、斜线皆可），夹着对方棋子（如下图黑子只可以下在下图画×的4个位置上，两黑子之间必须有白子，白子就被夹住了），并把对方被夹住的棋子翻转为自己的颜色（翻过来即可）。一句话就是：下棋必翻。

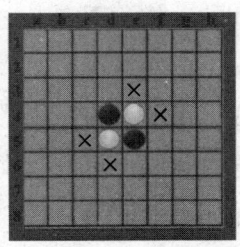

（3）如果学生在任一位置落子都不能夹住对手的任一枚棋子，即没棋子可下，此时对手可连续下棋。

（4）当双方都不能下棋时，游戏宣布结束，以棋子数目来计算胜负，棋子多的一方获胜。

（5）在棋盘还没有下满时，如果其中一方的棋子已经被对方吃光，则棋局也结束，将对手棋子吃光的一方获胜。

【游戏攻略】

（1）不占3环的四个角位。黑白棋游戏棋盘共有8行8列共64格，按下图把64格分为4个环，从里面开始称为1环、2环、3环、4环。不能占3环的四个角，如果布子于3环的角位，易被对方占据4环的角位，对自己不利。因此不宜布子于3环的角位，应设法迫使对方布子在3环的角位。

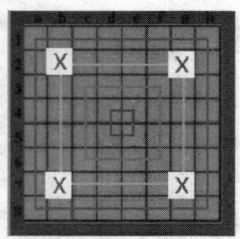

（2）占据4环的角位。位于棋盘4角的棋子是不可能被对方夹着吃的，游戏时应寻找机会占据角部的棋位，如果能占据4个角部棋位中的3个甚至4个，一般就能取胜。

占据角部棋位的方法是：当棋盘对角线上的对方棋子逐渐增多时，特别是成串的对方棋子已经接近角部棋位，只有角部仍然是空位时，要设法从别的方向夹吃对方成串棋子中间的1枚（不宜夹吃两端的）或2枚，下次轮到时即可占据角部同时夹吃。

如果夹吃对角线上对方成串棋子中的一枚，有可能被对方吃回，需反复多次且成败不定。如果能夹吃对角线上对方2枚棋子，则不怕被吃回（被吃回1子也无妨，被吃回2子的可能性极少），下一回合必能占据角部。占据角部棋位以后，再伺机陆续占据与之相邻的边上位置，逐步扩大根据地，与角部相连的边上成串的棋子是不可能被对方夹吃掉的。

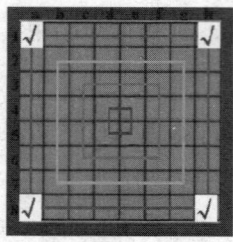

（3）连续布子。一旦对方无子可布，应力求增加连续布子的次数，不给对方喘息的机会。一般仍从靠近边角处开始布子夹吃，逐步扩大战果，使自己的棋子连片发展，直至终局。

（4）嵌入技术。布子于边上对方两子之间，同时在其他方向上夹吃对方

棋子，称为嵌入。嵌入的棋子不但安全，而且能在以后的战斗中发挥重要作用。所以游戏时要随时抓住嵌入棋子的机会。

（5）截断对手的防线。检查每一个可能的方向，例如，白棋可能占据了从上到下的一整排，但你可以在水平或对角线方向破坏这一排。有时只需放置一枚棋子就可以在多个方向上翻转对手的许多棋子，要时刻寻找这样的机会。

（6）尽量不占3环位。占据棋盘的边缘位置（4环），这样对手就不能在你的棋子外部放置棋子了。基于这一原因，要尽量避开与边缘紧邻的位置（3环）。

【使用及评价建议】

（1）这款游戏充满戏剧性变化，只要布局好，暂时落后也不要紧，两三步就能把棋子——翻过来，反败为胜。

（2）这个游戏教育孩子"永不言败"，没到最后一刻，不要放弃，只要调整策略，就有机会获得成功。要注意，游戏时位置比点数更重要，要思考得长远一些，因为点数的领先是暂时的。

游戏87 索玛方块（3D建筑方块）

【游戏介绍】

索玛方块是全球风靡的方块游戏，成人、儿童都可以创造出多元的挑战与玩法，同时在思考中建立3D空间的概念，从而强化空间智能。

本游戏利用7个不同形状的方块，完成60个不同的图形。游戏者可以由浅入深循序挑战。除了完成这60个图案以外，还可以构造其他图形，如动物、家具、建筑物等。

我们把每块组件编上号码，此编号是国际通用的，方便操作和交流，也让学生更深入地了解每一块组件的构造。编号如下：

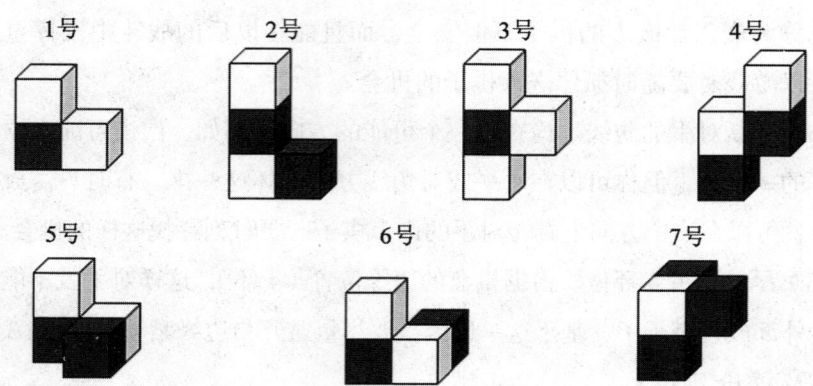

1号、2号都是L形，构造简单。1号是最小的，由3个小正方体组成；2号由4个小正方体组成的。最容易辨认的是3号及4号，外形很像阿拉伯数字的3和4。最难辨认的是5号和6号，在这里教你一个简单的辨认方法：竖起双手的大拇指，则5号的形状像左手，6号的形状则像右手，如下图。剩下的7号呈品字形，四平八稳。

【游戏目的】

建立立体几何概念，形成立体空间的思考能力；学习图像阅读，进行策略性思考；练习组合图形，形成空间观念；锻炼孩子的整体布局能力、空间思维和想象力，培养逻辑推理能力，增强对图形的观察能力。

【游戏用具】

塑料玩具一盒，配60个图形（见彩图4.26）。

【游戏人数】

1人或多人。

【游戏规则】

以最短的时间,任意翻转索玛组件,拼出目标(卡片上的或规定的)图形。

【游戏攻略】

(1)了解索玛方块各组成部分,并记住各块的编号。

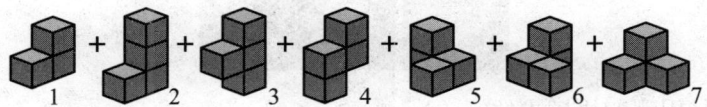

(2)熟悉基本的、简单的造型。例如:

下图是几号和几号拼成的?(2、6号。)

下图是用哪三块拼成的?(3、6、7号。)

下图是用哪三块拼成的?(1、3、6号。)

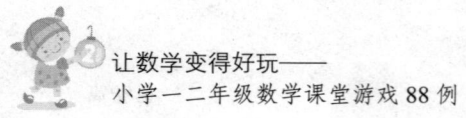

下图是用哪四块拼成的？（2、4、5、6号。）

如果取出最小的 1 号，用其他的 6 块可以拼成与它相似且放大为 2 倍的造型。

由易到难，组成不同形状。如要求用其中 3 块搭建不同形状，再要求用其中 5 块搭建不同形状，逐渐到用其中 7 块搭建不同形状。又如下左图可用索玛组件中的 3 块（3、6、7 号）拼成，而下右图则由另外的 4 块（1、2、4、

5号）拼成。

（3）熟悉上面的基本造型后，便可尝试用七片组成3×3×3立方体了，这是索玛最简单的造型之一，有很多种拼法，建议至少熟练一种拼法，否则很难在短时间内拼好它。

下面是一种非常特别的构造方法，先用其中的2块（2、6号）及另外的几块拼成下面的两个图形，再将两个图形合并在一起即可。

用索玛方块拼图时，经常用尝试的方法，先用一块定位（最上策是挑选不太规则且必须占两层的5号、6号、7号之一），然后试着逐一将其他的几块嵌入，嵌入时注意角位和形状。错了不要紧，从头再来，多试几次。如果能仔细观察，进行数学分析，可减少尝试的步骤，避免一些明显的错误。

【使用及评价建议】

（1）这是本书所有游戏中不可多得的立体拼图，难度稍大点。它可以帮助孩子建立立体空间观念，解决问题的思路也会立体化。

（2）如果觉得难度大，可暂时放一放，到三年级以后再玩，千万不要强

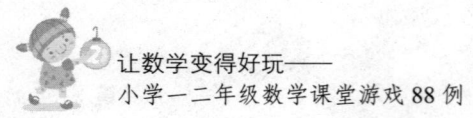

迫孩子玩，以免孩子泄气。此游戏家长可以和孩子一起玩。

游戏 88　华容道

【游戏介绍】

华容道以其变化多端、百玩不厌的特点，它与七巧板、九连环等中国传统益智玩具，被称为"中国的难题"。

华容道游戏取自于著名的三国故事，曹操在赤壁大战中被刘备和孙权打败，被迫退逃到华容道，又遇上诸葛亮的伏兵，关羽为了报答曹操对他的恩情，明逼实让，终于帮助曹操逃出了华容道。

游戏即根据这一故事情节，通过移动各个棋子，帮助曹操从初始位置移到棋盘最下方的中部，从出口逃走。"华容道"有一个带二十个小方格的棋盘，代表华容道。棋盘下方有一个出口，是供曹操逃走的。棋盘上共摆有十个大小不一的棋子，它们分别代表曹操、关羽、张飞、赵云、马超、黄忠，还有四个兵。

华容道游戏有几十种布阵方法，如"横刀立马""水泄不通""巧过五关"等。棋盘上仅有两个小方格空着，玩法就是利用这两个空格移动棋子，不允许跨越棋子，用最少的步数把曹操移到华容道出口。

华容道游戏有不同的开局，根据 5 个矩形块的摆放分类，除了 5 个都竖放是不可能的以外，有一横式、二横式、三横式、四横式、五横式。下面举几个例子（见彩图 4.27—彩图 4.32）。

【游戏目的】

捉放曹操是一个有趣的脑力游戏，可以锻炼思维，让思维更活跃。

【游戏用具】

木质棋子或游戏软件。

【游戏人数】

1 人或多人。

【游戏规则】

利用这两个空格滑动棋子,不允许跨越棋子,用最少的步数或最短的时间把曹操移到华容道出口为赢。

【游戏攻略】

(1)游戏的关键是:四个小兵必须两两在一起,不能分开;曹操、关羽、大将移动时,前面应有两个小兵开路;曹操移动时后面还应有两个小兵追赶。以上三种状况,其中各块都可局部任意移动。

(2)曹操逃出华容道的最大障碍是关羽,关羽立马华容道,一夫当关,万夫莫开,关羽与曹操当然是解开这一游戏的关键。四个军兵是最灵活的,也最容易对付,如何发挥他们的作用要考虑周全。

【使用及评价建议】

(1)这是应用平移的知识来解决问题的一个著名游戏。游戏只留有两个小正方形的空位,要充分利用这两个小空位。移动时,一不小心就会走入死胡同,不要紧,从头再来。一开始,不要追求最少步数,只要能让曹操走出来,就成功了。

(2)玩了一周后,可以稍微介绍一些攻略,让孩子知道有些技巧有助于成功,可以把这些感悟应用到学习中。

下面的"过五关"34步解法图解是笔者10岁的小侄子做出来的,试试看,相信你也可以。

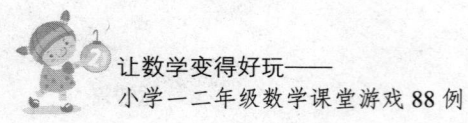

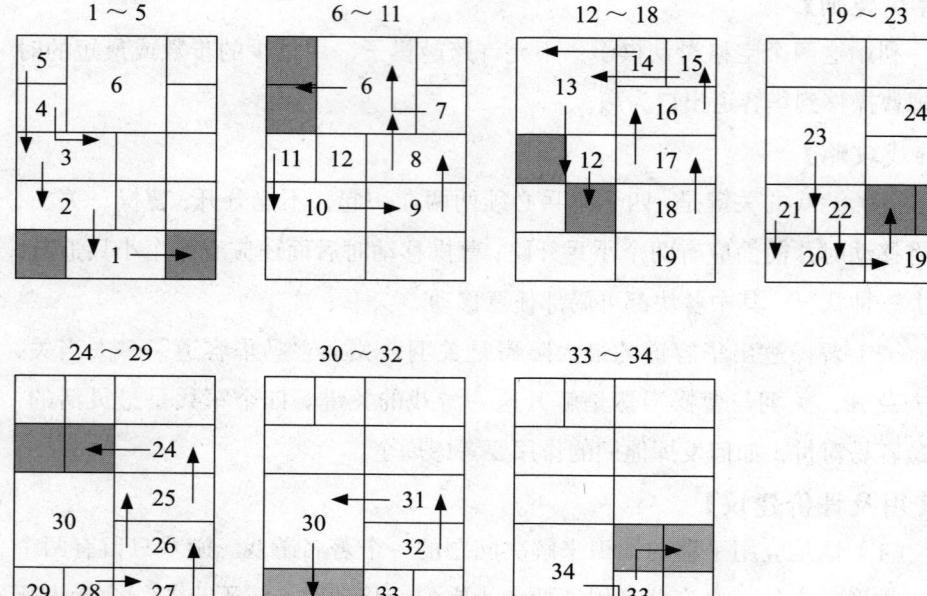

（注：图中的阴影表示空位。）

后 记

让数学变得好玩

数学游戏课程已经在笔者所在学校走过了五年的历程，从时间上看并不长，但是，它给家长、学生甚至教师带来的影响却是深刻的。因为，我们都是数学游戏课程的受益者。

作为一线教师，我们热爱数学。因为数学是美的，其对称与和谐之美、逻辑之美都令人叹为观止。正如罗素所说："数学，如果正确地看，不但拥有真理，而且也具有至高的美。"然而，反观我们的数学课堂，孩子们整天挣扎在题海之中，几乎靠不到岸。特别是每年看着刚满六岁的孩子带着好奇的目光走进小学，走进小学的课堂，看到他们入学后握笔做作业的痛苦，我们就在思考：用什么方式可以让孩子学得快乐点、轻松点，又能满足孩子玩的天性呢？

2002 年国际数学家大会成功在北京举行，92 岁的华裔数学泰斗陈省身向参加中国少年数学论坛的孩子们赠送了一幅题词——数学好玩。这件事给我们带来了启发。

数学可以玩？数学好玩？或许是吧，于是，我们翻看了很多数学教育和传播史方面的书籍。这些书籍令我们豁然开朗，原来在教科书之外，数学别有洞天。数学是可以玩的，游戏从来没有离开过数学。

世界各国都有流行的数学游戏，中国也有很多古老的游戏，比如七巧板、韩信点兵、百鸡问题。希尔伯特说过："数学是根据某些简单规则使用毫无意义的符号在纸上进行的游戏。"而游戏不就是孩子的工作，爱游戏不就是孩子

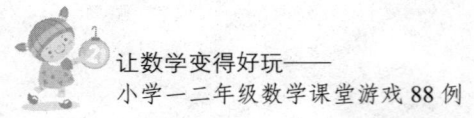

的天性吗？我们终于找到了这条捷径。

于是，我们将游戏和数学结合起来，把一、二年级数学知识点加以整合，设计以扑克牌为主，飞行棋、蛇棋等游戏为辅的数学课堂游戏。而在课表上，我们的数学课也明确地标注成数学游戏。就这样，游戏走进了课堂，走进了校园，走进了家庭。

经过几年的实践，我们越来越发现，通过游戏学数学，确实比传统的填鸭式灌输、机械训练的方法更富成效，更有生命力。当数学以游戏的姿态出现时，学生往往能更快、更好地接受，而且兴趣更浓，专注力更持久，学业负担也变轻了。

笔者现在任教二年级数学，感觉学生学得轻松、快乐。我们没有用传统的方式让学生背口诀，而让学生用玩游戏的方式，每天玩两三盘游戏，没有家庭作业。大概一星期时间，学生就可以熟记表内所有的乘法口诀，并且口算速度较快，基本上能做到脱口而出。传统背口诀，要按顺序去背，而游戏的方式是随机的，思维更灵活。学完了乘法口诀后，我们进行口算测试：传统方式记口诀的有45人参加测试，玩游戏记口诀的有56人参加测试。用传统的方式和玩游戏的方式熟记口诀，所得成绩差别很大。测试结果如下：

100道表内乘法口算题（10分完成）

答对题数	100	98～99	95～97	90～95	90以下
传统方式	7人	10人	7人	6人	15人
玩游戏	22人	10人	8人	3人	3人

在快乐学习之余，学生纷纷参加各种比赛。在世界校园网络竞技No.1赛中，一年级的王怡天同学挑战20以内加减法，50道题全部正确，只用65秒时间。一年级的陈今恒同学挑战单身贵族棋，只用了35秒的时间就完成了游戏，达到大师级的水平。二年级的王宸瀚同学挑战八片汉诺塔，用时124秒。至今没有人打破他们的记录。

后记

当然，数学游戏给我们带来的不仅仅是孩子学业上的进步，在游戏中，孩子不仅发展了数学的思维品质，也培养了情感，学会了与人相处，并完善了道德的自我构建。

建议读者在阅读和使用本书时，不要急于求成，而应循序渐进，先易后难。阅读游戏规则和攻略时，要结合玩具，边阅读、边操作，这样才能达到立竿见影的效果。同时，游戏开始时，尽量放手让孩子尽情地玩，等玩一段时间后，再参考游戏攻略和秘诀，这样让孩子玩中有悟，可养成思考的好习惯。

本书加减篇、乘除篇的游戏设计由胡艳锋和于海丽合作编写，益智篇和口算检测题由陈燕云负责编写。在这里，向胡艳锋、于海丽付出的辛勤劳动表示感谢。

最后，感谢广东省深圳市南山区第二实验学校领导的支持和指导，在游戏的试验和推广中，我们得到小学数学组老师的积极配合与参与，也得到家长们的配合与支持，在此向他们表示诚挚的谢意！

希望这本凭借一腔热情和持久耐心，最终研究和探索出来的图书能让数学课堂变得好玩，期待更多的同行能与我们同行，并使之不断完善，也热切期待着学生家长和教育专家能给予我们更多的反馈与帮助，这也是我们出版此书的目的所在。

由于编者学识和水平有限，书中难免存在不足之处，恳请同行和使用本书的广大读者批评指正。

陈燕云
2014 年 8 月 22 日